池田知久
水口拓壽　編

中國傳統社會における術數と思想

汲古書院

口繪1．周公廟遺址 C10地點出土二號卜甲（正）〔本文6頁參照〕

口繪2．河北柏鄉東小京戰國墓出土干支籌〔本文13頁參照〕

口繪3．古墳時代後期の卜甲（神奈川縣立歴史博物館藏）
〔本文228頁參照〕

目次

始めに

池田知久

「數術」（「術數」と言っても同じ）とは何であろうか。定義することも説明することも難しい言葉であるが、文獻の上では、『漢書』藝文志が「天文・曆譜・五行・蓍龜・雜占・形法」の凡そ六種に分けて、百九十家二千五百二十八卷の書を著録したのが、最初のまとまった記述である。後に『隋書』經籍志は編成を若干變更しつつ一層多數の書を擧げ、さらにその後も多方面に發展し續けた、舊中國特有の重要な文化の一分野である。また、「術數」は天文・律曆・算術を始めとする實踐的な科學・技術の源流であり、また星占・龜卜・相人などの占いを用いて吉凶を占う占筮・宗教の體系であり、さらに聖王が天人相關説を媒介にしてこれを徳治に生かす道徳・政治の教えとも繋がっていた。現代社會においても「術數」の中國人に對する影響力は、依然として小さくない。

近年、世界的な規模で中國の術數に對する關心が高まっている。今思いつくままに現代日本における中國術數の重要な研究に限って擧げても、牧尾良海氏の風水思想研究とデ・ホロートの風水研究の翻譯・紹介、坂出祥伸氏の氣に注目した道家・道教の養生・醫學と方術の研究、三浦國雄氏の風水・氣を中心とした幅廣い術數世界の思想的な研究、渡邊欣雄氏の社會人類學の方法による風水を含む民俗・宗教の研究などがある。

こうした關心の高まりには、色々な原因・理由があるように思われる。例えば、一つには、明治時代以來の我々の中國文化の研究は、その取り扱い易いきれいな上澄みの部分を掬い上げて中國の哲學・倫理・社會などを議論してきたにすぎず、そういう部分と切っても切れない關係にある下積みの部分を輕視してきたが、こうした方法では中國（さらにはアジア）文化の生きた全體を正しく把えられないのではないかという反省がある。言い換えれば、明治時代に西洋から傳わった近代的學問をモデルとする今日の中國文化の研究方法では、西洋とは根本的に異なる中國文化の眞實の姿を正しく把えることが難しく、長い傳統を有する中國文化の實態により密着した形でそれを把えたいと考えるのである。それには術數という分野が打ってつけであり、この研究によって我々は從來の中國文化の理解をもっと擴げかつ深めることができるであろう。

二つには、より直接的な原因・理由として、近年、中國大陸において出土資料が大量に登場してきたが、その中に術數書が多數含まれていて、それが現代の研究者の研究意欲をそそるからである。一九七〇年代以降、中國の各地より先秦・兩漢・三國時代などの竹簡・木簡・帛書が大量に出土してきた。その勢いは二十一世紀に入っても止まる氣配はなく、最近に至っては文字どおり膨大な數量の出土資料が我々の目の前に横たわっている。その中には天文・曆譜・陰陽五行・周易・卜筮・日書などの術數書が相當多く含まれるのであるが、これらの研究を通じて我々は中國文化の生きた全體により接近しうると期待されるからである。

さて、本書は、我々九名が司會者・報告者として參加して開催したシンポジウム「中國古代における術數と思想」（東方學會國際東方學者會議、二〇一五年五月、於日本敎育會館）で發表された報告を活字にしたものである。發表された六篇の報告に加えて、當日は司會者の役を勤めた武田時昌も論文を執筆し、合計七篇の論文を編集して一册とした。

その内容は、舊中國（殷周時代～明淸時代）の傳統文化の一つである上述の術數の重要な論題七つを選んで、時代を以下のようにできる限り長く取り——殷周・秦漢（李零）、戰國・秦漢（工藤元男）、前漢末～後漢初（平澤步）、三國～宋元（武田時昌）、北宋・南宋（川原秀城）、明淸（水口拓壽）——、それぞれの社會狀況を背景に据えながら、各論題を時代思想との關わりにおいて檢討した論文集である。

このように重要な術數という文化現象について總合的全體的に把握しようとする場合、いくつかの研究方法が考えられる。

一つには、個々の現象の內側に入って、もっぱら內在的にその論理構造を分析する共時的な研究がある。二つには、個々の現象をその分野の術數の歷史的發展の中に置いて、その位置と意義とを究明する通時的な研究がある。三つには、ある任意の現象やその分野の術數を、當該時代の社會や思想のあり方と關係づけて吟味する、社會史的思想史的な研究がある。四つには、舊中國の術數だけでなく朝鮮や日本などにおける同一または類似の現象をも併せて議論する、比較文化史的な研究がある。五つには、以上のような舊中國の術數の延長線の上に、人類の普遍的な文化・文明の成立の可否を議論する、普遍史的な研究がある。なお、近年中國において大量に出土している新出資料は、術數に關連するものが非常に多い。それゆえ、我々は積極的にこれを研究に生かそうとする者である。そして、中國傳統社會の術數という本書の研究課題にとって、以上の方法はいずれも必要なものと考えられ、したがって、各執筆者は議論するテーマに卽して適宜自らの方法を採用することになる。

本書の構成は、池田知久（東京大學名譽教授）の「始めに」と水口拓壽（武藏大學教授）の「終わりに」を前後に挾んで、六篇の論文を研究對象の古い順序に中國の殷周時代～明淸時代まで配列し、最後に日本を論じた近藤浩之の論文を置く、というものである。

執筆者は、上述のシンポジウムの司會者と報告者であるが、最近、術數の各分野において上に擧げた牧尾良海・坂出祥伸・三浦國雄・渡邊欣雄の諸氏に勝るとも劣らない、優れた研究を行っている研究者にお願いした。中でも北京大學の李零教授には、特に來日して術數に關する基調報告を講じ、かつそれを論文にしていただいた次第である。

以下、各執筆者と各論文の簡單な紹介を行いたい。

李零（北京大學教授）は『中國方術考』（修訂本、東方出版社、二〇〇〇年）・『中國方術續考』（東方出版社、二〇〇一年）の專著を持ち、中國の術數について極めて幅廣い知識を有する世界的學者である。論文「數術革命を語る――龜卜・筮占から式法・選擇へ――」は規模の壯大な總論であり、本書の基調をなすものである。中國の術數は歷史的に見ると、殷周時代の龜卜・筮占から秦漢時代の式法・選擇へと革命的變貌を遂げたと唱え、そのことを「占・數・圖・書」の四領域の傳統の詳細な分析から確認する。そして、式法・選擇の理論的側面を擔ったのが、秦漢以降に發展した陰陽五行說であると指摘する。論文には日書についての新しい定義なども含まれていて、有意義な知見に富む。なお、現代中國語に不慣れな讀者のために日本語の翻譯をも掲載する。譯者は一九九〇年三月、東京大學大學院（中國哲學）博士課程單位取得退學、一九九〇年三月～一九九二年三月東京大學文學部助手を經て一九九二年四月～現在、聖心女子大學准教授の久保田知敏である。

工藤元男（早稻田大學教授）は日書の研究で指折りの世界的學者である。主な研究課題は、日書の分析を通じて中國古代の社會史、特に郡縣制や官僚制の發達をめぐる諸問題を解明することにある。著書に『睡虎地秦簡よりみた秦代の國家と社會』（創文社、一九九八年）・『占いと中國古代の社會　發掘された古文獻が語る』（東方書店、二〇一一年）がある。論文の「郡縣少吏と術數――「日書」からみえてきたもの――」は、日書が發見されて以來四十年の研究史の總括の中から、術數についての思想史研究だけでなく社會史研究も重要であることを指摘した後、現存する凡そ十六種の日書を副葬された墓主の大半が郡縣少吏層であることに注目しつつ、日書中の出入行占篇・入官篇・吏篇などに官吏の出張を始め公務に關する占辭がある點を検討して、ここに郡縣制・官僚制の發達の反映を見ようとしたものである。自らの從來の見解を現在の時點に立って見直しそれを高い水準へと止揚した研究と言うことができよう。

平澤歩（日本大學非常勤講師）は、二〇一四年五月、東京大學大學院（東アジア思想文化）博士修了、博士論文『漢代經學に於ける五行說の變遷』を持つ若手學者である。論文の「王莽「奏群神爲五部兆」の構造――劉歆三統理論との類似について――」は、『漢書』郊祀志に記載された王莽の上奏文「奏群神爲五部兆」（祭祀制度についての改革案）を研究對象に取り上げ、皇天上帝と皇地后祇を別格として泰畤と廣畤に祭る他、五帝・五神・五星を五部兆において祭るが、後者は從來の五行說によっている。ところが、六宗に當たる日・月・北辰・北斗・雷公・風伯・雨師は東郊・未地・北郊の三部に配當され、南郊・西郊には何も配當されない。以上の內容と構造の中に、劉歆の三統理論が強い影響を與えているとして、川原秀城の先行研究に範を仰ぎつつ三統理論の構造を、根源の元が三統（三）・五行（五）を統括する仕組みであり、これらの根底には易の數理があると指摘した。その上で、王莽が劉歆から影響を受けた點を三つ具體的に指摘している。術數思想史の理論的側面についての明晰な分析である。

武田時昌（京都大學教授）は、最近、京都大學人文科學研究所據點研究プロジェクトとして術數學研究會を立ち上げ、日韓を中心に國際ワークショップを成功させるなど、多彩な研究活動を主導している有數の術數學者である。編著に『術數學の射程―東アジア世界の「知」の傳統―』（京都大學人文科學研究所、二〇一四年）がある。論文の「六不治と四難――中國醫學パラダイムの術數學的考察――」は、扁鵲の六不治、郭玉の四難が、後世の醫者に治療の基本姿勢や施術の極意をめぐって大きな命題を提示し、中國醫學のパラダイム形成に大きな作用を發揮したと指摘して、扁鵲・郭玉の教えが中世から近世にかけてどのような波紋を投げかけたかを、醫術と占術が雑居する術數學的要素に着眼しながら検討し、中國傳統醫學の枠組や體質的特色を探っている。

川原秀城（東京大學名譽教授）は、著書『中國の科學思想』（創文社、一九九六年）などにおいて術數學の理論を極めてシャープに深化させた、この方面の第一人者である。論文の「術數三論――朱子學は術數學か――」は、術數學の歴史を大づかみに、秦漢時代以來の廣義の數の學術から邵雍による神祕數の合理化に至ったが、その後登場した朱子學は易に基づく數の統一的解釋に流れたと押さえ、だから朱子學の體系は術數學的本質を具えている。また清代中葉になると西洋の影響を受けて天文・算法類を術數から獨立させた結果、術數は占卜や神祕數術と化したなどと論ずる。朱子學・義理易の術數性に焦點を當てながら、易と數との相互關係の考察に基づいて、また自らの朝鮮朱子學の研究成果をも加えて檢討した、極めて斬新かつ意欲的な見解の表明である。

水口拓壽（武藏大學教授）は、『風水思想を儒學する』（風響社、二〇〇七年）・『儒學から見た風水――宋から淸に至る言說史』（風響社、二〇一六年）の著書を持つ風水專門の若手學者である。論文の「明清時代の風水文獻に現れる「水質」論について」は、對象を明清時代に限定して行った風水思想研究であり、龍脈から地氣が分出する河川・泉池の水質論を、近代自然科學としてではなく術數的思考として解明する。まず、この時代の水質論の理念型（Ideal Typus）を以下の兩書に求めた。一つは傳黃妙應撰『博山篇』の、抽象的かつ普遍的な問題として水質を論ずるもの。二つは傳張洞玄撰『玉髓眞經』の、さまざまの自然現象を展現する具體的な水環境に關心を向けるもの。次に、六種類の風水書を取り上げて、それぞれの水質論がこの兩者の絡み合いを通じて展開していったありさまを具體的に分析・敍述する。そして、最後に登場した清の陸應穀『地理或問』に至って兩者が統一・整理され、術數的思辨性が強化されていることを指摘する。精緻かつ明晰な新しいタイプの風水思想研究である。

近藤浩之（北海道大學教授）は、日本を代表する『周易』學者である。論文の「周縁文化より考える占卜の技術と文化」は、中央（中國古代）の文化が周縁（日本古代）に傳わり周縁に長く保存され持續する場合があるという前提の下に、代表例として龜卜を取り上げて、日本の江戸時代以前に行われていた龜卜の技術を再現したものである。まず、最近出版された上海博楚簡『卜書』（上海古籍出版社、二〇一二年）に畫かれた先秦時代の卜法が、褚少孫補足の『史記』龜策列傳の記述と合致することから、龜策列傳の重要性が高まったと指摘する。一方、『三國志』魏書東夷傳倭人の條などに基づいて、當時彌生人は龜卜ではなく獸骨卜を行っていたと推測した上で、江戸時代の伴信友『正卜考』や室町時代の桃源瑞仙『史記抄』龜策列傳によって、獸骨卜の技術の一部を實際に再現することができると說く。龜卜研究に新機軸を開く興味ある研究と言うことができよう。

本書の刊行が、人々の術數學に對する新たな關心を呼び起こし、引いては我々の中國文化に對する理解をもっと擴げかつ深めることができれば、幸いである。

中國傳統社會における術數と思想

說數術革命——從龜卜筮占到式法選擇——

李零

緒說

我想用一篇短文大致勾勒中國早期數術發展的基本脈絡，重點放在論述它的前後轉折究竟發生在哪裡。

1.《漢書・藝文志・數術略》把漢代官方藏書中的數術書分爲六類：天文、曆譜、五行、蓍龜、雜占、形法。它們不僅與占卜、相術、祠禳等活動有關，也包含天文、曆法、數學方面的知識，其實是一種科學、迷信互爲表裏的技術體系。

2.『數術』也叫『術數』。這個詞，很難定義，很難翻譯[1]。古人爲什麼要把上述六個方面統稱爲與『數』有關的『術』，值得玩味。這是下文將要討論的問題。我認爲，漢代數術的核心是天文、曆算，以及從它們派生的式法、選擇[2]。

3.數術在中國既是活傳統，也是死傳統，一方面綿延不絕，一方面屢變屢新。關於這一傳統，我們的知識主要來自宋以來的文獻記載和至今仍保留在民間習俗中的數術傳統，但宋以前的知識主要得益於二十世紀以來的出土發現。

4.以考古材料爲綫索，結合傳世文獻，討論中國早期的數術傳統，是個大有可爲的研究領域。本文討論的『數術革命』是發生於商代西周與戰國秦漢之間。春秋承前啓後，是個過渡期，但更接近前者。眞正的斷裂是在戰國。

這一轉折對思想史的研究很重要。

卜的傳統

商代西周盛行龜卜、筮占。它們是一對形影不離的占卜。當時卜問軍國大事，兩者往往交替使用。孔子時代、情況仍如此。

卜以動物的骨頭爲靈媒，商代以前就存在。卜分骨卜、龜卜。骨卜，起源地和分佈區相對偏北，中國東北、朝鮮半島和日本列島都流行過這種占卜。龜卜，起源地和分布區相對偏南，可能是從中國南方向北方擴展。這兩大傳統匯合於殷墟，并從殷墟向外擴展。後來，龜卜逐漸占上風，逐漸取代骨卜。漢以來的卜主要指龜卜。司馬遷說的『龜策』、班固說的『蓍龜』，都是以『龜』指龜卜。

殷墟甲骨是王國維說的五大發現之一。但甲骨發現，殷墟只是一個點。一九四九年後，中國北方五省，河北、河南、山東、山西、陝西都有發現。北方出土，除商人的甲骨，還有周人的甲骨，鑽鑿形態不一樣。長江流域，湖北、四川等省也有發現，鑽鑿又不一樣，既不同於商，也不同於周。

安陽卜龜，中外學者鑒定，有不同意見。舊說分四種，烏龜（*Chinemys Reevesii* 學名中華草龜）、花龜（*Ocadia sinensis*）、水龜（*Mauremys mutica* 學名黃喉擬水龜）、亞洲大型陸龜（*Testudo emys*），前三種是中國土產，較小，後一種產自東南亞，很大[3]。近年，學者重新鑒定，認爲安陽卜龜只有烏龜、花龜兩種，水龜不能肯定，舊定亞洲大型陸龜者其實仍應歸入花龜，現代花龜比較小，但古代花龜，有些品種可能比較大，安陽大龜并不是亞洲大型陸龜，烏龜分布廣，中國到處都有，安陽也有，花龜則從安陽以外的南方進貢，並非輸自東南亞[4]。

中國古代的大龜，有古人盛稱的『大蔡』。《左傳》襄公二十三年載，魯國貴族臧氏酷愛養大蔡。大蔡，舊說產於湖北黃梅縣的蔡山，即《書・禹貢》提到從九江輸入的大龜，非常名貴。

西周甲骨，周原出土最多。周原甲骨，除岐山鳳雛和扶風齊家所出，[5] 還有周公廟遺址的新發現。[6] 周公廟遺址，除 C10 地點發現的兩件背甲（圖1），材料尙未全部發表。這兩件殘存的背甲，種屬尙未鑒定，我們從復原圖看，完整個體長約三五・二釐米，跟商代卜龜中的大龜尺寸接近。

東周甲骨，洛陽、侯馬曾出土（圖2）。[7] 我們從《左傳》看，春秋晚期，龜卜仍是最重要的占卜，地位在筮占之上。卜盛於商，宋人爲殷遺，仍擅此道。孔子是宋人之後，對宋人善卜大概很熟悉。《禮記・緇衣》有段孔子的話：『南人有言曰：人而無恆，不可以爲卜筮。』[8] 孔子提到的『南人』是什麼人，過去不明白，現在與郭店楚簡本和上博楚簡本《緇衣》對勘，我們才知道，他說的『南人』是『宋人』。[9] 漢褚少孫補《史記・龜策列傳》也是以宋元王、衛平問對的形式寫成。這不是偶然的。

魯國離宋國很近。臧文仲喜歡養大蔡，很有名。他給他養的大蔡蓋房子，雕梁畫棟，十分奢侈，因而遭孔子譏諷。孔子說：『臧文仲居蔡，山節藻梲，何如其知（智）也？』（《論語・公冶長》）。

龜在古代被視爲寶物，當於占卜有關。牛河梁 M21、凌家灘 M4、小屯 F11、琉璃河 M1202、晉侯墓地 M63出土過一種玉雕小龜殼（圖3）。這種玉飾，肯定很昂貴。[10] 孔子批評魯國的當政者，有兩句名言，『虎兕出於柙，龜玉毀於櫝中』（《論語・季氏》）。『櫝』，字亦作『匵』，是古代的『首飾盒』或『百寶箱』。山東、山西、陝西、甘肅，歷年出土，有一種小銅盒（圖4），往往用人物、鳥獸裝飾，有時還帶車輪，估計就是這種器物。雖然出土發現，它們往往是空的，但小邾國墓地所出是盛小件玉飾品，[11] 這種銅盒，一般很小，不大可能放活龜。我猜，『龜玉』也許就是指這種玉雕小龜殼。

漢唐以來，龜卜衰落。漢武帝尊崇封禪郊祀類的國家大典，貶黜巫蠱活動，龜卜因邱子明之禍受挫，地位大不如前，

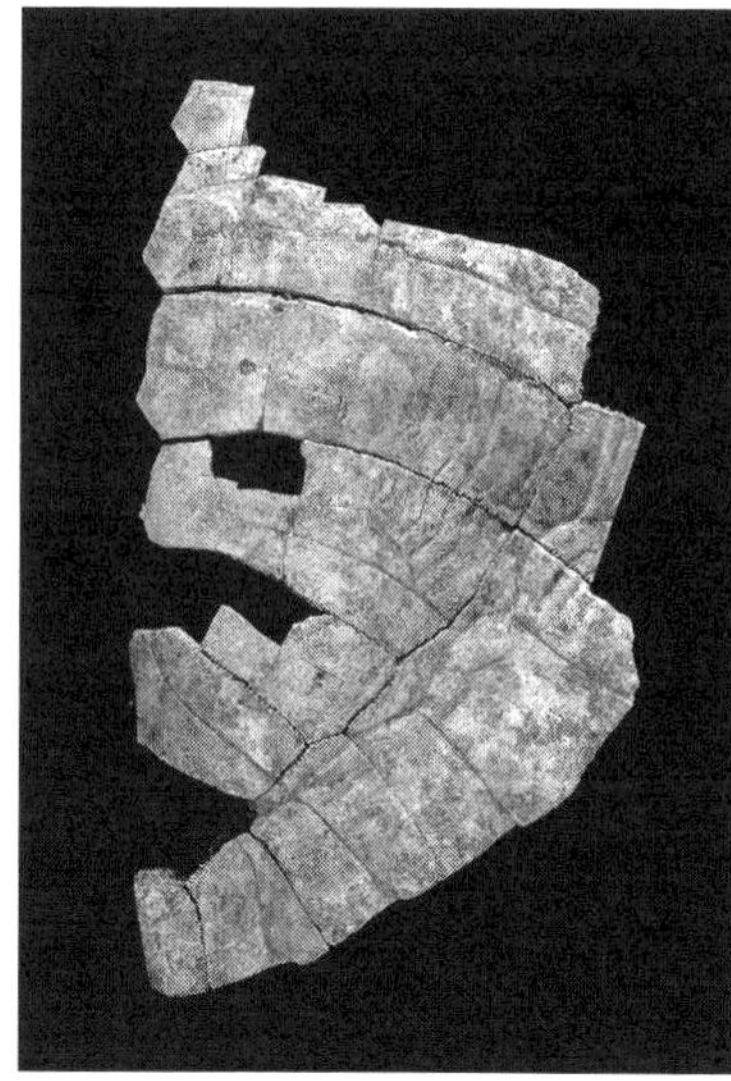

圖1-1. 周公廟遺址 C10地點出土一號卜甲（正）

圖1-2. 周公廟遺址 C10地點出土一號卜甲（背）

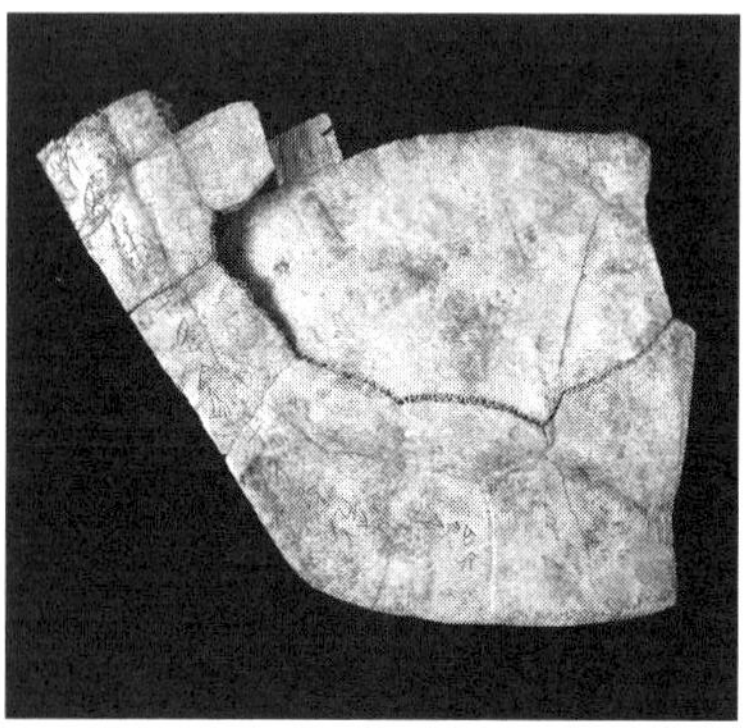

圖1-3. 周公廟遺址 C10地點出土二號卜甲（正）

圖1-4. 周公廟遺址 C10地點出土二號卜甲（背）

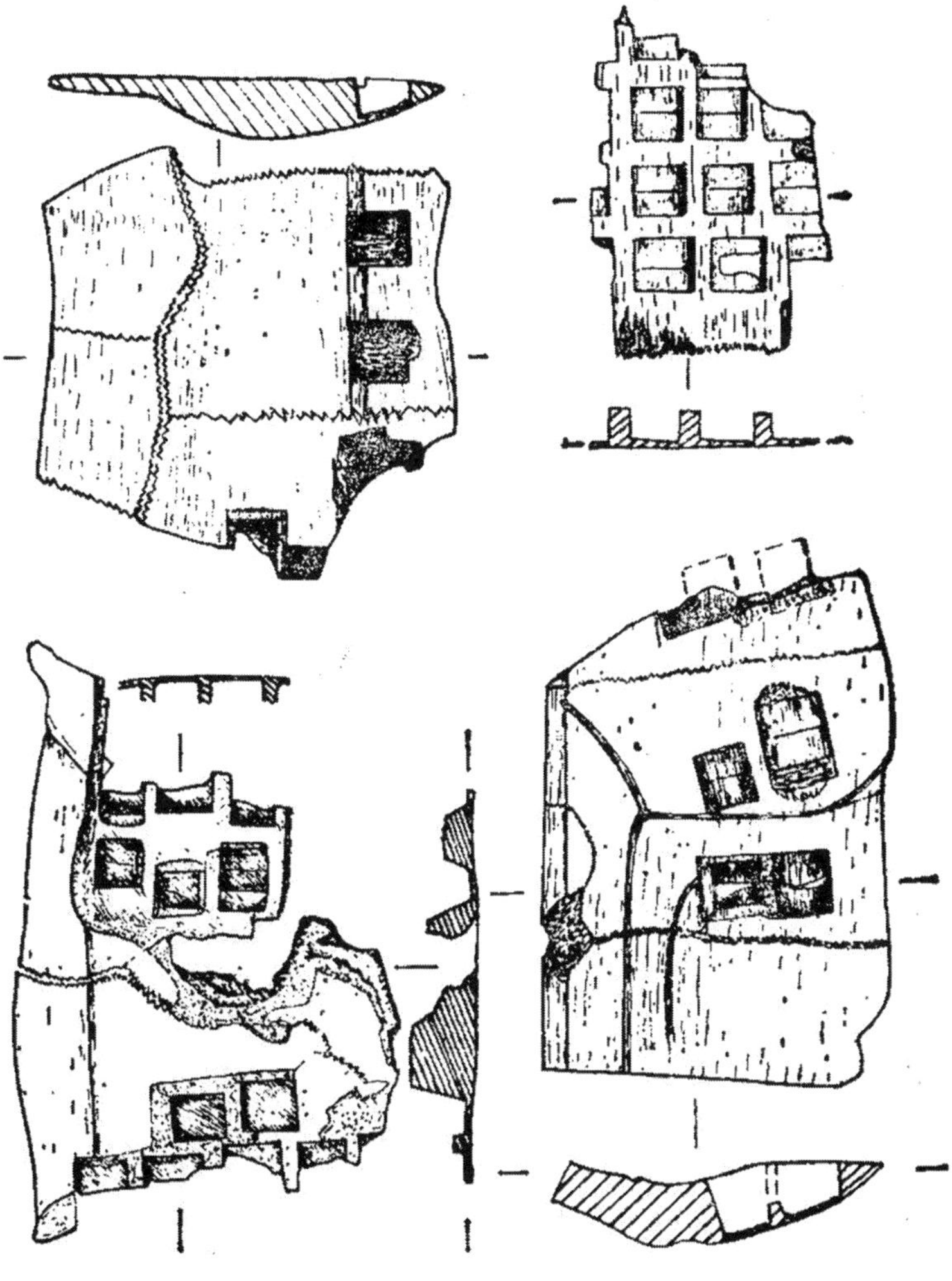

圖2．河南洛陽王城遺址出土東周卜甲

圖5．西漢南越王墓出土卜甲

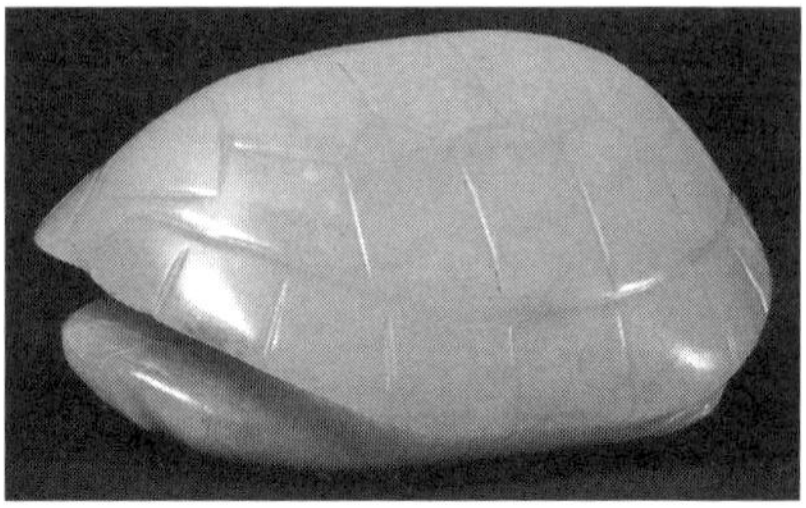

圖3．晉侯墓地出土玉龜殼

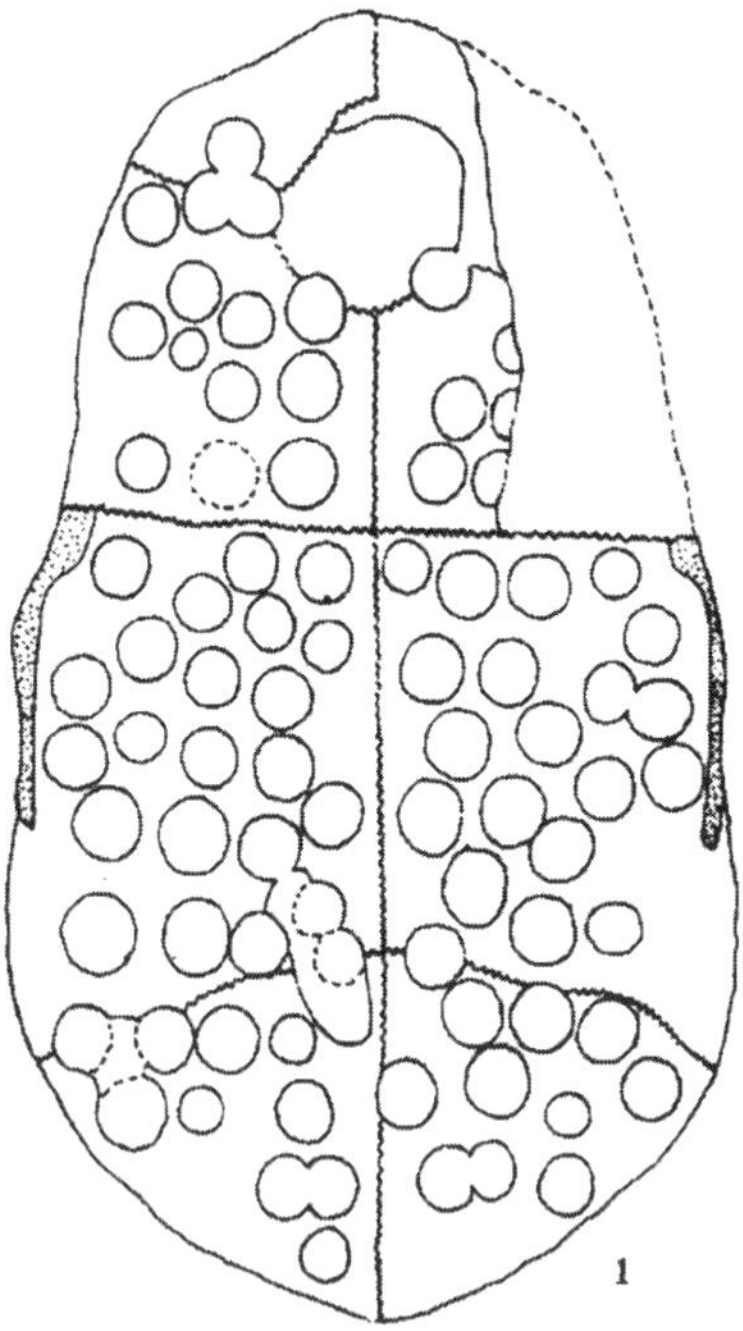

圖6．四川雲陽明月壩遺址出土唐代卜甲

圖4．山東博物館藏裸人對坐銅匵

但龜卜並未因此消亡，一直延續到明清。

漢代，出土發現，有西漢南越王墓出土的所謂卜甲（圖5），我在博物館的庫房看過原物，它們都是小碎片，骨片扁平，很薄，邊緣有齒縫，正面有空白的朱絲欄，背面有橢方形非常非常小的淺坑，坑內無灼燒痕跡，是否卜甲，有待鑒定。

三峽發掘，四川雲陽明月壩遺址出土過三件唐代卜甲（圖6），密布圓鑽[12]。唐代，中國龜卜曾東傳日本。唐以來，龜卜流爲小術，從鑽鑿形態到占卜術語，與早期完全不同。

卜書，早期只有《史記·龜策列傳》，屬漢代作品。隋唐材料相當少，只有零星佚文和少數殘篇。宋以來有幾部書，數量也很有限[13]。

上博楚簡《卜書》是戰國中期的卜書（圖7），目前所見，年代最早，可以反映戰國時期楚地流行的占卜。此篇由我整理，已經發表[14]，這篇短文只有十枚簡，簡尾有葉碼，簡背劃痕整整齊齊（圖8），編聯順序沒有任何問題。

《卜書》的特點是什麼？我已指出，主要是龜卜『日書化』，與《龜策列傳》有共同點。

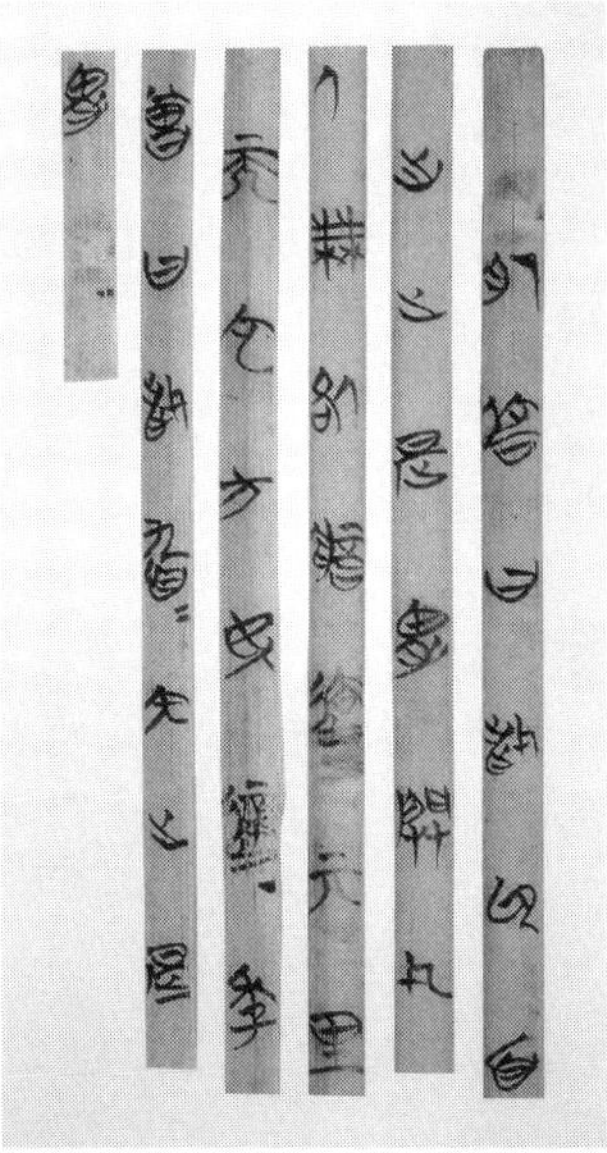

圖7. 上博楚簡《卜書》

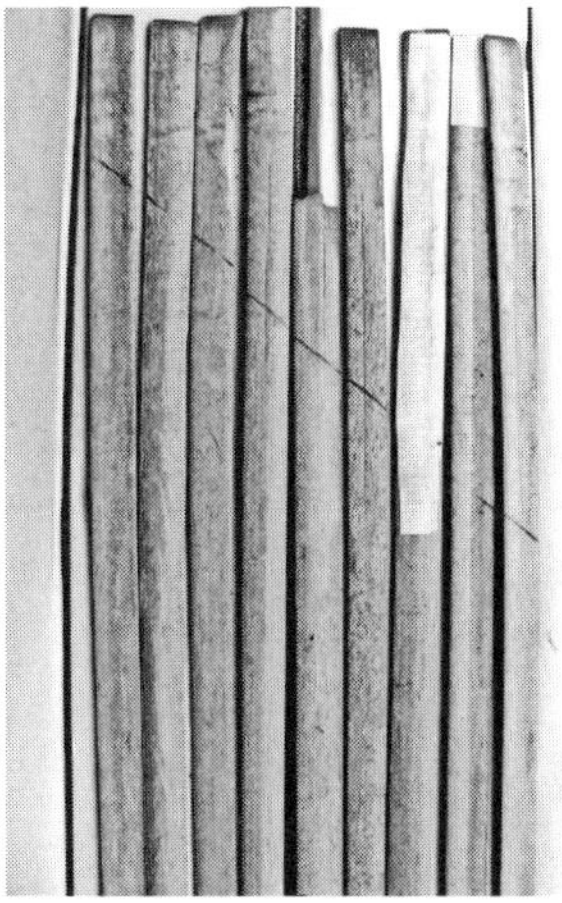

圖8. 上博楚簡《卜書》的簡背劃痕

易學起於筮占。筮占是數占。筮、筭二字同源，卜筮卽卜算。⑮

筮占，古人說是以蓍草占卜。蓍草（yarrow 學名 *Achillea sibirca*）是北溫帶植物，西伯利亞、朝鮮、日本和中國，到處都有。《龜策列傳》說『聞古五帝三王發動舉事，必先決蓍龜』，『聞蓍生滿百莖者，其下必有神龜守之，其上常有青雲覆之』。它是把蓍、龜放在一起講。

褚少孫兩引他稱之爲『傳』的古書。一段話是『下有伏靈，上有兔絲；上有搗蓍，下有神龜』，一段話是『天下和平，王道得，而蓍莖長丈，其叢生滿百莖』。前面這段話也見於《淮南子・說山》，『搗蓍』作『藂蓍』，《史記索隱》則作『擣蓍』，司馬貞說『擣蓍卽藂蓍，擣是古稠字也』。搗、擣是端母幽部字，稠是定母幽部字，藂是從母東部字，古音相近。看來古人相信，蓍草的選取，一是要密，二是要長，這種密而長的蓍草下面，必有神龜。《漢書・藝文志・數術略》著錄龜書五種、蓍書一種，可能也包含這類內容。

上述說法很神祕。其實，古代筮占不一定都用蓍草占卜，更多是用算籌，陳席布算，排列組合，用數字占卜。算籌是古代通用的計算工具，也叫策，通常是竹木材質，偶爾也用象牙或骨頭。《龜策列傳》的篇名以『策』代『蓍』，『龜策』就是『蓍龜』。

這種占卜，商代與龜卜結合，同步發展，周代仍如此。但漢武帝以來，卜法衰落，兩者分道揚鑣，命運不一樣。龜卜雖一蹶不振，筮占卻因儒傳六藝有《易經》，一脈單傳，歷秦火而不廢，反而成爲顯學。

數分兩種，一種是算術之數，一種是曆術之數。《漢書・藝文志》的『數術』主要就是指與這兩種數有關的術。筮占起於算術之術，選擇起於曆數之數。前者是數字遊戲，後者是干支遊戲。戰國秦漢以來，天文、曆算和與天文、曆算有關的占卜是領導潮流的大術，其他小術皆甘拜下風，紛紛向它靠攏，被它收編、改造，納入同一體系，即使由易學支撐，地位顯赫的筮占，在新興的數術體系中也不得不讓位於這類大術，同樣接受改造。

儒家對易學的改造，早在《易傳》中就已初見端倪。漢易以象數說易，援陰陽占候，講災變咎徵，是一時之潮流。飛伏納甲、風角五音，很多日者之術，都被漢儒拿來講《周易》經傳。西漢孟（孟喜）、焦（焦延壽）、京（京房），東漢鄭（鄭玄）、荀（荀爽）、虞（虞翻），或主爻變，或主卦氣，都是順延《易傳》的思路，適應數術發展的潮流，推波助瀾。易學的基本走向同樣是『日書化』。馬王堆帛書《周易》按卦氣昇降排列六十四卦，雙古堆漢簡《周易》用『日書化』的占辭附會卦爻辭，就是反映這一趨勢。[16]

曆數一詞，見《論語・堯曰》，出處是古本《虞書》。曆數跟天文有關。天象和與天象有關的氣象主要靠肉眼觀察，看日月星辰（與占星有關），看季風方向（與風角有關），看候鳥遷徙（與鳥情有關），看草木榮枯。曆術不同，主要靠推算。這種『數』已經不完全是一種數字遊戲，它跟戰國秦漢的日者之術（即選擇術）關係更大。曆術是古代的高科技。

曆是時間概念。古人推曆，有年、月、日、時之分。年分四時，春、夏、秋、冬，四時分孟、仲、季，是爲十二月。朔望月近三十日。王國維倡四分月相說，把一月分爲四段：初吉、既生霸、既望，既死霸，不能整除。現在從周公廟的甲骨刻辭看，此說有誤。西周月相分三點六段。三點是朔、望、晦，六段是哉生魄、旁生魄、既生魄、哉死魄、旁死魄、既死魄，每段五日，正好與計旬法相配。[17]初吉近朔，既望近望，古人不書晦。日分朝夕，朝夕是按白天黑夜平分一日。楚帛書把一日四分，曰『朝、晝、昏、夕』。四分再三分，是十二時。四分再四分，是十六時。四分再七分，是二十八時。十二時是日常使用，一直沿用於後世。十六時與日夕十六分比有關。一年四季，晝夜有長短，可以十六時計其消長。二十八時則對應於二十八宿，比較少見。古人以六十甲子計日，是了照顧年、月、日、時的分割和搭配。天干十，六組是一輪；地支十二，五組是一輪，是爲『六甲五子』。出土發現，戰國以來，古人推算干支，曾用干支籌（圖9、10、11）和干支儀[18]。

古代蒙學敎育，認字識數是基礎課。研究中國數學史，大家都很看重宋代刋刻的《算經十書》。《算經十書》多以『算術』爲名[19]，但出土發現的『算術書』，書題都是擬補，岳麓秦簡叫『數』[20]。

中國計數是十進制，數字是模仿算籌，積劃爲之。十進制來源於指算，最常用，但用於空間分割、面積計算和容量計算，則習慣用分數。中國時令書，四時十二月對應於四正四隅十二位，時間與空間相配，也包含空間分割的概念。

我們今天看到的《周易》是春秋三易之一，它是經孔子汰選、整齊和改造的結果，孔子之前，筮占還有更深更遠的背景。

關於筮占，我們有一個認識過程。

1. 一九七三年馬王堆帛書《周易》經傳出土，一九七七年雙古堆漢簡《周易》出土，卦畫都是用一、八表示。後者，卦爻辭附日書化占辭，與《龜策列傳》相似。

2. 一九七七年鳳雛甲骨出土，一九七八年天星觀楚簡出土，一九八〇年齊家卜骨出土，卦畫是用多位數表示。這些發現引起張政烺的關注。一九七八～八四年，他蒐集有關材料，寫過一批文章，提出著名的『數字卦』說，即《周易》八卦是起源於數字，最初用一、五、六、七、八、九（不用二、三、四，以免與一混淆）表示，後來用一、六或一、八表示，傳世本的陰陽爻其實是從一、六或一、八演變[21]。李學勤看法不同，認爲易卦與筮數無關[22]。

這以後有兩批新發現：

1. 一九九三年江陵王家臺秦簡《歸藏》出土。這批竹簡，全部霉壞，照片闕如，只留下兩套釋文。它的發現重新喚起了我們對『三易』的關注。其卦畫以一、六爲主，也是重要綫索。

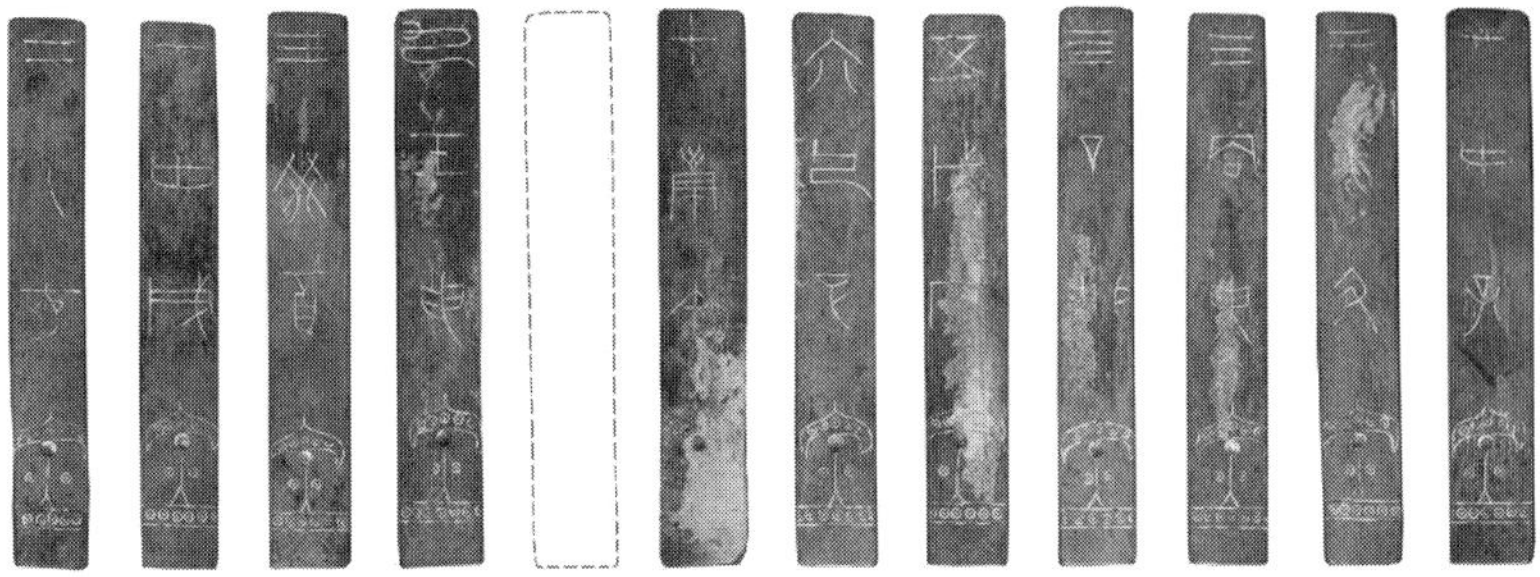

圖9．河北柏鄉東小京戰國墓出土干支籌

圖10．漢代干支籌

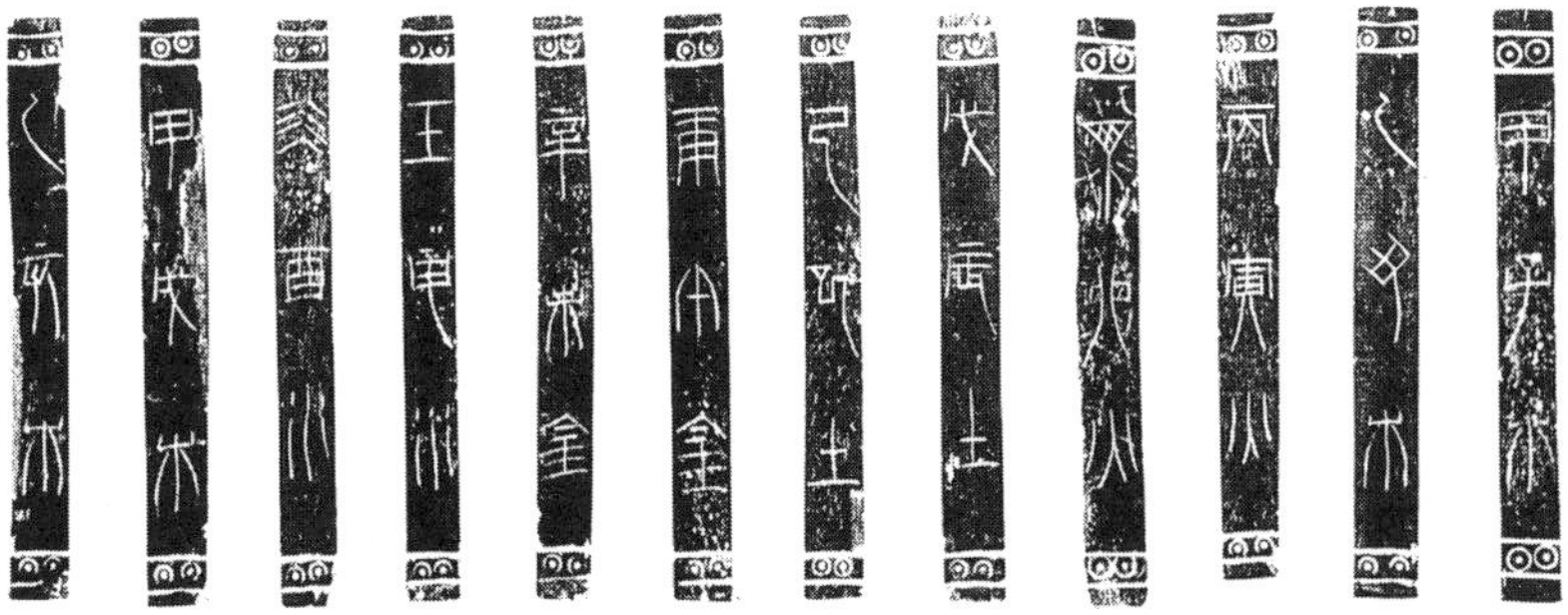

圖11．漢代干支籌（配五行）

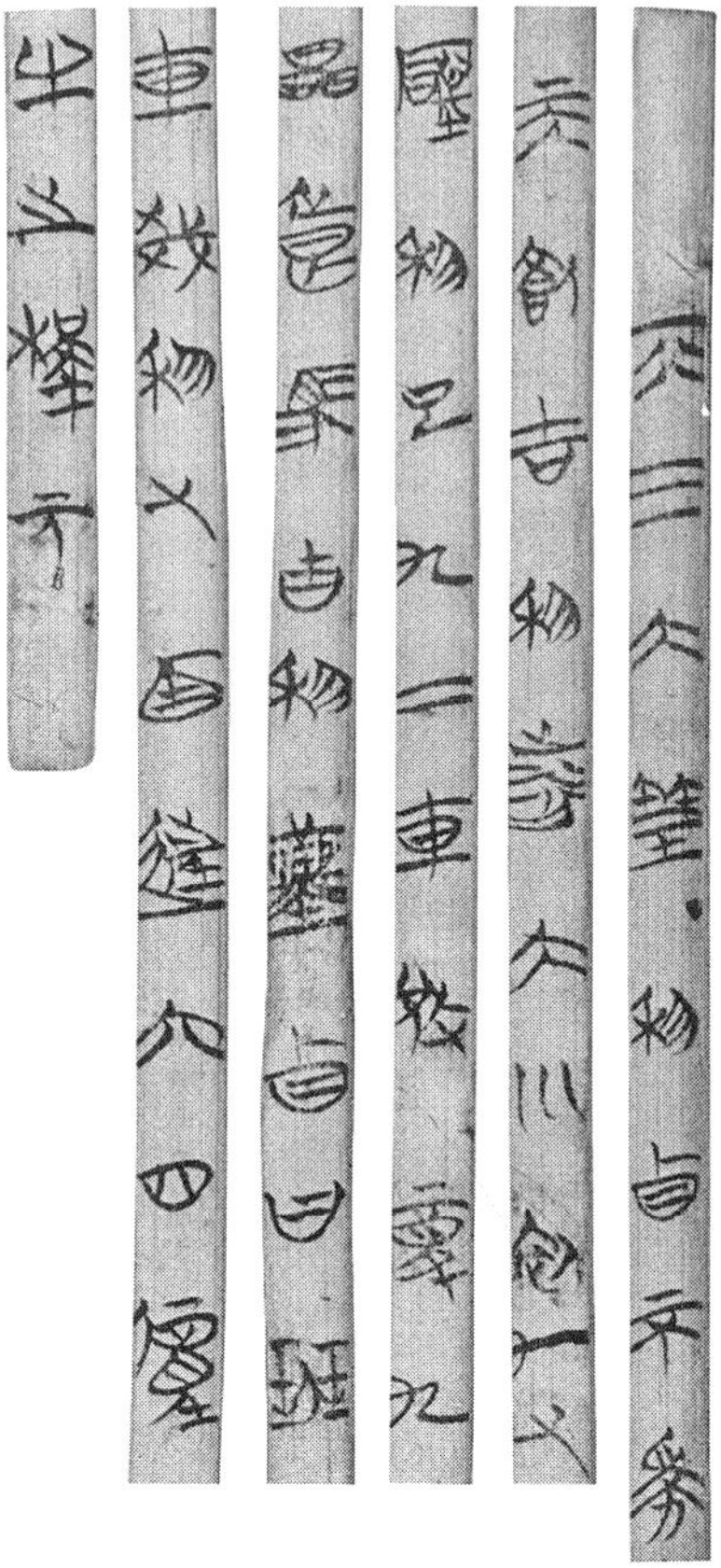

圖12．上博楚簡《周易》

2．一九九四年上海博物館從香港回購楚簡《周易》（圖12）。這部《周易》是現已發現年代最早的《周易》，其卦畫是以一、八表示。二〇〇五年，張政烺病逝。二〇〇六年，李宗焜撰文，試圖推翻張政烺的『數字卦』說[23]。然而七年後，清華楚簡《筮法》（圖13、14）、《別卦》公布[24]，簡文所用卦畫卻是用六個數字構成，即一、四、五、六、八、九（增加四，與積四橫劃爲之的四不同），並且從統計數字看，是以一、六爲主。在最新發現面前，李學勤已經承認，易卦仍與數字卦有關[25]。

數字卦如何從多位變兩位，目前還是謎。張政烺提醒我們，易卦好像『撲克牌』，很可能有多種玩法，策數多少，怎麽分組，未必囿於《易傳》『大衍之數五十』章的規定[26]。比如北大漢簡《荊決》就是另一種玩法。

《荊決》也許是楚地筮法的要訣。此書由我整理，很快會公佈。它的開頭有個短序（圖15），對其所用筮法有簡短說明。它是用算籌三十枚，任意分爲上、中、下三份，每份如果大於四，四分再四分，取餘數爲占；如果小於四，則保留之，視同餘數，以之爲占。這種筮法只有十六卦。每卦三爻，上爻橫，中爻豎，下爻橫，像算籌橫豎相疊。它們與十干、十二支相配，繫之以辭，供人查驗，每卦後附有吉凶占斷，也反映了筮法的日書化。

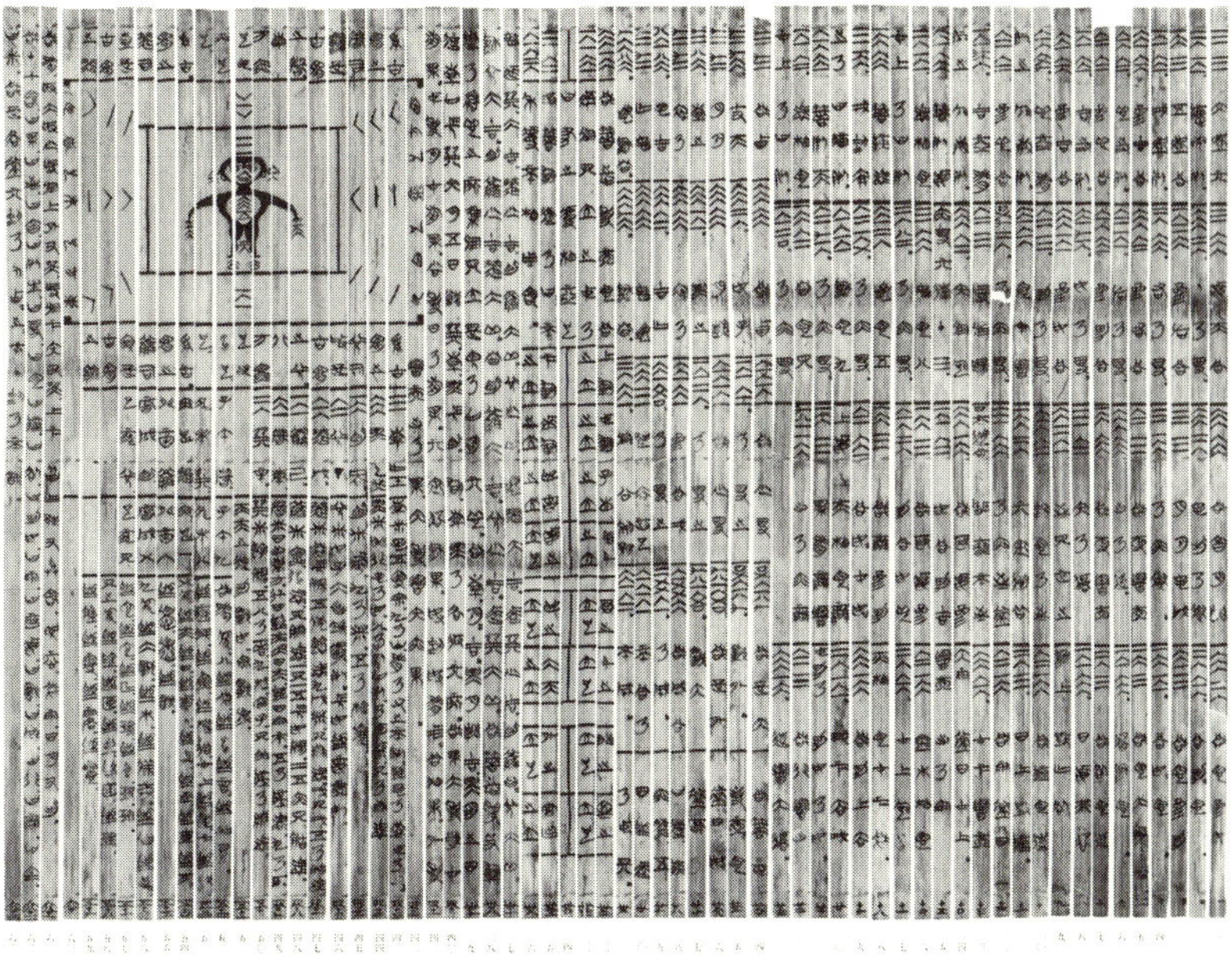

圖13．清華楚簡《筮法》

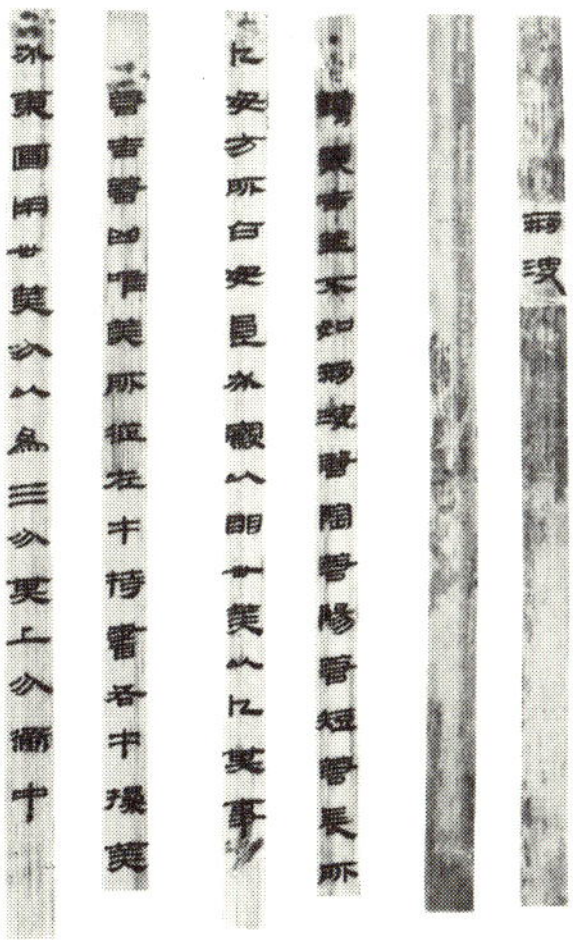

圖15．北大漢簡《荆決》

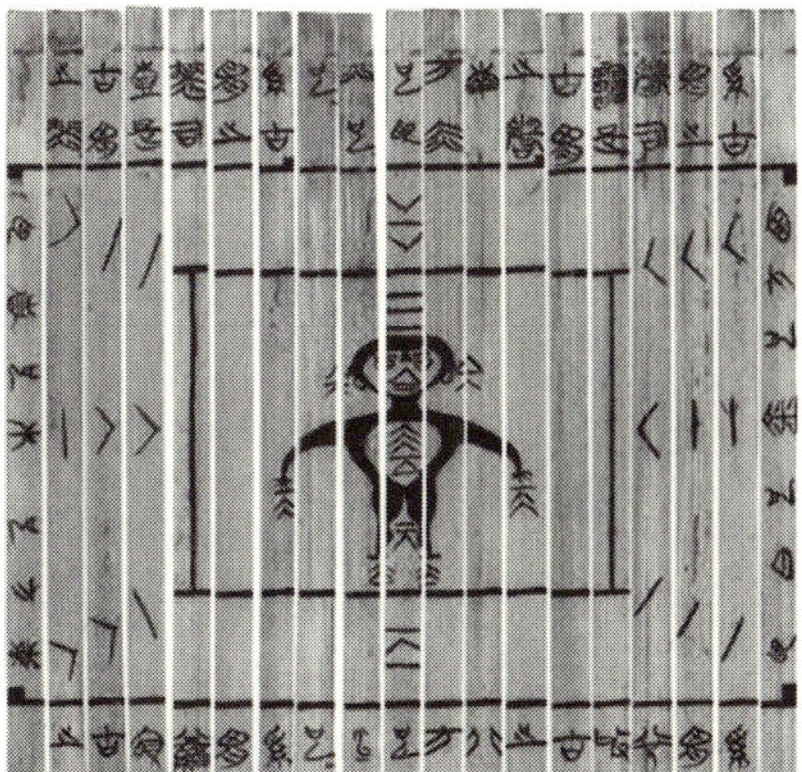

圖14．清華楚簡《卦位圖》

張政烺已經提到，敦煌數術書有《周公卜法》，就是以四爲數、十六卦爲占，唯所用算籌爲三十四枚，比《荆決》多四枚。元陶宗儀《南村輟耕錄》卷二十提到一種以三爲數、九卦爲占的筮法，號稱『九天玄女課』，據說流行於吳楚之地。[27]

這些都是民間流行的筮法。

圖的傳統

人類的信息交流是靠眼觀嘴說耳朵听，圖形符號是一大類，語言文字是一大類。這兩類媒介，可以分開用，也可以合起來用。今日時髦的『讀圖時代』其實不自今日始，電影和ＰＰＴ，新則新矣，其實是復古。

中文圖字有多重含義，從狀物圖形的圖畫（picture）、圖像（image），到舍形取義的圖解（diagram）、圖說（illustration），外加裝飾性的圖案（pattern, design and decoration），插附書籍的圖版（plate）、插圖（figure）、圖表（table），還有地圖（map）、海圖（chart）、星圖（star atlas）等等，各種圖有各種圖的用處。[28]

圖譜（catalog）在中國圖書分類中自成一類。鄭樵《通志・圖譜略》說得好：『圖，經也。書，緯也。一經一緯，相錯而成。……見書不見圖，聞其聲不見其形。見圖不見書，見其形不聞其聲。[29]』抽象化的圖形更適合表達思想，但圖形不會說話，若不輔以文字，可能造成無解、誤解和歧解。圖文並茂很重要。

中文書字有雙重含義，一是文字，二是用文字寫成的書。中國文字以形聲爲主體，始終把聲符、形符結合在一起，好像電影，畫面配音，這是文字的本來面目。中國古代的書往往有圖，漢語至今仍用『圖書』泛指書。我們打開《漢書・藝文志》，當時的國家藏書，很多都有圖。

《漢書・藝文志・數術略》天文類有《圖書祕記》。『圖書』還與圖讖、符籙有關。[30]『圖讖』的『圖』是符籙，『讖』是預言吉凶的隱語。符籙，古人也叫『綠圖』。『綠圖』就是『籙圖』。籙圖是符號化的圖，特點是『千言萬語，一目瞭然』。

東漢以來的道教符籙是以一種詰屈盤繞的『雲篆』外加星斗而畫成。這種『天書』，說書不像書，說圖不像圖。早期符籙可能不是這種樣子。如馬王堆帛畫《太一將行圖》，三條龍，五個神像，雖然畫得有鼻子有眼，卻都是代表星官，照樣起符籙的作用；西安交大壁畫墓的二十八宿，每個星宿都是具象的圖畫，後世作圓圈連綫式，顯然被簡化[31]。

中國早期的古書是書於竹帛。《漢書・藝文志》的篇卷統計，竹書是以篇計，帛書是以卷計[32]。

《漢書・藝文志》的前三略，《六藝略》、《諸子略》、《詩賦略》，絕大多數是竹書，圖比較少，目中只有《六藝略》有兩種圖，一種附於《古雜》、《雜災異》、《神輸》，可能是講災異的易圖，屬於易類，[33]一種是《孔子徒人圖法》，大概是圖文並茂的孔門弟子傳[34]。

《漢書・藝文志》的後三略，《兵書略》以竹書爲主，往往附圖。它們有些可能是軍事地圖，有些可能是兵器戰具圖。《數術略》、《方技略》以帛書爲主，估計也有很多插圖。

出土發現，竹書配插圖，主要見於日書類的古書[35]。

日書中的圖，有些與式盤的設計直接有關，可稱『式圖』[36]。

式法的特點是隨機性，隨機性是靠旋轉式盤來實現。式盤是可以旋轉的盤。現已發現的漢代式盤有八例，都有上下盤，可以旋轉[37]。不能旋轉，不能叫式盤。式圖與式盤不同。式圖插入日書，是適應其程式化的特點。

戰國式盤，目前尚未發現。山東長青崗辛戰國墓出土過一套明器，都是模仿常見器物而縮小其尺寸。其中一件，形狀怪異，難以常見器物命名，似乎是模仿式盤（圖16）。漢代式盤可以漢汝陰侯墓所出（圖17、18）爲代表。其中一件包含上圓下方兩個盤，圓盤以北斗居中，外環二十八宿，方盤虛置中央，但隱含二繩四鈎，標天干、地支和二十八宿於四周；另一件也包含上圓下方兩個盤，圓盤以米字綫表示九宮，圓盤和方盤正面的文字是按九宮排列，方盤背面是二繩四鈎圖，

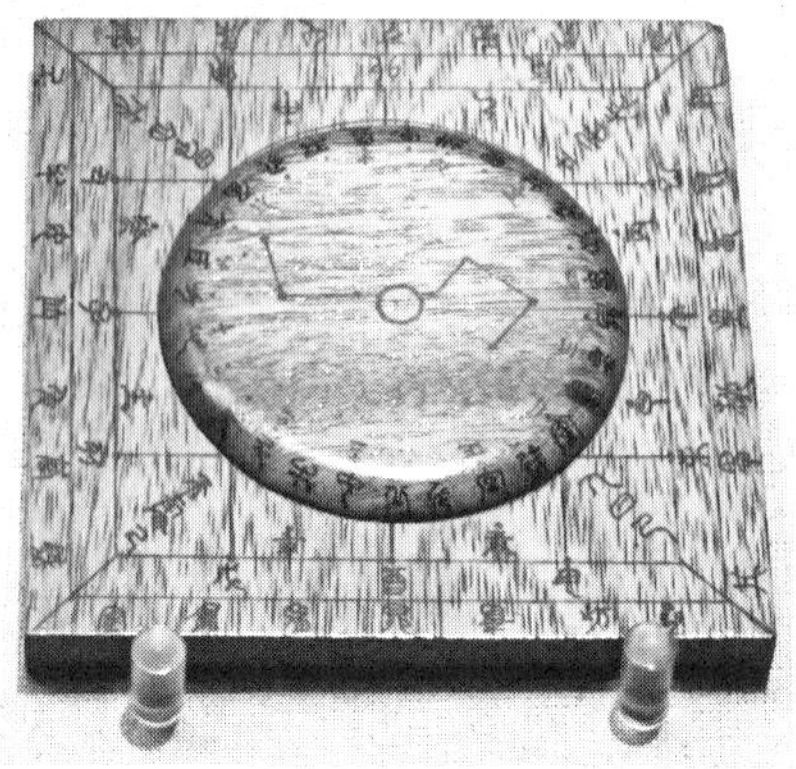

圖17-1．西漢汝陰侯墓出土式盤（復製品）

圖16．山東長清崗辛戰國墓出土明器

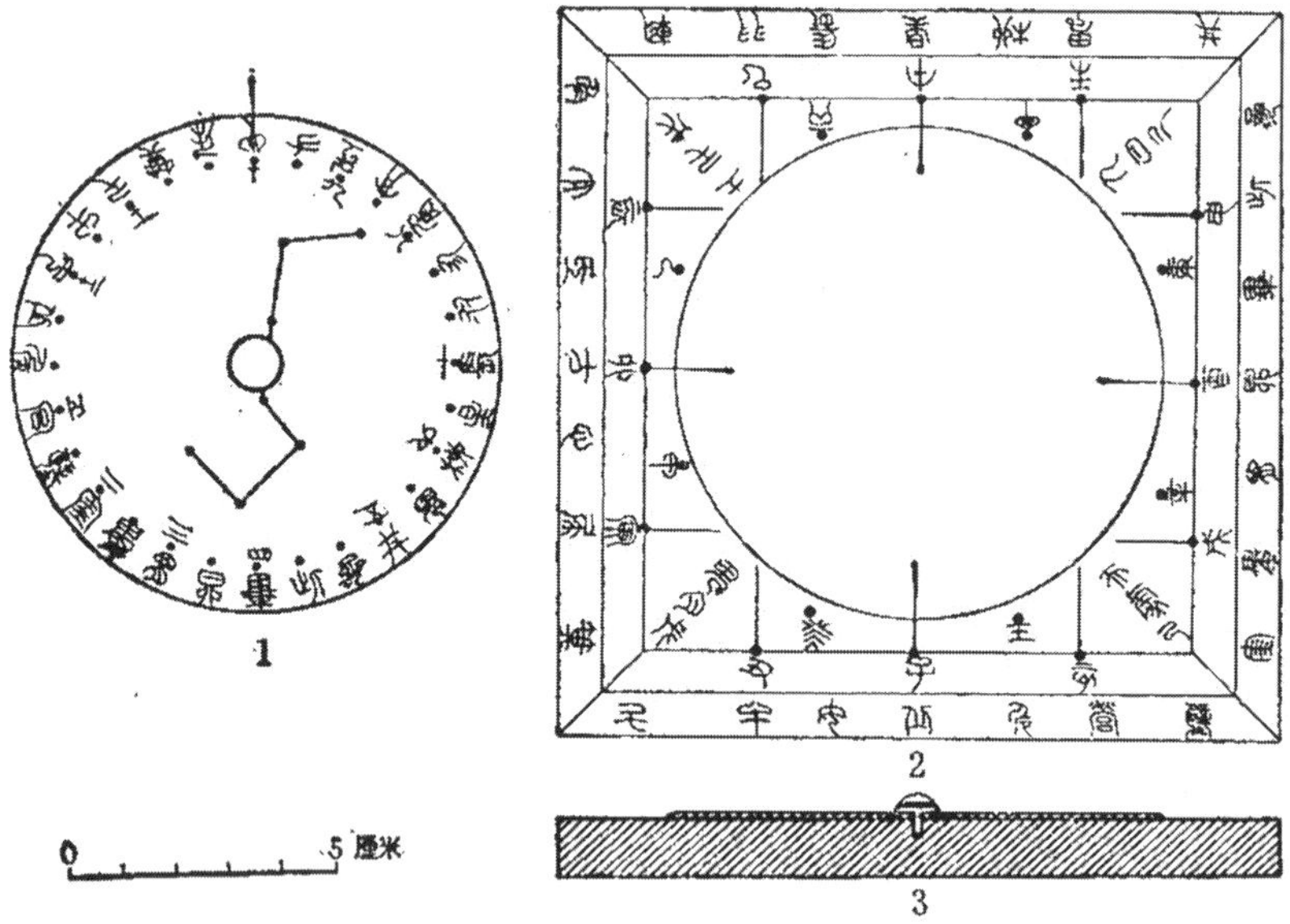

圖17-2．西漢汝陰侯墓出土式盤（綫圖）

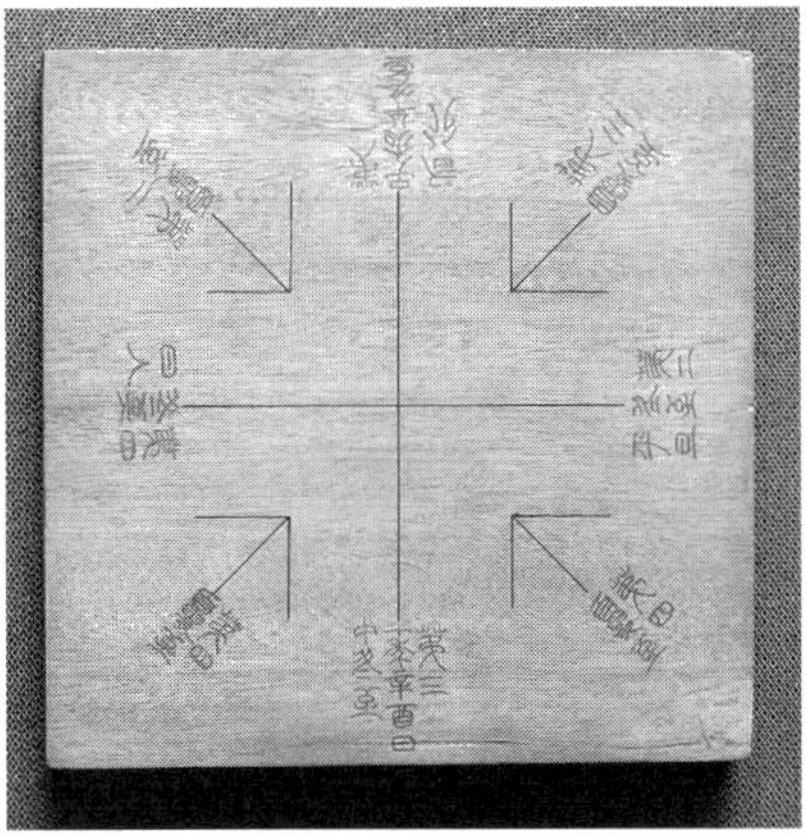

圖18-2. 漢汝陰侯墓出土九宮式盤背面的《日廷圖》(復製品)

圖18-1. 西漢汝陰侯墓出土式盤(復製品)

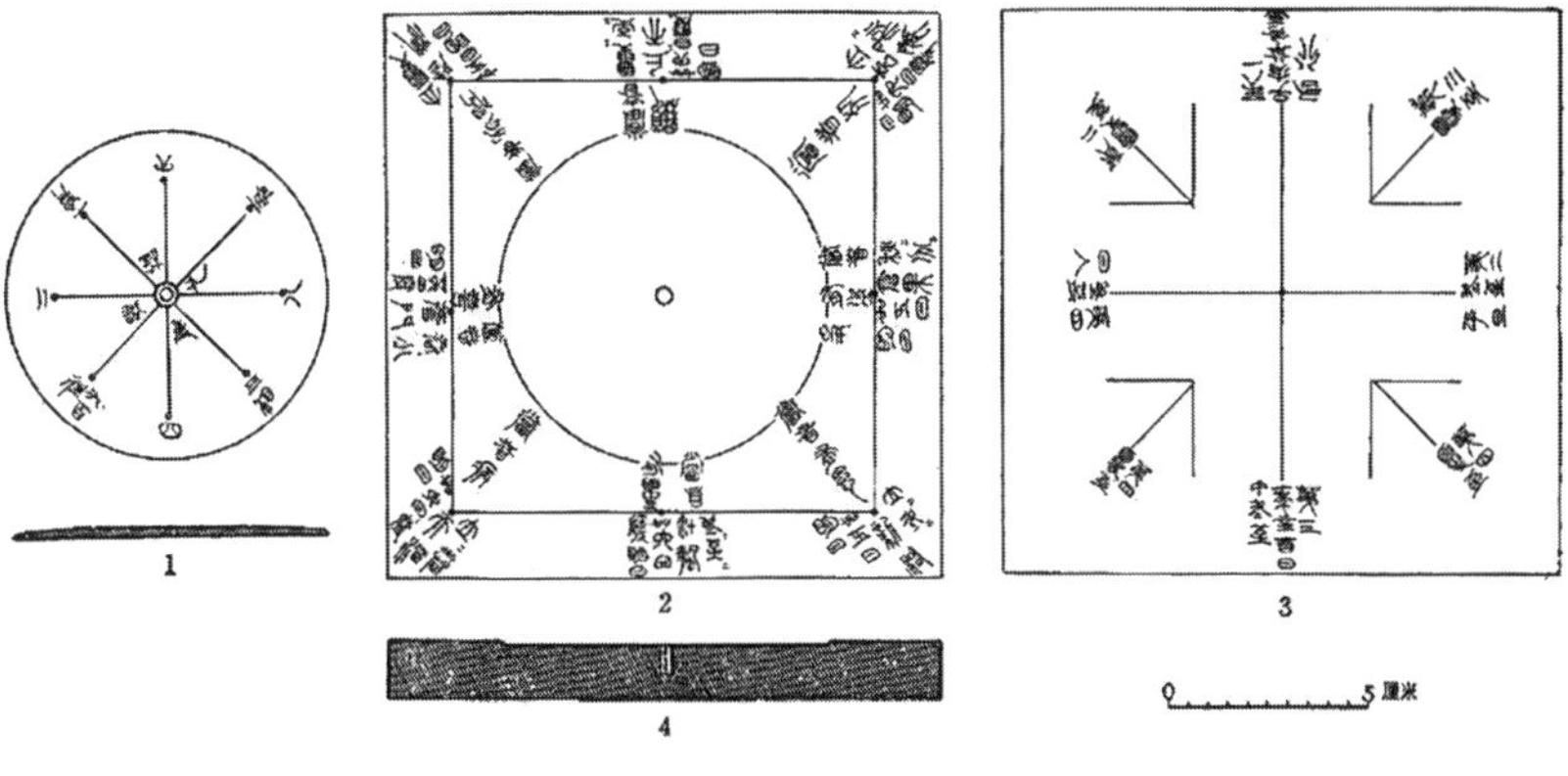

圖18-3. 西漢汝陰侯墓出土式盤(綫圖)

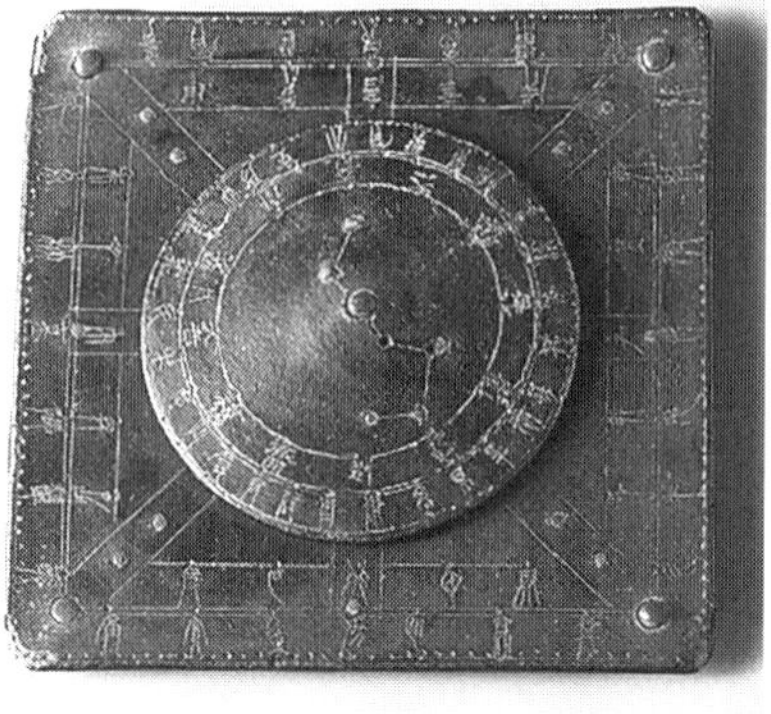

圖19．甘肅武威磨咀子漢墓（M62）出土式盤

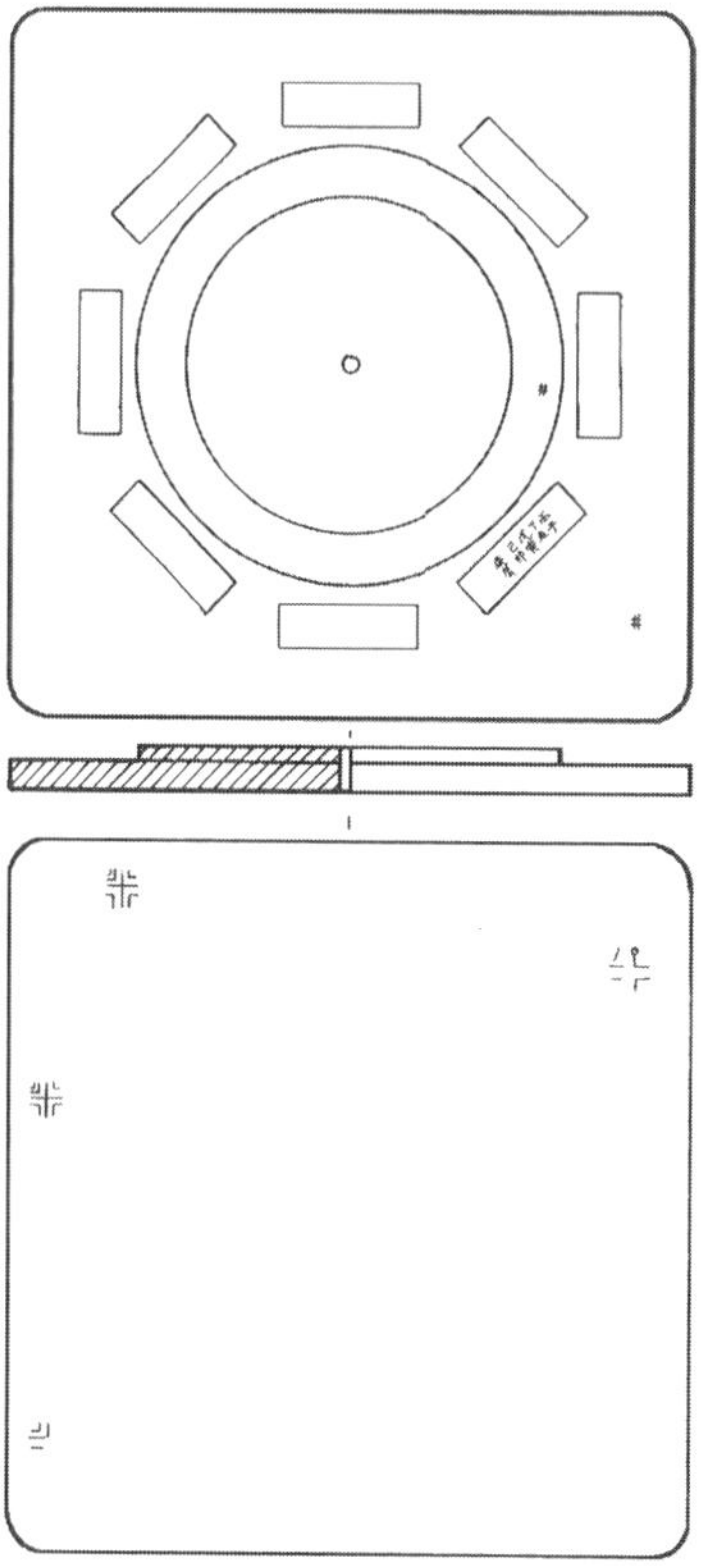

圖20．關沮沅陵虎溪山漢墓（M62）出土式盤

但加四隅平分綫，也對應於九宮。這兩件式盤是漢代式盤的兩大類型，如磨咀子漢墓（M62）所出（圖19）屬於前一類型，虎溪山漢墓（M1）所出（圖20）屬於後一類型。

日書中的圖，顯然與式盤的設計相匹配。如關沮秦簡《日書》的《二十八宿圖》（圖21）分內外兩層，中央以二繩四鈎標日辰，四周以二十八時配二十八宿。其二繩四鈎圖在日書中很流行，下面還要提到，是叫『日廷圖』。這種圖的特點是以日辰配方位。

日書中的圖，還與賭博有關。如尹灣漢簡《博局占》的《博局圖》（圖22），後來發展爲博棋（六博棋）的棋局；北大漢簡《日書》的《居官圖》（圖23）和孔家坡漢簡《日書》的《天牢圖》（圖24），後來發展爲塞棋的棋局和『陞官圖』（圖25）。它們都是從上述『式圖』變出[38]。

日書中還有一些圖，或與日書本身的各種選擇事項有關，或涉及日書以外數術、方技的其他門類。如《土功

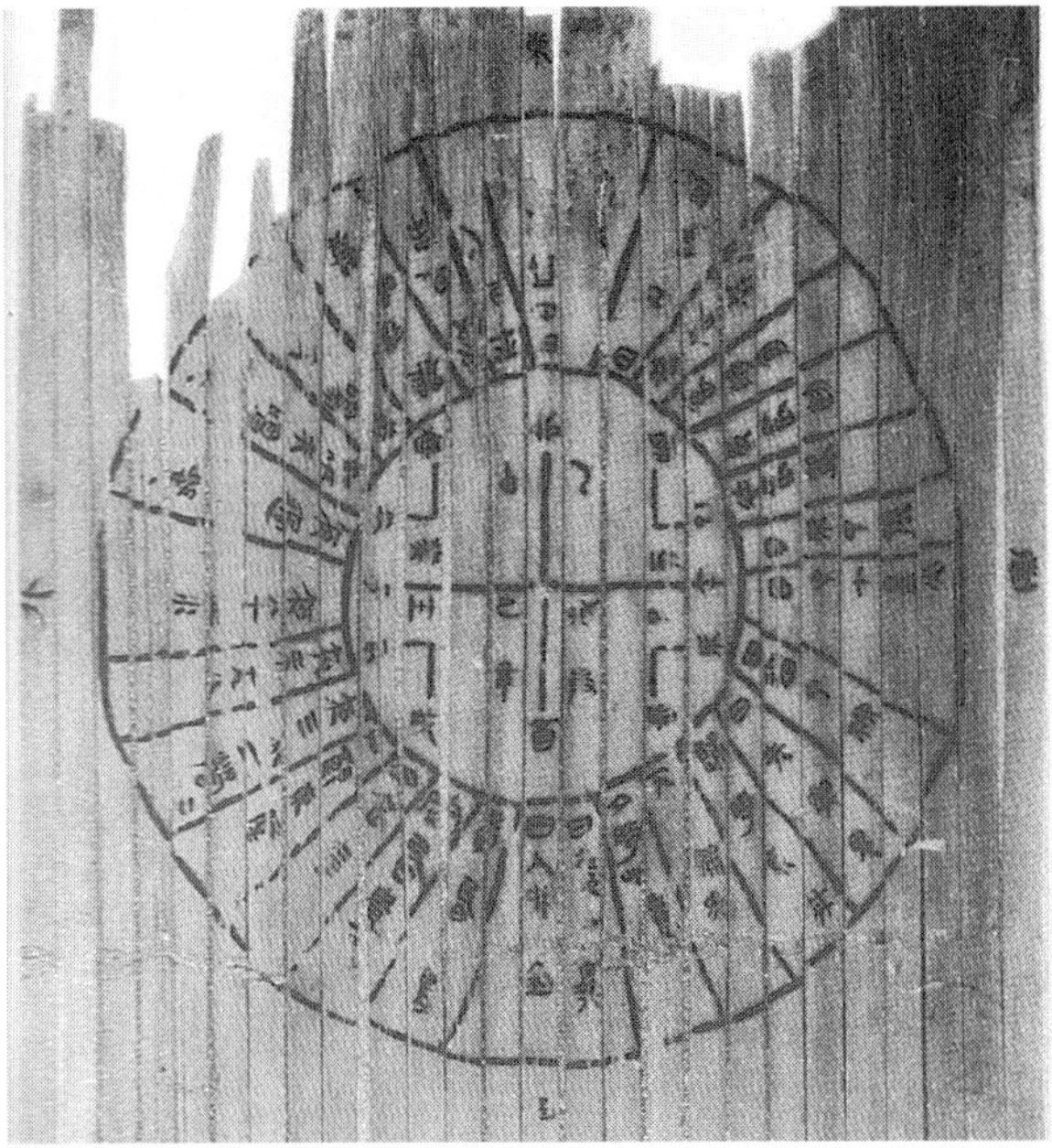

圖21-1. 關沮秦簡《日書》的《二十八宿圖》

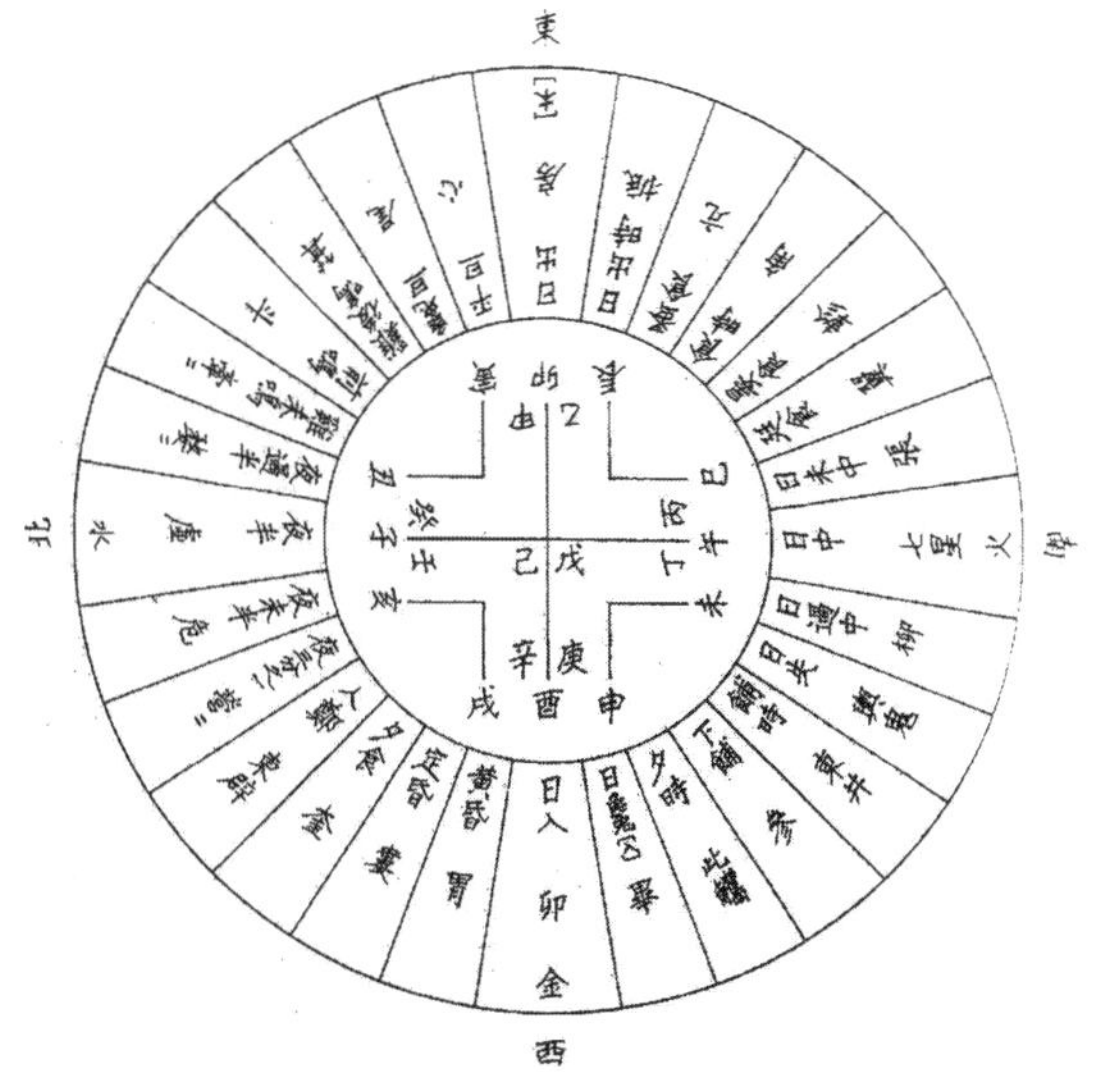

圖21-2. 關沮秦簡《日書》的《二十八宿圖》(示意圖)

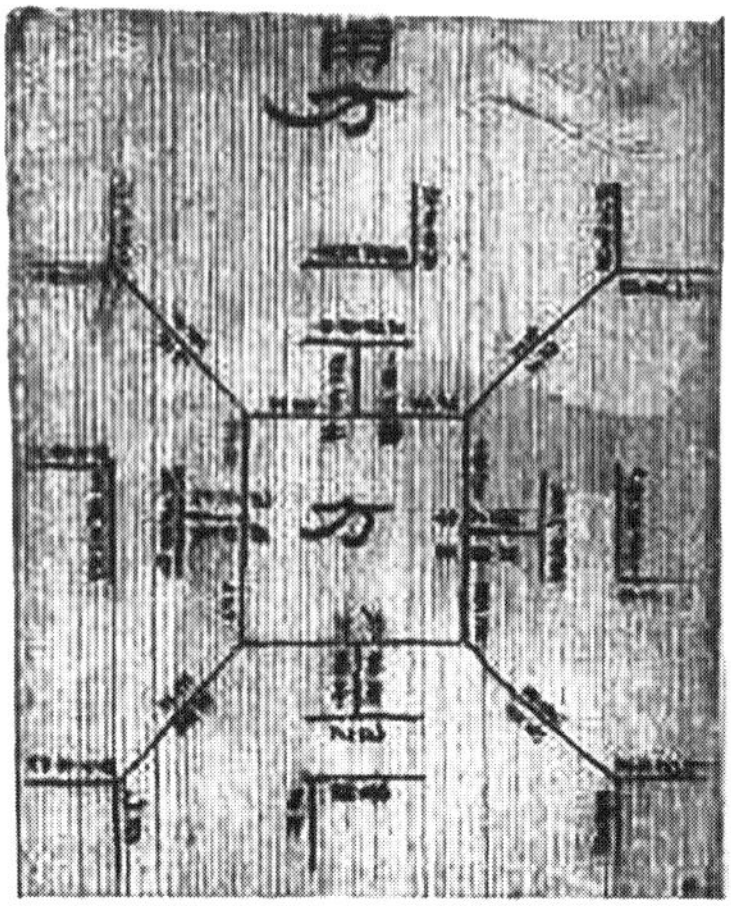

圖22. 尹灣漢簡《博局圖》

圖》與動土有關，《置室門圖》與相宅有關，《戎曆日圖》（『戎曆』疑指神農曆）、《艮山圖》與出行有關，《視羅圖》與死失有關，《神龜圖》與卜問姓名有關，《人字圖》與求子產子有關。

竹簡畫圖，效果較差，好像帘子畫。但帛書不一樣，非常適合畫圖，包括彩色的圖、細密的圖。帛書比竹簡更適合畫圖。

出土帛書，目前只有兩批，一批是一九四二年出土的子彈庫帛書，一批是一九七三年出土的馬王堆帛書。這兩批帛書都有圖。

子彈庫帛書，經我整理，至少有三種：《四時令》（**圖26**）、《五行令》（**圖27**）、《攻守占》[39]。通常說的楚帛書，只是其中比較完整的一件，內容是按四時十二月和二十四節氣劃分一年。這件帛書，過去有各種題名，它與《五行令》（只有殘片）按五行三十時節劃分一年形成對照，現在考慮，應叫《四時令》。《四時令》既有圖也有書，但圖不是插圖，書不是圖注，而是文隨圖轉，圖隨文行，作旋轉排列，兩者緊密結合在一起，難分彼此。其布圖方式與《管子》的《幼官》和《幼官圖》相似。它跟純粹的圖（有圖無文）或純粹的書（有文無圖）都不一樣。《攻守占》無圖，但文字作旋轉排列，與《四時令》同。

馬王堆帛書，書多圖也多。圖分很多種：一種與禮書有關，如獨立的《喪服圖》；一種與子書有關，如內容可能與《九主》篇有關的《九主圖》；一種與數術有關，如《天文氣象雜占》、《刑德》（分甲、乙、丙三篇）、《陰陽五行》（分甲、乙兩篇）、《木人占》的插圖，還有獨立的《宅形宅位吉凶圖》、《太一將行圖》（復旦整理組改稱《太一祝》）；一種與方技有關，如《養生方》後的《牝戶圖》，《胎產書》後的《人字圖》、《禹藏圖》。一種是地圖，可能與墓主的職守有關，如《地形圖》、《駐軍圖》（復旦整理組改稱《箭道封域圖》）。一種是城郭、宮室、墓穴圖，可能與墓主卜居卜葬的活動有關，如《小城圖》（復旦整理組改稱《府宅圖》)、《園寢圖》(復旦整理組改稱《居葬圖》)、《宅位草圖》[40]。

簡帛古書中的圖，與數術有關，主要是與天文、曆法有關的圖，或從天文、曆法派生與式法、選擇有關的圖。後者往往以式圖類的圖像出現，並配有程式化的曆表。

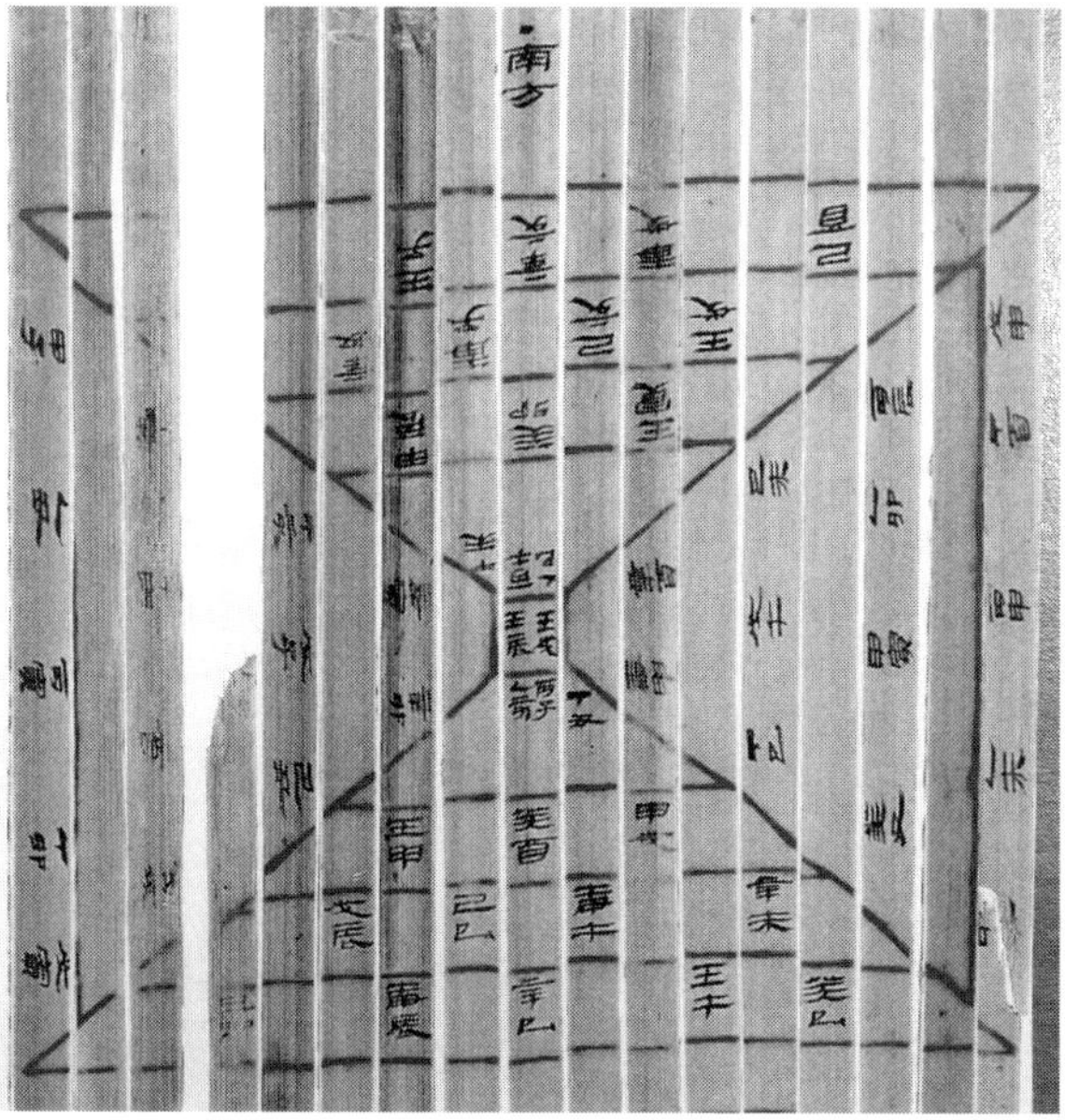

圖23-1. 北大漢簡《居官圖》

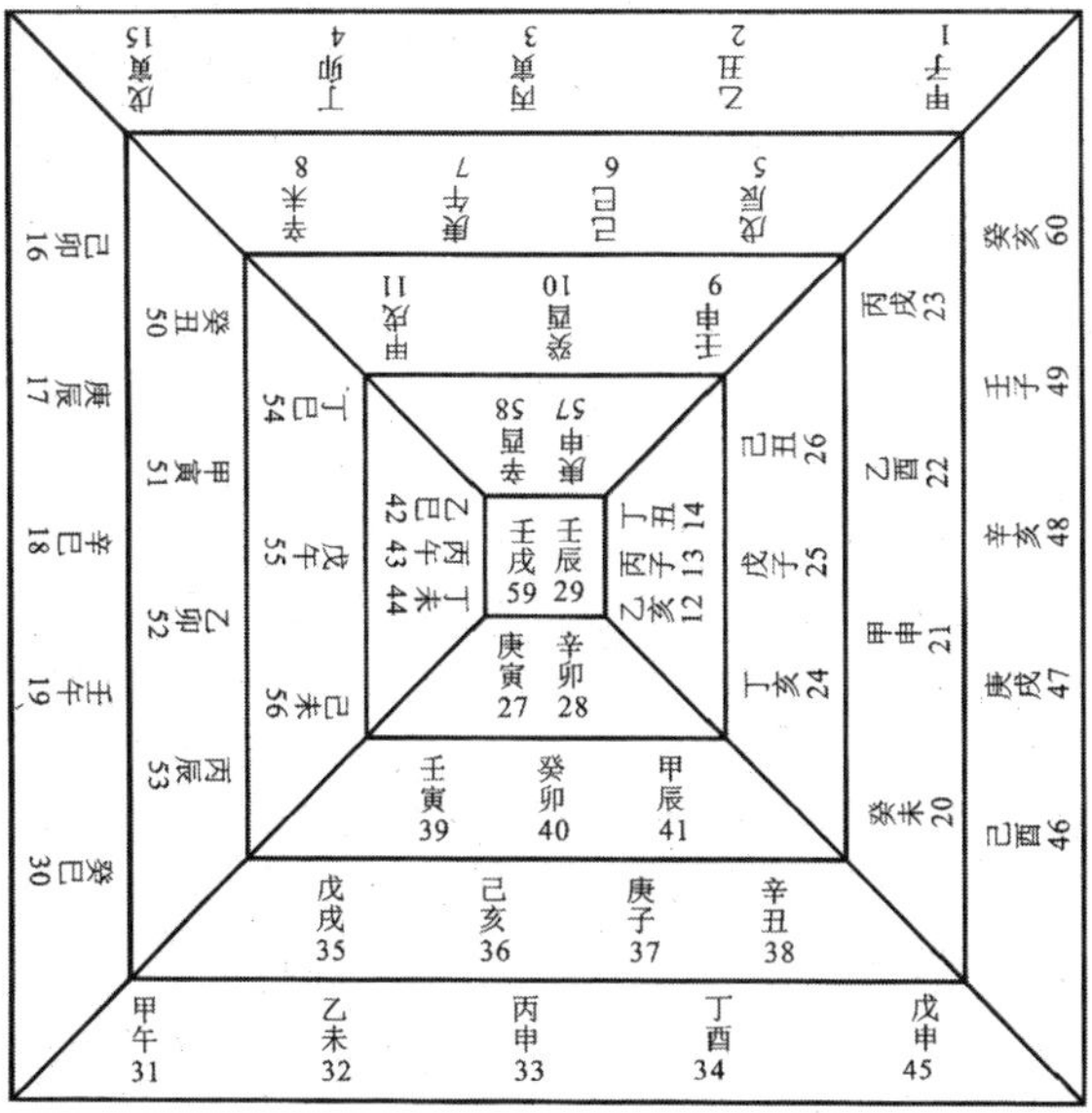

圖23-2. 北大漢簡《居官圖》(復原圖)

圖24-1. 孔家坡漢簡《天牢圖》

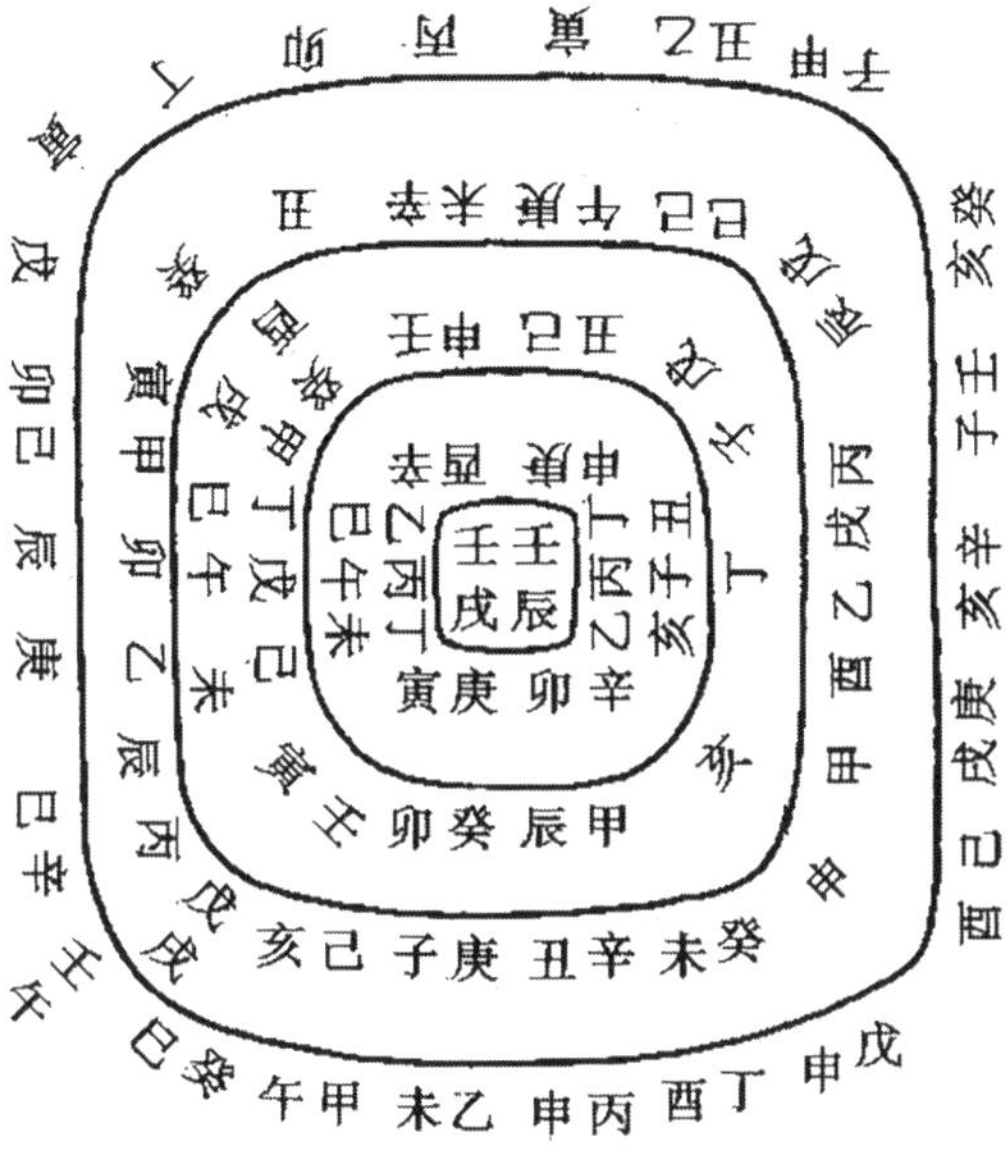

圖24-2. 孔家坡漢簡《天牢圖》（復原圖）

什麼是『式圖』？這個概念是我提出來的。我說的這類圖與式盤的設計有關。式盤和式法有很多種，不一定完全合於宋代的景祐三式，這是對的，但我們不能割斷歷史，說前後的式法完全沒有關係。我們讀《淮南子》，讀《日者列傳》，讀歷來的史志著錄和有關記載，恐怕不能否認，式盤和式圖代表的是一種宇宙模式，它的基本設計是以四正四隅十二位，配天干地支、陰陽五行、六律八風、二十八宿等等爲特點。

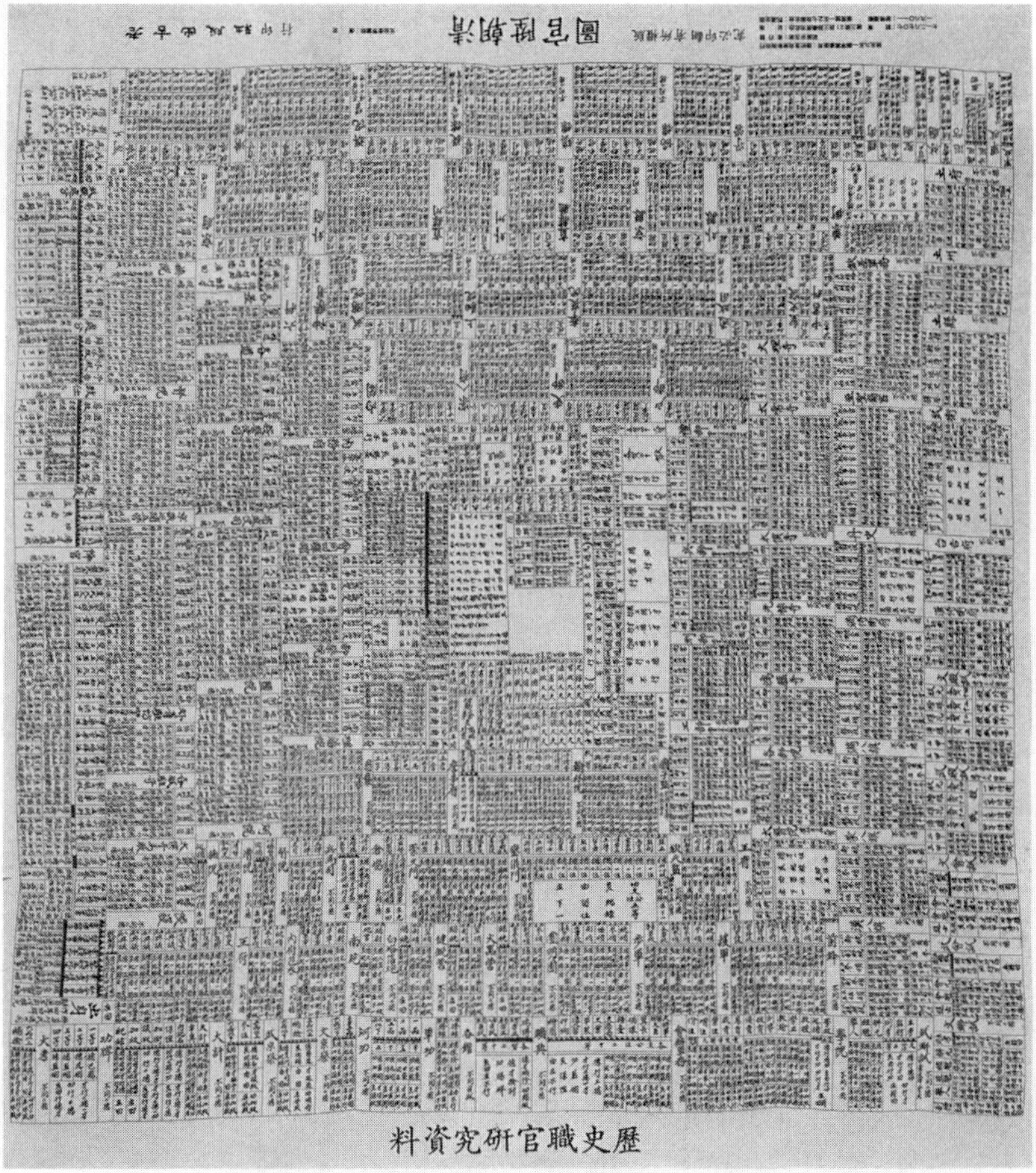

圖25．清代《升官圖》

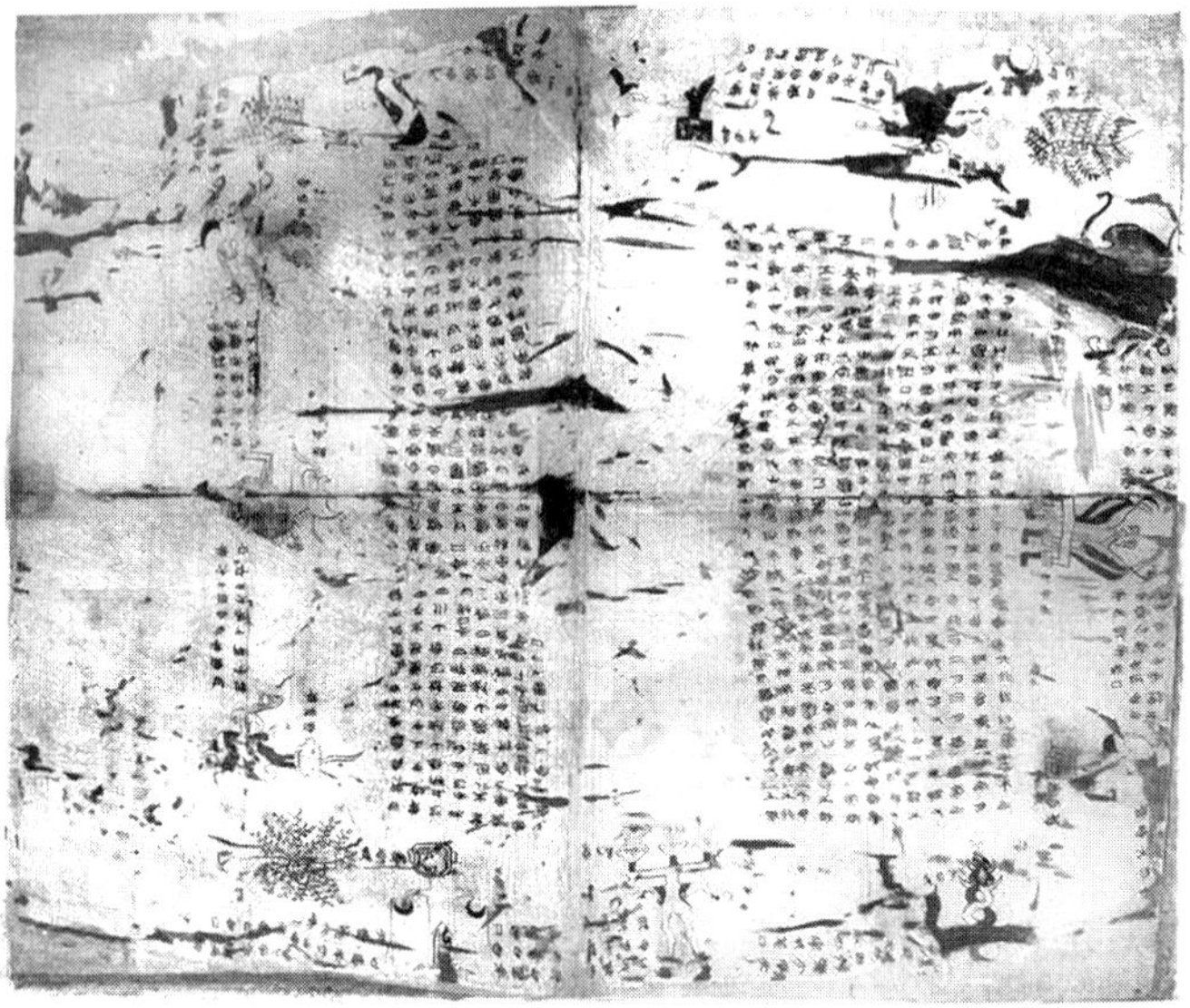

圖26．子彈庫帛書《四時令》

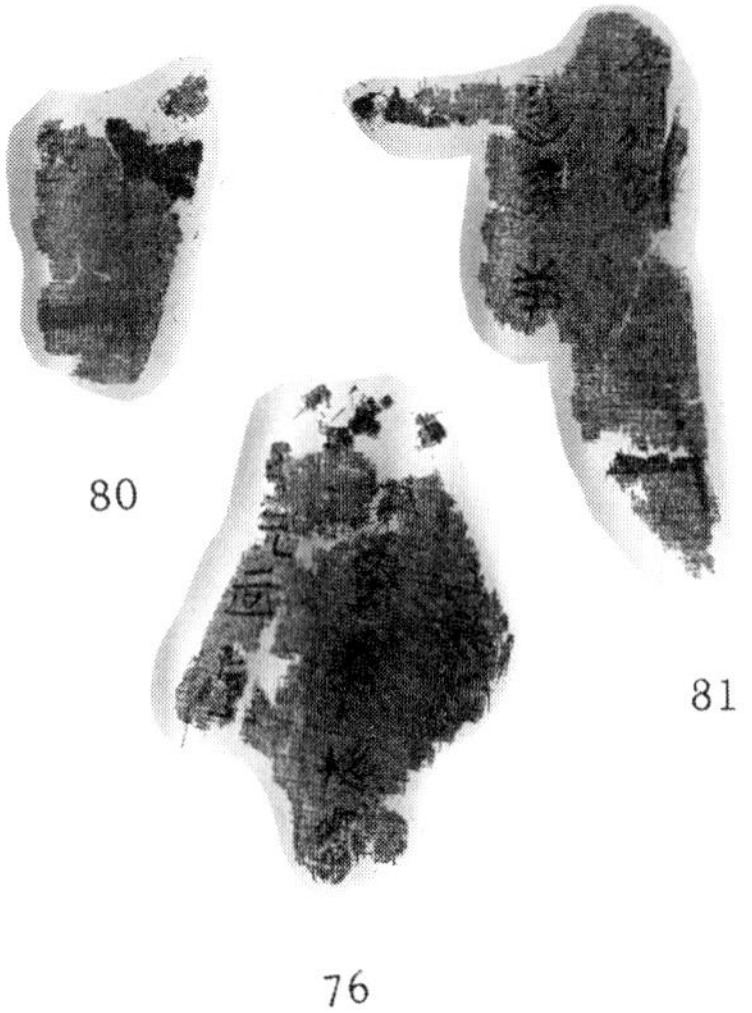

圖27．子彈庫帛書《五行令》

什麼是式，什麼是式圖，兩者是什麼關係，雞生蛋還是蛋生鷄，學者有不同意見。有人認爲先式後圖，有人認爲先圖後式，甚至認爲式與式盤無關，選擇從一開始就是按鉤繩圖進行選擇，這是日書中心主義和濫用解構的方法論作怪[41]。日書附有式圖，式圖已脫離式，沒錯，但沒有式這種工具，沒有旋式、運式一類操作，不能叫式法。我們不能把畫有式圖的木板叫式，以式圖代替式。如王家臺秦墓和劉集聯營漢墓所出（圖28）[42]，只能叫式圖，不能叫式。

式圖類的圖，最簡單也最流行要數日廷圖（圖29）。日廷圖不僅頻見於出土日書，也見於漢汝陰侯墓出土的兩種式盤，顯然是脫胎於式盤。它以二繩四鈎爲要素，標干支於四正四隅十二位，也與運式有關。過去，馬克（Marc Kalinowski）據《淮南子・天文》曾把此圖定名爲『鈎繩圖』[43]，現在，據孔家坡漢簡和北大漢簡，其實應叫『日廷圖』。

我理解，『日廷圖』的『日』指用干支表示的日辰，『廷』可訓停（字亦作亭）或直（字亦作值），指日辰所止或日辰所值。這種圖，二繩四鈎只是構圖要素，日辰所值才是用途所在。日辰所值，即使畫成靜止的平面，後面也一定隱含着流動的概念，顯然是模仿式盤的操作。《漢書・藝文志・數術略》五行類有《轉位十二神》，估計就是講式法的書。沒有轉

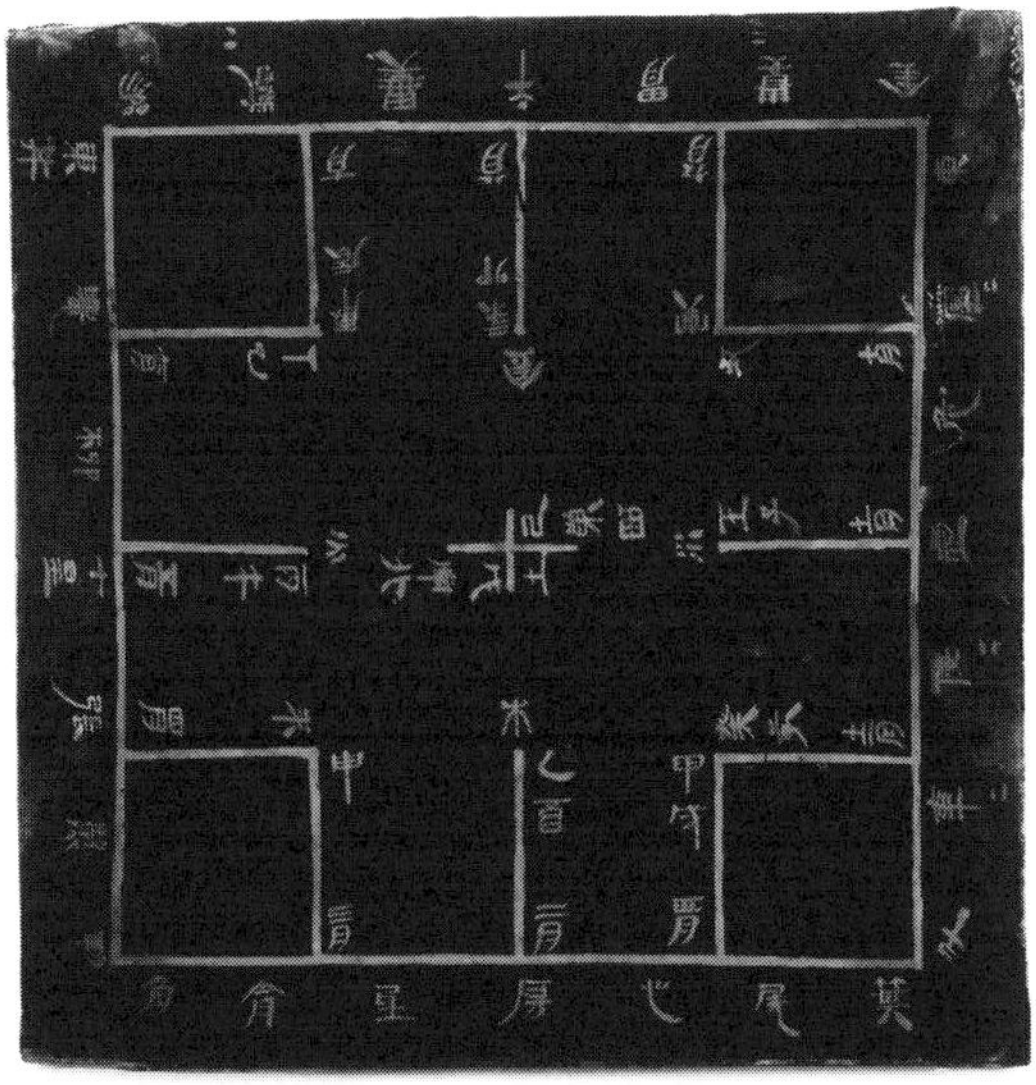

圖28．江蘇儀征劉集聯營漢墓（M10）出土的《二十八宿圖》

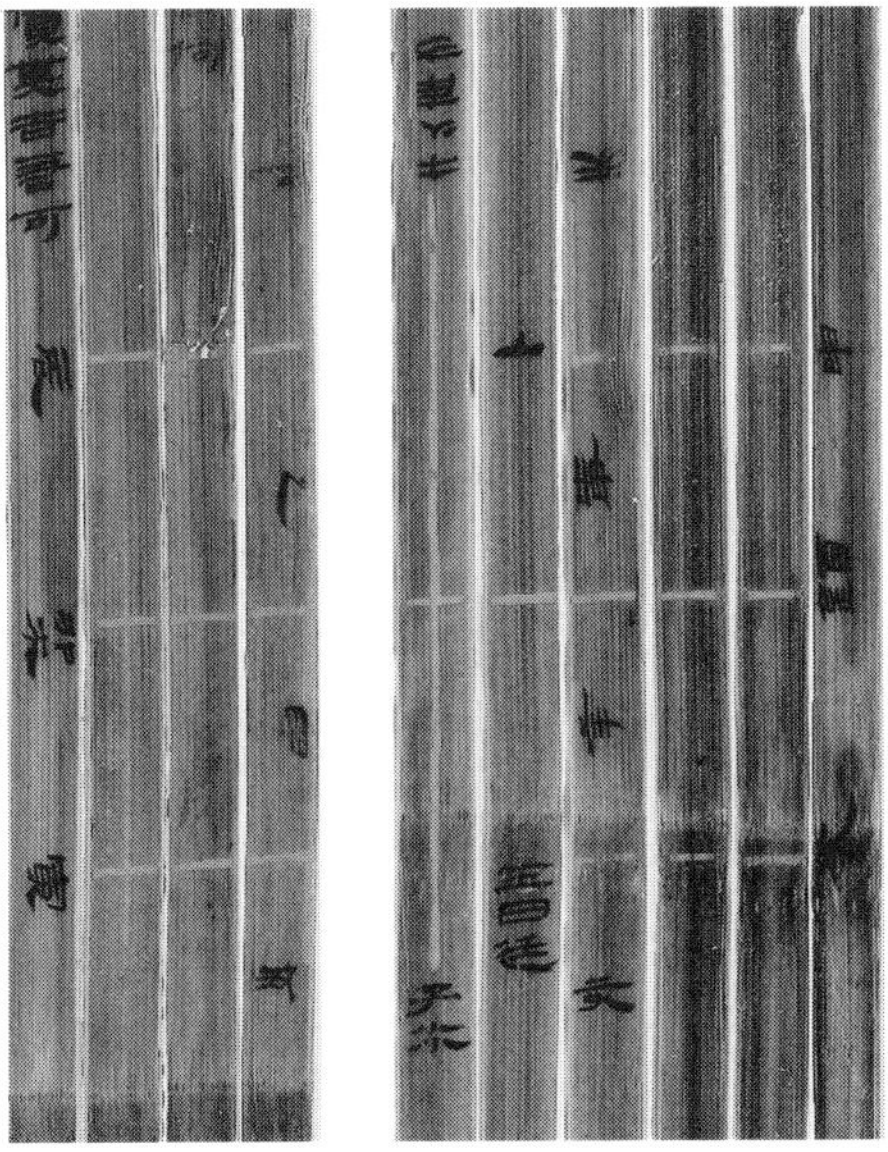

圖29．北大漢簡《日廷圖》

圖30．陝西靖邊楊橋畔出土漢代陶罐上的"太極圖"

位就沒有式法。

《論衡・詰術》已提到這種日廷圖。王充說：『日廷圖甲乙有位，子丑亦有處，各有部署，列布五方，若王者營衛，常居不動。』強調的就是日辰所在的位置。它是一種辰位固定靜止的圖。

附帶說一句，宋易有用陰陽魚表示的太極圖。這種圖，來源很神祕，相傳出自陳摶。其實，陳摶未必是源頭。

上世紀九十年代，陝西靖邊楊橋畔村出土過一件漢代陶罐（圖30），紋飾酷似宋代的太極圖。我在榆林市文物保護研究所的庫房見過另一件陶罐，也是這種紋飾。它們都是榆林地區最典型的漢代陶罐。

書的傳統

書是用文字寫成。文字與圖畫有不解之緣。圖可以圖解文字，作書的插圖；文字也可以註釋圖畫，作圖的榜題。技術書尤其明顯。

中國古代供人選擇時日的書，秦漢叫『日書』，後世叫『選擇書』。擇日專家，古代叫『日者』。《史記・日者列傳》就是講這類專家。褚少孫提到的『漢武七家』，就是漢武帝時的七種日者。我之所以不用『日書』作選擇書的通名，一是它只流行於早期，二是不能概括所有選擇書，比較狹窄。日書，戰國已出現，當時叫什麼，現在還不太清楚。唐代有所謂具注曆日，宋以來有所謂曆書、通書、黃曆、選擇書，都是它的變種。

商周時期的卜筮也占問時日，但與戰國秦漢不一樣，它是附屬於卜筮。《左傳》也有時日禁忌和擇日之術。『這種早期選擇也許更多依賴於星曆的推算或經驗的總結，而不一定依賴式法』[44]。早期選擇，形式比較粗疏，技術比較簡陋，但大多依賴經驗。戰國以來，式法勃興，選擇術日益發達，貌似精密，反而是模擬系統或虛擬系統。

戰國秦漢的選擇書分兩種：一種是時令書，側重四時十二月的吉凶宜忌，比較粗略；一種是日書，側重每一天的吉凶宜忌，比較大，也比較細。子彈庫帛書《四時令》和《五行令》屬於前者，睡虎地《日書》屬於後者。

現在，日書越來越多，但日書並非選擇書的全部。選擇書還包括時令書。嚴格講，時令書並不是日書。

戰國秦漢的選擇術是模擬天文、曆法，但又抽離實際的天象觀測和曆術推步，帶有模式化的特點。它分兩大類，一類模仿天文，用『式』這種工具，通過旋轉它的上下盤，選擇好日子，避開壞日子；一類模仿曆法，利用現成的曆表、曆注，通過查書來選擇時日。前者靠工具，隨機而定，後者靠查書，一切現成。

俗話說，『擇日不如撞日』，『擇日』是在現成的日書中查找和選擇時日，『撞日』是隨機選擇，撞上哪天算哪天。隨機是占卜的本質。查書只是一種懶省事的辦法。

什麼是時令書？

這種書分兩種，一種四分，按四時劃分一年，配合二十四節氣，春、夏、秋、冬各九十日，每個節氣十五日；一種五分，按五行劃分一年，配合三十節氣，木、火、土、金、水各七十二日，每個節氣十二日。前者是四時令，後者是五行令。

四時令，傳世文獻有《大戴禮・夏小正》、《禮記・月令》、《呂氏春秋・十二紀》、《淮南子・時則》，出土文獻有子彈庫帛書《四時令》。

五行令，傳世文獻有《管子》的《幼官》、《幼官圖》、《淮南子・天文》，出土文獻有子彈庫帛書《五行令》和銀雀山漢簡《三十時》。

四時令比五行令更切合實用，時間分配也更整齊。後人熟悉的時令書主要是四時令，但戰國秦漢的時令書還包括五行令。

什麼是日書？

學者稱爲『日書』的文本，時間範圍爲戰國秦漢。戰國秦漢以前有沒有日書，目前還不太清楚。秦漢以後，這類書有很多新名，形式不完全一樣，但傳統還在。

日書是雜抄，占卜事項，無所不包，有點類似明清流行的民間日用類書，是一種百科全書式的日用生活大全。這種書，最初比較簡單，篇幅未必很長，但後來越寫越長，越寫越雜。

歐洲也有這種書。他們的 almanac，既可以是曆書，也可以是年鑑，最初也很簡單，只有薄薄的幾頁，後來則無限擴張，幾乎如 Yellow Pages，無所不包。

出土日書，可長可短，可繁可簡，可隨時擴充，可隨時淘汰，分合無定，不拘一格。現在稱爲日書的書，哪些是，哪些不是，恐怕值得討論。

我的看法是：

1．日書是類名而非專名，(45) 這些被我們汎稱爲『日書』的書，作爲某個具體的文本出現，固然可以加書名號，但各地發現的日書並不是同一文本，而是同一類書。我們要想區別對待，只能在它前面加上出土地點和時代，用出土地點和時代來區分。

2. 以日書自名的書是日書，如睡虎地秦簡《日書》、孔家坡漢簡《日書》、北大漢簡《日書》（圖31）都發現了自題的書名。這些文本當然是名正言順的日書。它們的形式特點也自然爲判斷其他文本是否爲日書提供了標準。

3. 雖無自名，但具有上述日書特點的書也應當算日書，如九店楚簡、周家臺秦簡、放馬灘秦簡、香港中文大學文物館藏漢簡、磨咀子漢簡，它們都有類似上述三種日書的書。這些書也是日書。

4. 日書只是選擇書的一種，並非全部。有些選擇書與式法、選擇有關，但不具備日書的基本形式，如馬王堆帛書《刑德》、《陰陽五行》，這類書似不宜稱爲日書。時令書也不是日書，上面已經說過。

現已發現的日書通常包括三部分：

（1）日約。出土日書，通常以曆表居前，下附宜忌。曆表分兩種，一種是月表，以二十八宿配十二月、十二時（或十六時，或二十八時）；一種是日表，以神煞配日辰，如楚地和秦地的建除表、叢辰表。它們是以曆表爲綱，宜忌爲目，按日子查舉事宜忌。北大漢簡有以『日約』自名的簡（圖32），『約』可讀要，就是相當這一部分。

（2）日忌。北大漢簡還有一種以『日忌』自名的簡（圖33）。出土日書，這類內容是主體，一般附於曆表的後面，篇幅較長。它與前者相反，不是按日子查舉事宜忌，而是按占卜事項，倒過來查良日、忌日，帶有專題索引的性質。占卜事項可多可少，沒有一定。

（3）雜占。出土日書，除前兩類，還有一些內容，插附書中，往往涉及其他數術，甚至跟方技有關，如相人、相宅、占夢、厭劾、祠禳。這些內容，乍看似乎與擇日無關，可以排除在日書之外，其實不然。我認爲，它們仍應算作日書的一部分。理由是：第一，日書不僅涉及時間，也涉及方向，如出行、移徙、起蓋，均與方向有關，就是日書所常見，我們不能因爲看不見日辰，就說與日書無關；第二，時日選擇在所有占卜中是最大的一類，大術統小

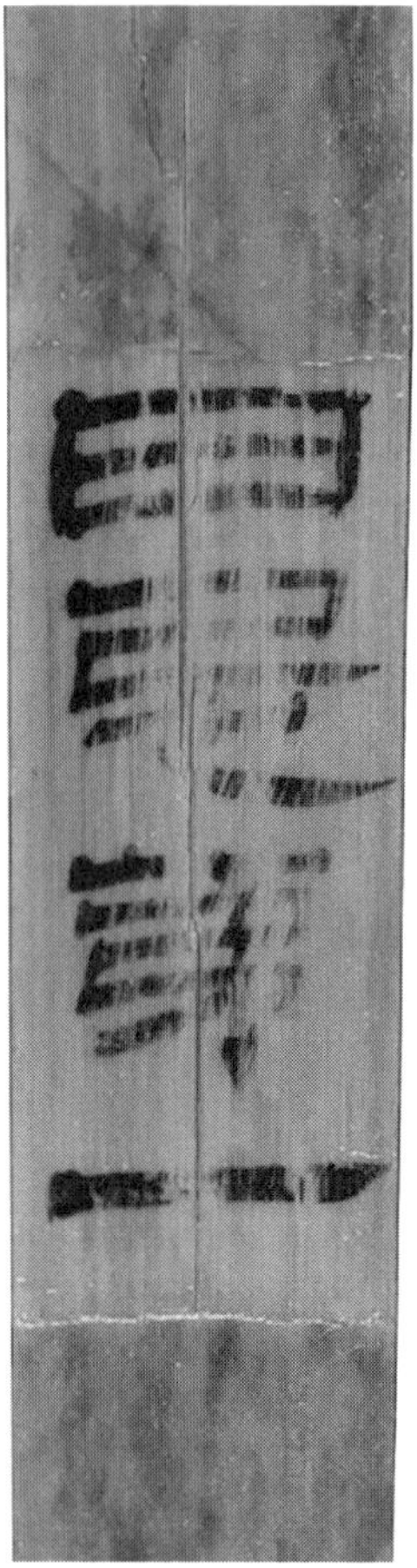

圖33. 北大漢簡《日忌》的篇題

圖32. 北大漢簡《日約》的篇題

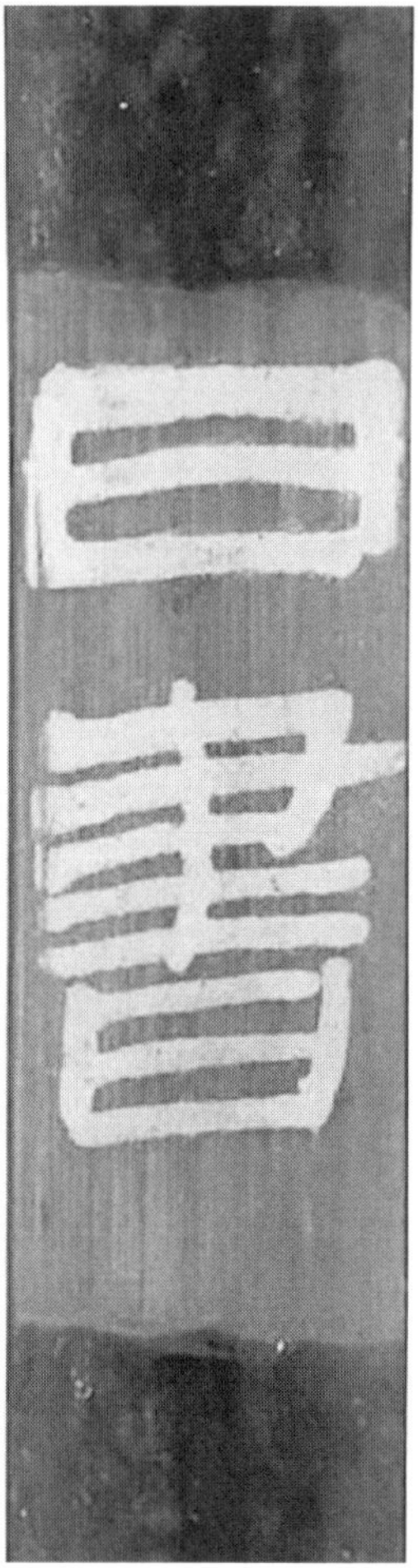

圖31. 北大漢簡《日書》的篇題

術，正是占卜日書化、日書百科化的反映。比如五色診，應屬方技，表面看不屬數術，但日書涉及的占卜事項無所不包，問病也不能說與日書無關。它是數術與方技整合爲同一個體系的反映。

古書多摘抄或雜鈔，不能憑局部定全體，而應以全體定局部。什麼是日書？關鍵要從整體判斷。上述三部分俱全固然是日書，只有其中一部分也可以算日書，甚至從這三部分中任意節引一段，同樣可以算日書。比如尹灣漢簡的《刑德行時》、《行道吉凶》、上博楚簡《日書》（尚未發表）和磨咀子漢簡《日書》，它們都是非常簡短的摘抄，但仍不失爲日書之一種。

這叫『大道理管小道理』。

結論

上述傳統是觀察數術發展的四個角度。這四大傳統，起源都很古老，延續都很長。我說的『數術革命』，並不是用式法、選擇代替龜卜、筮占，而是指它們在整個數術體系中的地位發生了根本性的變化，原來的大術後來變成了小術，原來的小術後來變成了大術，反客爲主，反主爲客，變化是結構性變化。

中國古代，商代西周和春秋時期，一直以卜筮爲主，戰國秦漢才變爲以選擇爲主。這就是我說的『數術革命』。漢以來，選擇比卜筮地位高，主要原因是，它是以天文、曆法爲依托。《漢書・藝文志・數術略》把五行排在天文、曆譜之後，蓍龜、雜占、形法之前。司馬遷作《史記》，也把《日者列傳》排在《龜策列傳》之前。這是『數術革命』後的格局，並非原來如此。戰國秦漢，選擇書最流行，陰陽五行說最流行，前者是後者的技術背景，後者是前者的理論方法。兩者密不可分。

數術與陰陽、五行都有關係。《漢書・藝文志・數術略》的五行類，開頭五書全部以『陰陽』爲名。漢以來，人們或以『陰陽書』指選擇書，以『陰陽生』（或『陰陽先生』）指選擇家。但值得玩味的是，爲什麼班固不選『陰陽』而選『五行』作選擇書的類名。我想，這主要是受了時代潮流，特別是劉向的影響。

漢代講『五行』，皆宗《洪範》。如劉向的《洪範五行傳記》就是以闡釋《洪範》的形式，用五行說來解釋歷史上的各種災變，班固的《漢書・五行志》就是悉本《洪範五行傳記》而作。上面說的『漢武七家』，漢武帝最看重的也是『五行家』。這種分類法一直影響到後來的史志分類。《漢書・藝文志》以下的歷代史志，一直把五行類當選擇類的別名。雖然術語有變化，系統有調整，但誰也不能抹殺，這是一以貫之的傳統。

日書是日用占卜大全，各種占卜都向它靠攏。陰陽五行說就是以它主，爲了整齊、統攝各種占卜而創造的一種通用理論。

通用化是數術革命的最大成果。

二〇一五年三月二十四日寫於北京藍旗營寓所

註

（1）問題的複雜性在於，它與現代學術的分類概念並不一樣。夏德安（Donald Harper）曾以 natural philosophy and occult thought 泛指中國古代方術，不僅包括數術，也包括方技，甚至包括陰陽五行說。我理解，他用這組詞似有兩層用意：（1）natural philosophy 既可彰顯中國古代方術的理論色彩，又可避免把中國古代尙很粗陋的天文、曆算和醫學叫 science；（2）occult thought 則可暗示占卜、相術、祠禳等活動具有超自然的神祕色彩。然而這裡値得注意的是，他用的 occult thought 並非專指『數術』，如果我們用 occult art 翻譯『數術』則略顯寬泛。其實，夏德安對『數術』的翻譯是 calculations and arts。calculations 是翻譯『數』，arts 是翻譯『術』。這是據中文的字面含義直譯。『數術』固然包含了某種計算的含義，但我們用

computational art 翻譯『數術』也未必就能傳達其複雜含義。請參看夏德安爲 Michael Loewe and Edward L. Shaughnessy 主編的 *The Cambridge History of Ancient China, from the Origins of Civilization to 221 B. C.*, Cambridge University Press 1999 一書寫的第十二章：Warring States Natural Philosophy and Occult Thought。

（2）本文使用的『式法』一詞是按傳統意義理解。式法是用『旋式正棊』的方法選擇時日。『式』是模仿斗轉星移的式盤，可以旋轉，『棊』是棋子，與算籌配合，可以推算日辰。博棋和塞棋就是模仿式法。本文使用的『選擇』是泛指選擇時日，既包括用式盤選擇，也包括用選擇書選擇。選擇書的概念，既包括粗綫條的時令書，也包括細化的日書。此名雖後起，但概念寬泛，也比較通俗。爲什麼我不用『日書』作選擇書的通名，下文有說明。

（3）David N. Keightley, *Sources of Shang History, The Oracle-Bone Inscriptions of Bronze Age China*, Berkeley and Los Angeles: University of California Press, Ltd, 1978, pp. 158-160.

（4）葉祥奎、劉一曼《河南安陽殷墟花園莊東地出土的龜甲研究》，《考古》二〇〇一年八期，八五～九二頁。

（5）曹瑋編著《周原甲骨文》，北京：世界圖書出版公司，二〇〇二年。

（6）周原考古隊《二〇〇三年陝西岐山周公廟遺址調查報告》，《古代文明》第五卷，北京：文物出版社，二〇〇六年，一五一～一八六頁。

（7）趙振華《洛陽兩周卜用甲骨的初步研究》，《考古》一九八五年四期，三七一～三七九頁；山西省考古研究所《侯馬鑄銅遺址》，北京：文物出版社，一九九三年，上册，四二五頁。

（8）《論語・子路》作『子曰：南人有言曰：人而無恆，不可以作巫醫』。

（9）衞靈公夫人南子是宋女。《漢書・藝文志・數術略》的《南龜書》，前人推測是講商人的龜卜，現在看來是講宋國的龜卜。參看李零《蘭臺萬卷——讀漢書・藝文志——》，北京：三聯書店，二〇一一年，一八九頁。案：殷地，周初封衞，宋在衞南，或即稱南之由。

（10）李零《『南龜北骨』說讀再認識》，收入氏著《中國方術續考》，北京：中華書局，二〇〇六年，二一八～二三三頁。

（11）李零《說匵——中國早期的婦女用品：首飾盒、化妝盒和香盒——》，《故宮博物院院刊》二〇〇九年三期，六九～八六頁。案：

山東省博物館藏蓋飾男女裸人的這種器物，傳出山東莒縣。類似器物，日本京都藤井有鄰館也有收藏。

（12）四川大學歷史系考古專業《雲陽縣明月壩遺址試掘簡報》，收入四川省文物考古研究所編《四川考古報告集》，北京：文物出版社，一九九八年，九一～一一一頁；白彬《重慶雲陽明月壩遺址出土唐代卜甲的初步研究》，《四川大學學報》（哲學社會科學版）一九九八年四期，一〇六～一一〇頁。

（13）李零《中國方術正考》，北京：中華書局，四二～四八頁。

（14）馬承源主編《上海博物館藏戰國楚竹書》（九），上海：上海古籍出版社，二〇一二年，二八九～三〇二頁。

（15）李零《唯一的規則——〈孫子〉的鬪爭哲學——》，北京：三聯書店，二〇一〇年，五五頁。

（16）李零《死生有命，富貴在天——〈周易〉的自然哲學——》，北京：三聯書店，二〇一〇年，二一～二五頁。

（17）李零《讀周原新獲甲骨》，《古代文明》第五卷，一九七～二〇三頁；李零《唯一的規則——〈孫子〉的鬪爭哲學——》，一五八頁。

（18）戰國干支籌，有河北柏鄉縣東小京戰國墓出土的象牙干支籌，上標順序，下標干支。原件十二枚，缺少第八枚，銘文依次排列，作『一，甲子；二，乙丑；三，丙寅；四，丁卯；五，戊辰；六，己巳；七，庚午；（八，辛未）；九，壬申；三，癸酉；一，甲戌；二，乙亥』，十作三，十一作一，十二作二。參看柏鄉縣文物保管所《河北柏鄉縣東小京戰國墓》一九九〇年六期，六七～七一頁。漢代干支籌，發現比較多，除標干支，還標五行。戰國干支儀，過去一直在中國歷史博物館的通史陳列展出，現藏中國國家博物館，不再展出。

（19）《漢書・藝文志・數術略》曆譜類有《許商算術》、《杜忠算術》。

（20）朱漢民、陳松長主編《嶽麓書院藏秦簡》（貳），上海：上海世紀集團出版社，二〇一一年。

（21）張政烺《張政烺論易叢稿》，李零等整理，北京：中華書局，二〇一〇年。

（22）李學勤一直認爲，《周易》卦畫與數字卦無關。如他在《論戰國簡的卦畫》一文（收入《出土文獻研究》第六輯，上海：上海古籍出版社，二〇〇四年，一～五頁）中說，出土戰國簡上『通行觀點以爲是〝數字卦〟，即筮數的，其實不是數字，而是卦畫』。

（23）李宗焜《數字卦與陰陽爻》，《中央研究院歷史語言研究所集刊》第七十七本第二分，臺北：中央研究院歷史語言研究所，二〇〇六年，二七九～三一八頁。

(24) 李學勤主編《清華大學藏戰國竹書》（肆），上海：中西書局，二〇一三年，下册，七五～一三四頁。

(25) 李學勤《清華簡〈筮法〉與數字卦問題》，《文物》二〇一三年第八期，六六～六九頁。

(26) 張政烺《張政烺論易叢稿》，一三～一六、七三～七六頁。

(27) 張政烺《張政烺論易叢稿》，一三～一六、七三～七六頁。

(28) 參看 *Graphics and Text in the Production of Technical Knowledge in China, the Warp and the Weft*, edited by Francesca Bray, Vera Dorofeeva-Lichtmann, Georges Metailie, Leiden・Boston: Brill, 2007.

(29) Francesca Bray 爲上引論文集寫導論，就是以這段話作全書題詞。

(30) 李零《蘭臺萬卷——讀〈漢書・藝文志〉——》（修訂版），北京：三聯書店，二〇一三年，一七七～一七八頁。

(31) 李零《中國方術正考》，北京：中華書局，二〇〇六年，五七～六四頁。

(32) 《漢書・藝文志》中的篇卷統計，竹書是以篇計，帛書是以卷計，說見《蘭臺萬卷——讀〈漢書・藝文志〉——》（修訂版）。

(33) 宋易的易圖，既是一種想象的發揮，也是一種傳統的復興。

(34) 這種圖像流行於漢代畫像石。

(35) 參看黃儒宣《〈日書〉圖像研究》，上海：中西書局，二〇一三年。

(36) 李零《中國方術正考》，六九～一四〇頁。

(37) 過去有七例，新增加的例子是虎溪山漢墓所出。

(38) 參看李零《中國最早的『昇官圖』——說孔家坡漢簡〈日書〉的〈居官圖〉及相關材料——》，《文物》二〇一一年第五期，六八～七九頁。

(39) 李零《子彈庫帛書》，北京：文物出版社，待刊。

(40) 裘錫圭主編《長沙馬王堆漢墓帛書集成》，北京：中華書局，二〇一四年。

(41) 參看黃儒宣《〈日書〉圖像研究》，上海：中西書局，二〇一三年，九七～一〇八頁；Marc Kalinowski, "The notion of 'Shi' 式

and some related terms in Qin-Han calendrical astrology," *Early China* 35-36, 2012-13, pp. 331-360.

(42) 前者只是一幅日廷圖，照片闕如。後者也是一幅標註二十八宿的日廷圖。黃儒宣、馬克以這種畫在木板上的日廷圖爲式盤，予不敢同。

(43) 馬克《馬王堆帛〈刑德〉試探》，《華學》第一期，廣州：中山大學出版社，一九九五年，八二～一一〇頁。

(44) 劉瑛《〈左傳〉、〈國語〉方術研究》，北京：人民文學出版社，二二〇頁。

(45) 如黃儒宣《〈日書〉圖像研究》，其中的《日書》應去書名號。

数術革命を語る――龜卜・筮占から式法・選擇へ――

李　零
久保田知敏 譯

緒　言

私はこの短い文章で、中國早期の數術の發展の基本的な脈絡を簡略に述べたいと思う。數術革命の前後には大きな方向轉換が存在するが、それがいったいどこで發生したのかを論ずることが重點である。

1．『漢書』藝文志數術略では漢代の國家藏書における數術書を天文・曆譜・五行・蓍龜・雜占・形法の六類に分けている。これらは占い・人相見家相見・お祈りお祓いなどの活動と關係があるばかりでなく、同時に天文・曆法・數學方面の知識をも含んでおり、實態は科學と迷信がたがいに表裏一體となった技術體系なのである。

2．「數術」は「術數」とも呼ばれている。このことばは、定義するのも翻譯するのもむずかしい。(1)古人がなぜ上述の六方面を「數」と關係した「術」と總稱したのかは、よく考えてみる價値がある。これが以下の文で檢討しようとする問題である。私は、漢代の數術の核心は天文と曆算、およびそれらから派生した式法と選擇であると考えている。(2)

3．數術は中國において現在も續いている傳統でもありながら、すでに傳わらない傳統でもあり、切れ目なく續きながら、何度もリニューアルされている。この數術の傳統に關して、我々の知識は主に宋以降の文獻の記載と現在に至るまで民間習俗に殘っている數術の傳統によるものであるが、宋以前の知識は主に二十世紀以來の出土資料の發見に裨益されている。

4．考古資料を糸口に、傳世文獻と結合させて、中國早期の數術の傳統を検討することは、大いに有望な研究領域である。この文章で論ずる「數術革命」は商代西周と戰國秦漢の閒に發生した。春秋時代は、前代をうけ後代に發展させる過渡期ではあるが、しかしより前代に接近している。眞の斷絶は戰國時代にある。この轉換は思想史の研究にとって極めて重要である。

占いの傳統

商代と西周では龜卜と筮占が盛んに行われた。龜卜と筮占は切っても切れない關係の占いである。當時は戰爭や國家の大事を占い、兩者は往々にして代わる代わる使用されていた。この狀況は孔子の時代も同様であった。占いに際して動物の骨を靈的な媒介物として使うことは、すでに商代以前にもあった。この占いは骨卜と龜卜とに分けられる。骨卜は、その起源と分布地域ともに相對的に北に偏っており、中國東北部・朝鮮半島と日本列島のすべてにおいてこの占いは流行した。龜卜は、その起源と分布地域は相對的に南に偏っており、おそらく中國の南方から北方へと廣まっていったのであろう。この二つの大きな傳統は殷墟で結合し、さらに殷墟から外に向かって擴大した。後に、龜卜が徐々に優勢になり、徐々に骨卜に取って代わった。漢以降の占いは主に龜卜を指した。司馬遷のいう「龜策」も、班固のいう「著龜」も、どちらも「龜」で龜卜を指している。

殷墟の甲骨は王國維のいう五大發見のひとつである。しかし、甲骨の發見から言えば、殷墟はその中の一地點に過ぎない。一九四九年以降、中國北方の五省、河北・河南・山東・山西・陝西のすべてから甲骨は發見されている。北方出土の甲骨には、商人の甲骨のほかに周人の甲骨もあり、その鑽鑿のし方が異なっている。長江流域の湖北・四川などの省からも甲骨は發見され、鑽鑿のし方も違い、商とも周とも異なる。

安陽出土の卜龜について、中外學者の鑑定は、必ずしも一致してはいない。舊説では烏龜（*Chinemys Reevesi* 學名中華草龜）・花龜（*Ocadia sinensis*）・水龜（*Mauremys mutica* 學名黃喉擬水龜）・亞洲大型陸龜（*Testudo emys*）の四種類に分けていた。そのうち前の三種類は中國產出で、これらは比較的小さい。最後の一種類が東南アジア產出で、これは大きい。(3) しかし近年、學者たちが新たな鑑定を行った結果、以下の認識を得た。安陽の卜龜には烏龜・花龜の二種類があるだけで、水龜は確かでない。以前亞洲大型陸龜とされていたものは、實は花龜に分類すべきである。現代の花龜は比較的小さいが、古代の花龜のなかには比較的大きい品種もあり、安陽の大龜はけっして亞洲大型陸龜ではない。烏龜は分布が廣く、中國にはいたるところにおり、安陽にも生息した。花龜は安陽以外の南方から獻上されたが、けっして東南アジアから輸送されたものではない。(4)

中國古代の大龜には、古人が「大蔡」と美稱しているものがある。『左傳』襄公二十三年に、魯國貴族の藏氏が大蔡を飼うことを熱愛したとある。大蔡は、舊說では湖北省の黃梅縣の蔡山產出とされ、すなわち『書』禹貢に取り上げられている九江から獻納された大龜で、非常に有名かつ貴重なものである。

西周の甲骨では、周原での出土が最も多い。周原の甲骨には、岐山鳳雛と扶風齊家出土のほか、(5) 周公廟遺址の新發見がある。(6) 周公廟遺址は、C10地點發見の二つの背甲（圖1）以外は、資料はまだ全てが發表されているわけではない。その二つの殘存した背甲は龜の種類がいまだ鑑定されてはいないが、復元圖からみると、本來の個體の體長は約三五・

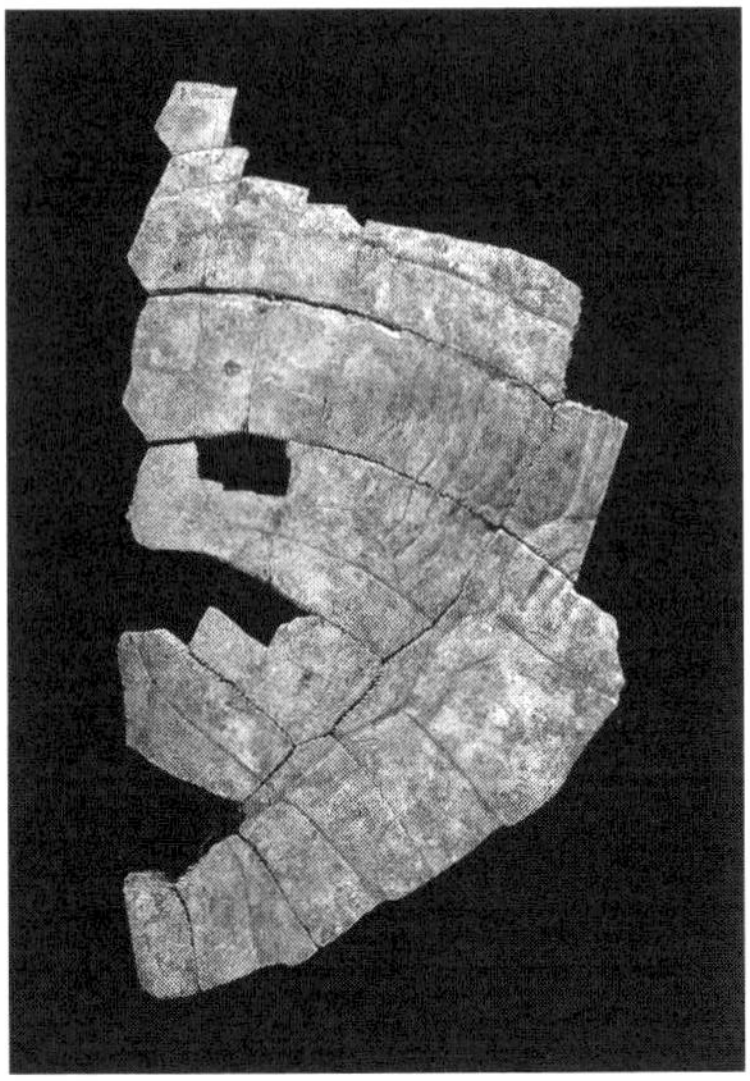

圖1-1．周公廟遺址 C10地點出土一號卜甲（正）

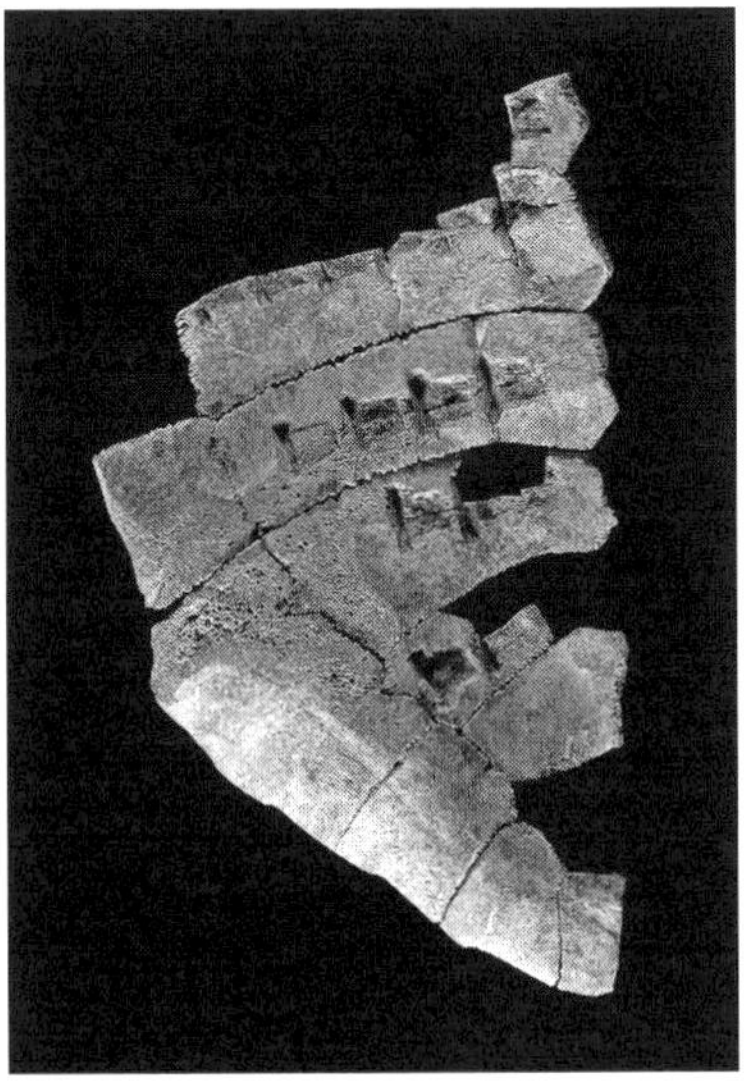

圖1-2．周公廟遺址 C10地點出土一號卜甲（背）

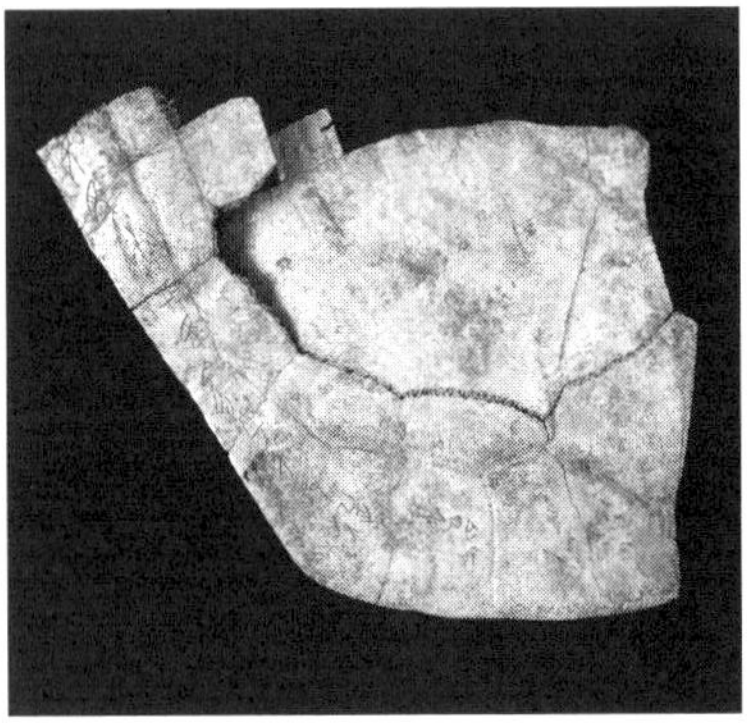

圖1-3．周公廟遺址 C10地點出土二號卜甲（正）

圖1-4．周公廟遺址 C10地點出土二號卜甲（背）

二センチメートルで、商代卜龜中の大龜のサイズに近い。

東周の甲骨は、かつて洛陽と侯馬で出土した（圖2）。[7]『左傳』をみると、春秋末期に龜卜は依然として最も重要な占いであり、その地位は筮占よりも上位であった。

龜卜は商で盛んであり、宋人は殷の末裔であるから、依然としてこの方法を得意としていた。孔子は宋人の子孫であり、宋人が龜卜を得意とすることをたぶん熟知していた。

『禮記』緇衣に孔子のことばとして「南人に言有りて曰く、人にして恆無ければ、以て卜筮を爲すべからず、と」とある。[8] 孔子のいうこの「南人」がどのような人々を指すのか、以前は明らかではなかったが、現在は郭店楚簡本および上博楚簡本の「緇衣」と相互に對照することにより、我々は孔子のいう「南人」が「宋人」であることがわかった。[9]漢の褚少孫が補った『史記』龜策列傳も宋元王と衞平の問答形式で書かれている。これは偶然のことではない。

魯國は宋國から近く、藏文仲が大蔡を飼うのを好んだのも有名である。彼はその大蔡のために建物を建て、梁棟には裝飾を凝らし、贅澤三昧をさせてやったために、孔子に嘲笑風刺されている。孔子は「藏文仲蔡を居き、節を山にし梲を藻にす、何如ぞ其れ知（智）ならんや」（『論語』公冶長）といっている。

龜が古代において貴重なものとされたことは、占卜と關係があろう。牛河梁M21・淩家灘M4・小屯F11・琉璃河M202・晉侯墓地M63から龜の甲羅の形の小さな玉の彫刻（圖3）が出土している。この種の玉の彫刻は間違いなく非常に高價なものだ。[10] 孔子が魯國の爲政者を批判した二句の名言に「虎兕柙より出で、龜玉櫝中に毀つ」（『論語』季氏）がある。「櫝」の字はまた「匵」とも書き、古代の裝飾品入れまたは寶箱である。山東・山西・陝西・甘肅から多年にわたり出土する、小さな青銅の箱（圖4）がある。往々にして人物や鳥獸で裝飾され、時には車輪を持つものもあるが、これらがその箱であろう。出土發見されたものは往々にして中は空だが、小邾國墓地出土のものは小さな装飾品が入

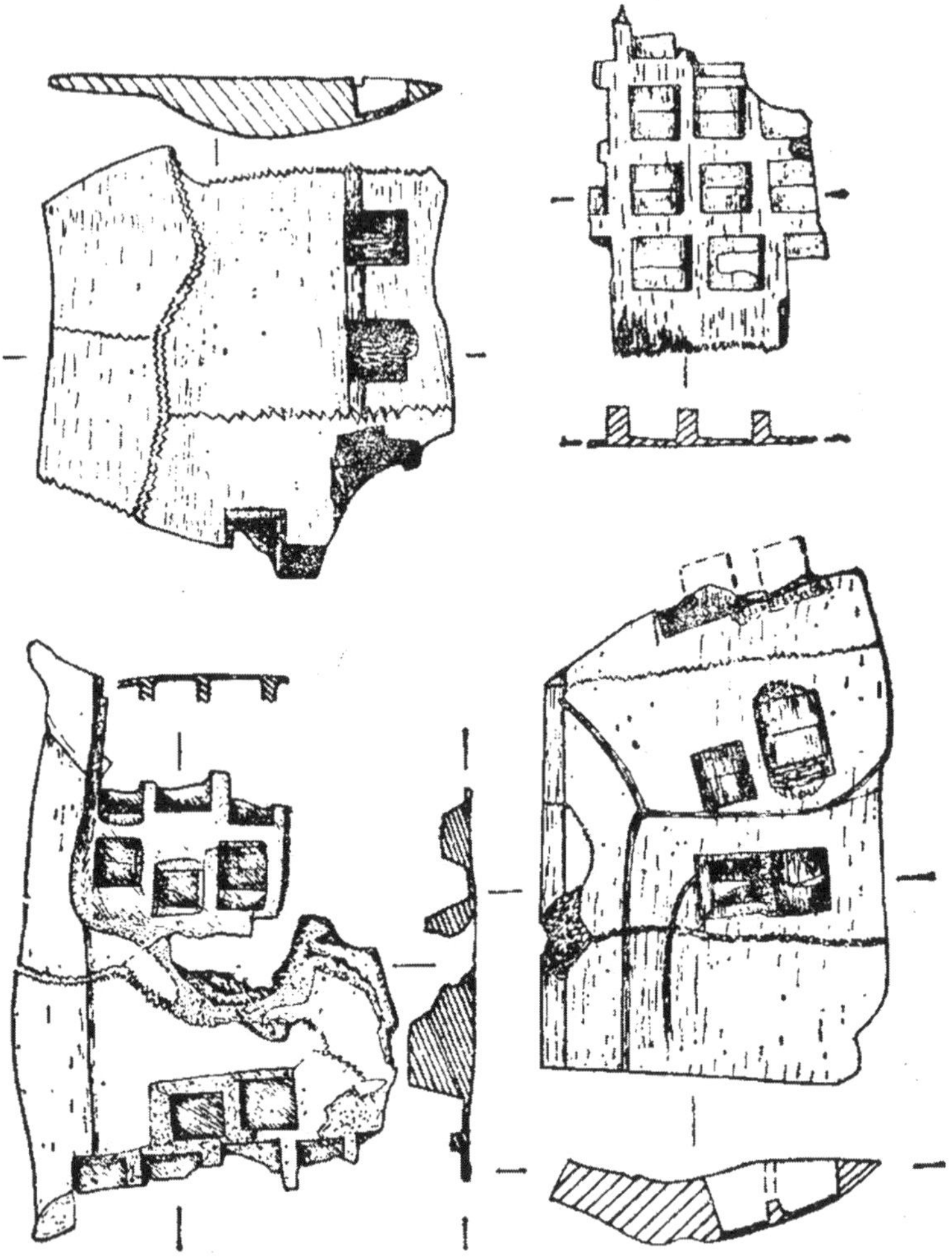

圖2. 河南洛陽王城遺址出土東周卜甲

圖5．西漢南越王墓出土卜甲

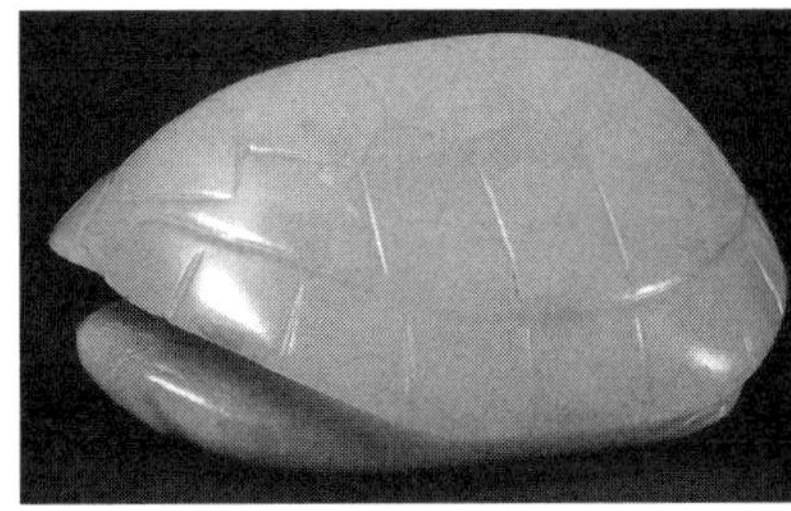

圖3．晉侯墓地出土玉龜殼

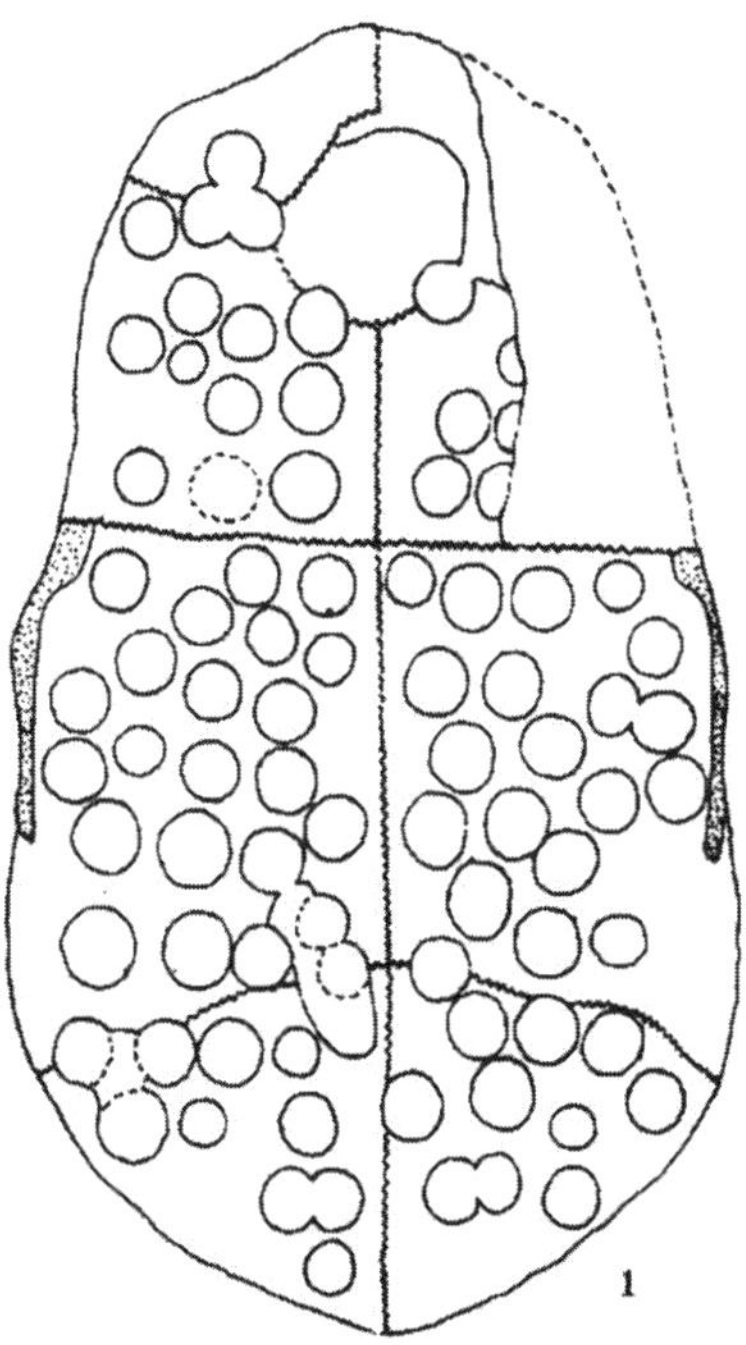

圖6．四川雲陽明月壩遺址出土唐代卜甲

圖4．山東博物館藏裸人對坐銅匱

れてあり、[11]この青銅製の箱は一般に小さく、生きた龜を入れた可能性はない。私は「龜玉」とはこの龜の甲羅の形の小さな玉の彫刻を指すのではないかと推測している。

漢唐以降、龜卜は衰退した。漢の武帝は封禪郊祀といった類の國家の大典を尊崇し、巫蠱活動などの小術を貶め、龜卜は邱子明の禍により打擊を受け、その地位は以前には遠く及ばなくなった。しかし、それでも龜卜が消滅したわけではなく、ずっと明清まで續いている。

漢代の出土發見では、前漢南越王墓出土の卜甲と呼ばれるもの（圖5）があり、私は博物館の倉庫で原物を見たことがあるが、それらは皆小さな破片であり、骨片は扁平で、薄く、周邊にはギザギザのヒビが入り、正面には空白の朱絲欄があり、背面には楕方形の極めて小さな淺い穴があるが、穴には焼いた痕跡はなく、果たして卜龜であるか、今後の鑑定が待たれる。

三峽での發掘では、四川雲陽明月壩遺址で唐代の卜甲（圖6）で多くの圓形の穴のあるものが三例出土した。[12]唐代に中國の龜卜は日本に傳わった。唐以降、龜卜は小術となり、その鑽鑿の形態から占卜の用語まで、早期の龜卜とは完全に別ものとなった。

卜書は、早期のものは漢代の著作である『史記』龜策列傳があるだけだ。隋唐の資料は相當に少なく、ただ零細な佚文と少數の殘篇があるだけだ。宋以降も數部の書物が有りはするが、數は限られる。[13]

上博楚簡『卜書』（圖7）は戰國中期の卜書であり、現在見られるものとしては、年代が最も早く、戰國時代に楚の地で流行した占卜を反映している。これは私が整理し、すでに發表しているが、[14]短文で十簡あるだけだが、簡尾には番號が附いていて、簡背の掻き痕ははっきりしており（圖8）、編聯の順序にはいかなる問題もない。

『卜書』の特徴は何か。私はすでに、主としては龜卜が「日書化」したことで、「龜策列傳」と共通點があると指摘している。

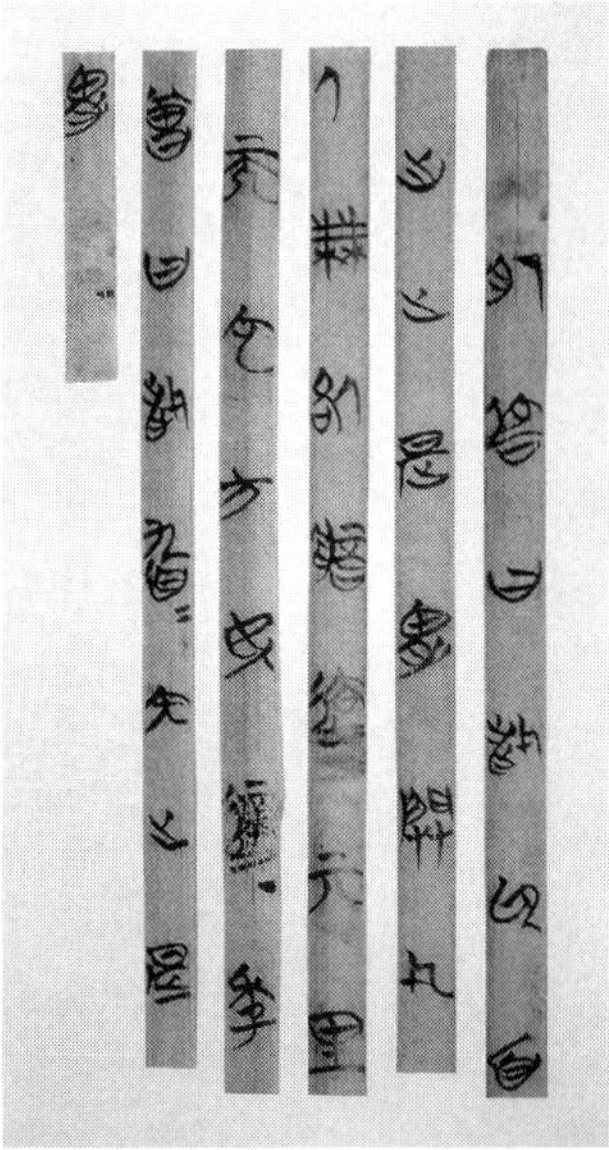

圖7．上博楚簡『卜書』

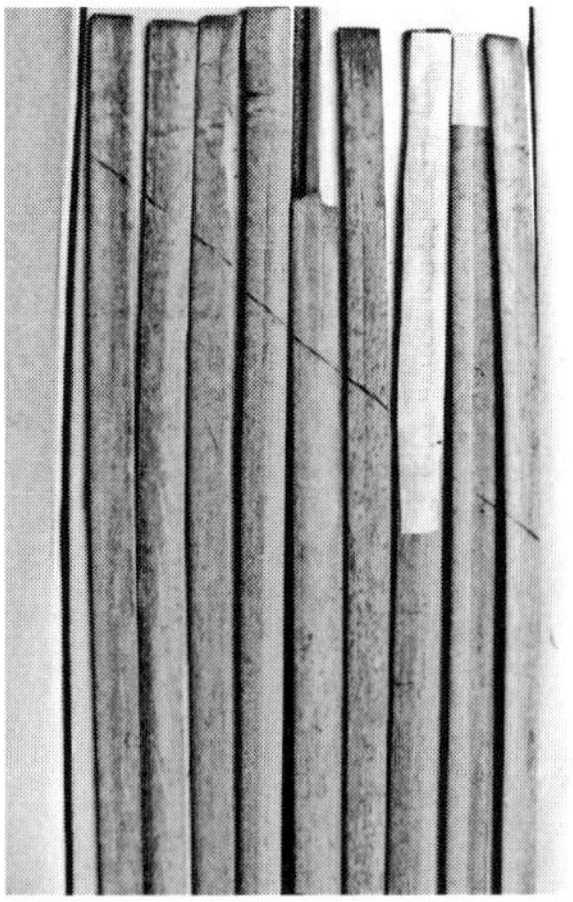

圖8．上博楚簡『卜書』の簡背劃痕

數の傳統

易學は筮占より起こった。筮占とは數占いである。筮と筭の二字は同源であり、卜筮とはすなわち卜算である。(15)

筮占は、古人の說では蓍草を使って占ったものである。蓍草（yarrow　學名 *Achillea sibirca*）は北溫帯の植物で、シベリア・朝鮮・日本そして中國には、いたるところに存在する。『史記』龜策列傳に「聞く、古の五帝三王發動して事を擧ぐるや、必ず先ず蓍龜に決す、と」、「聞く、蓍生じて百莖に滿つる者は、其の下に必ず神龜有りて之を守り、其の上に常に青雲有りて之を覆ふ、と」とあり、ここでは蓍草と龜を一緒に論じている。

褚少孫はふたつ彼が「傳」と稱する古書を引いている。そのひとつは「下に伏靈有れば、上に兔絲有り。上に擣蓍有れば、下に神龜有り」であり、もうひとつは「天下和平にして、王道得れば、蓍の莖長さ丈、其の叢生百莖に滿つ」

である。前者は『淮南子』說山にも見え、「搗蓍」を「藂蓍」に作っており、『史記索隱』では「擣蓍」に作っており、司馬貞は「擣蓍卽ち藂蓍なり、擣是れ古の稠字なり」といっている。搗・擣は端母幽部の字であり、稠は定母幽部の字で、藂は從母東部の字で、古音は近い。古人は、蓍草の選取にあたり、一に密であること、二に長いことを重視し、この密で長い蓍草の下には、必ず神龜がいると信じていたことがうかがわれる。『漢書』藝文志數術略に龜書五種と蓍書一種を著錄しているが、おそらくこのたぐいの內容をも含んでいたのであろう。

こうした考えは神祕的である。實際は、古代の筮占は必ずしもすべてが蓍草を用いて占ったわけではない。より多くの場合、算籌を用い、席をしき算籌を並べて、排列と組み合わせにより、數字で占った。算籌とは古代に通用した計算工具で、策とも呼ばれ、通常は竹や木を材料とし、まれに象牙や骨を用いたものもあった。「龜策列傳」の篇名は「策」をもって「蓍」に代えているが、「龜策」とは「蓍龜」のことである。

この占いは、商代には龜卜と結合し、一緒に發展した。周代も同樣だった。しかし、漢の武帝以降、龜卜が衰退し、兩者は道を分かち、異なる命運を辿った。龜卜の方はそれっきり振るわなかったが、筮占の方は儒家の傳える六藝のうちに『易經』があったために、この系統だけが傳わり、秦の焚書にあっても廢れることはなく、かえって顯學となった。

數は二種類に分かれ、一種類は算術の數で、一種類は曆術の數である。『漢書』藝文志のいう「數術」は主にこの二種類の數と關係する術を指している。筮占は算術の術から起こり、選擇は曆數の數から起こった。前者は數字の遊戲であり、後者は干支の遊戲である。戰國秦漢以降、天文・曆算とこれに關係する占卜は潮流をリードする大術となり、その他の小術はその風下に立つことを甘受せねばならず、次々とこれにすり寄っていき、これに取り込まれ、改造され、同じ體系に組み入れられた。もし易學に支持されれば、地位の高い占いとなるが、新興の數術の體系中にあっては、この大術にその位を讓らざるをえず、同じく改造を受け入れざるをえなかった。

儒家の易學に對する改造は、早くも『易傳』中にすでに初めての端緒が見える。漢易は象數によって易を説き、陰陽占候を援用し、災變咎徵を説くのが時代の潮流であった。飛伏納甲や風角五音など、多くの日者の術は、すべて漢儒によって『周易』經傳を解釋するのに持ち込まれた。前漢の孟（孟喜）・焦（焦延壽）・京（京房）、後漢の鄭（鄭玄）・荀（荀爽）・虞（虞翻）が、ある者は爻變を主とし、ある者は卦氣を主とし、いずれも『易傳』にある思惟を引き伸ばし、數術發展の潮流に適應し、その潮流を後押しした。易學の基本的な發展方向は同じく「日書化」であった。馬王堆帛書『周易』が卦氣の昇降によって六十四卦を排列し、雙古堆漢簡『周易』が「日書化」した占辭を用いて卦爻辭に附會しているのも、こうした趨勢を反映している。(16)

曆數ということばは、『論語』堯曰に見え、出所は古本『虞書』である。曆數は天文と關係がある。天象と天象に關係する氣象とは主に肉眼觀察によるもので、日月星辰（占星と關係がある）を觀察し、季節の風の方向（風角と關係がある）を觀察し、渡り鳥の移動（鳥情と關係がある）を觀察し、植物の榮枯を觀察した。曆術はこれとは異なり、主に推算に依據している。この「數」はすでに全くの數字の遊戲とはいえなくなっており、戰國秦漢の日者の術（すなわち選擇術）との關係がさらに大きくなった。曆術は古代のハイ・テクノロジーなのである。

曆とは時間概念である。古人が曆を作るにあたって、年・月・日・時の分を設けた。一年を四季、春・夏・秋・冬に分け、四季をそれぞれ孟・仲・季に分けて、十二カ月とした。月の滿ち缺けによる一カ月は約三十日である。王國維は四分月相説を唱え、一カ月を四段に分けた。初吉・既生霸・既望・既死霸であるが、しかし三十は四では割り切れない。現在、周公廟の甲骨の刻辭から考えると、この説には誤りがある。西周は月相を三點六段に分けていた。三點とは朔・望・晦である。六段とは哉生魄・旁生魄・既生魄・哉死魄・旁死魄・既死魄であり、各段ごとに五日で、ちょうど計旬法と合っている[17]。初吉は朔に近く、既望は望に近く、古人は晦は書かなかった。一日は朝夕に分けたが、朝夕は晝と夜で一日を平分している。楚帛書は一日を四つに分け、「朝、晝、昏、夕」としている。この四つをさらに三つに分けると十二時、四つをさらに四つに分けると十六時、四つをさらに七つに分けると二十八時である。十二時は日常的に使用され、ずっと後代まで踏襲された。十六時は日夕十六分比と關係がある。一年四季には、晝夜に長短があるが、十六時はその消長を計ることができる。二十八時なら二十八宿に對應するが、あまり現われない。古人は六十甲子によって日を數えたが、年・月・日・時の分割と組み合わせがはっきりと考慮されている。天干は十で、六組で一回りし、地支は十二で、五組で一回りする。これが「六甲五子」である。出土發見によると、戰國以降、古人が干支を計算するには、干支が刻まれた骨籌(圖9・10・11)や干支儀を用いていた[18]。

古代の初等教育は、字や數を覺えることが基礎課目であった。中國數學史の研究では、誰しもみな宋代に刋刻された『算經十書』を重視している。『算經十書』は「算術」を書名としたものが多い[19]が、しかし出土發見された「算術書」の書名は皆推測で補われたもので、岳麓秦簡は「數」といっている[20]。

中國の計數は十進法で、數字は算籌をなぞらえており、棒を重ねた形が數字になっている。十進法は指による計算に由來し、最もよく使われたが、空間分割・面積計算や容量計算では、分數が習慣的に用いられた。中國の時令書は、四季十二カ月を四正四隅十二位に對應させているが、これは時間と空間を對應させたもので、空間分割の概念も含んでいる。

我々が今日見ている『周易』は春秋三易の一つであり、これは孔子による選擇・整理と改造の結果であり、孔子以前にも、筮占にはより深くより遠い背景がある。

筮占について、我々は時間をかけて、一歩一歩認識を改めてきた。

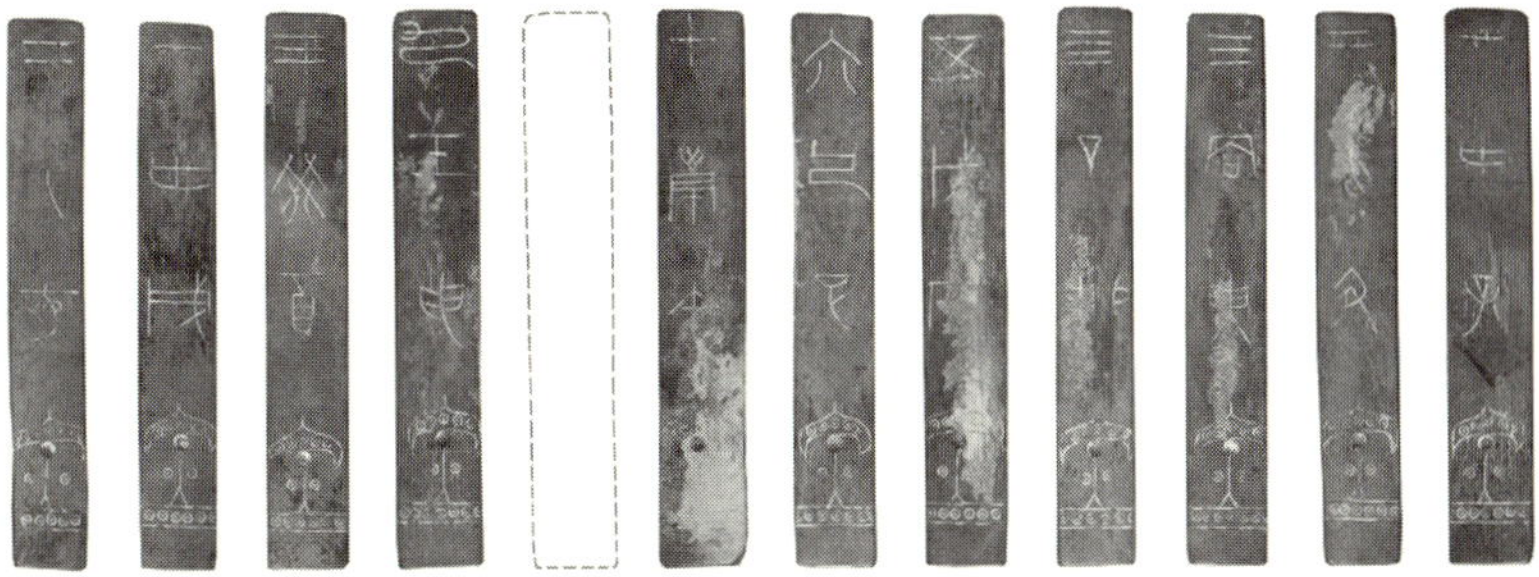

圖9．河北柏鄉東小京戰國墓出土干支籌

圖10．漢代干支籌

圖11．漢代干支籌（五行に配する）

1．一九七三年に馬王堆帛書『周易』經傳が出土し、一九七七年に雙古堆漢簡『周易』が出土した。卦畫はどちらも一・八で表示されていた。後者は、卦爻辭に日書化した占辭が附いており、「龜策列傳」と似ていた。

2．一九七七年に岐山鳳雛遺址から周原甲骨が出土し、一九七八年に江陵天星觀一號墓から楚占卜簡が出土し、一九八〇年に扶風齊家から卜骨が出土し、卦畫の表示にはその他の數字も使われていた。

これらの發見は張政烺氏の關心を引いた。一九七八年から一九八四年にかけて、彼は關連資料を蒐集し、數篇の文章を書いて、著名な「數字卦」說を提出している。すなわち『周易』の八卦は數字を起源としており、最初は一、五、六、七、八、九、（二、三、四は一との混亂を避けるため用いない）を用いて表示したが、後には一・六あるいは一・八を用いて表示するようになった。傳世本の陰陽爻は實は一・六あるいは一・八から變化したものである。[21] 李學勤氏の見方はこれと異なり、易卦と筮數とは關係がないと考えていた。[22]

これ以降に二つの新發見があった。

1．一九九三年に江陵王家臺秦簡『歸藏』が出土した。この竹簡は、全部カビがはえて破損し、寫眞も無く、ただ二種の釋文が殘されているだけである。この發見は我々の「三易」に對する關心をまた新たに引き起こした。その卦畫は一・六を主としているが、これも重要な手がかりである。

2．一九九四年に上海博物館が香港から楚簡『周易』（圖12）を買い戻した。この『周易』は現在までのところ出現年代が最も早い『周易』で、その卦畫は一・八で表示されていた。

二〇〇五年、張政烺氏が病逝した。二〇〇六年、李宗焜氏が文章を書いて、張政烺氏の「數字卦」說を覆そうと試みた。[23] しかし七年後、清華楚簡『筮法』（圖13・14）『別卦』が公開され、[24] その木簡の文字が用いている卦畫は六個の數字、すなわち一、四、五、六、八、九（四が加わっているが、四本の横棒を重ねた形の四とは異なる）によって構成されており、さらに統計の數字からみれば、一と六が主であった。こうした最新の發見を前にして、李學勤氏も、易の卦はやはり數字卦と關係があることを既に認めている。[25]

數字卦は如何にして多數から二つに變わったのか、目下のところまだ謎である。張政烺氏は、易の卦はトランプ・カードのように多くの遊び方ができ、策數の多少や、どのように組分けするかなど、必ずしも『易傳』の「大衍の數は五十」章の規定にとらわれることはないということを我々に氣づかせてくれた。[26] 例えば北大漢簡『荊決』はさらに別のやり方である。

『荊決』はことによると楚の地で行われていた筮法の祕訣なのかもしれない。この書は私が整理しており、まもなく公開される。『荊決』の開頭に短い序（圖15）があり、その筮法に對する簡潔な説明がある。それは算籌三十本を用い、

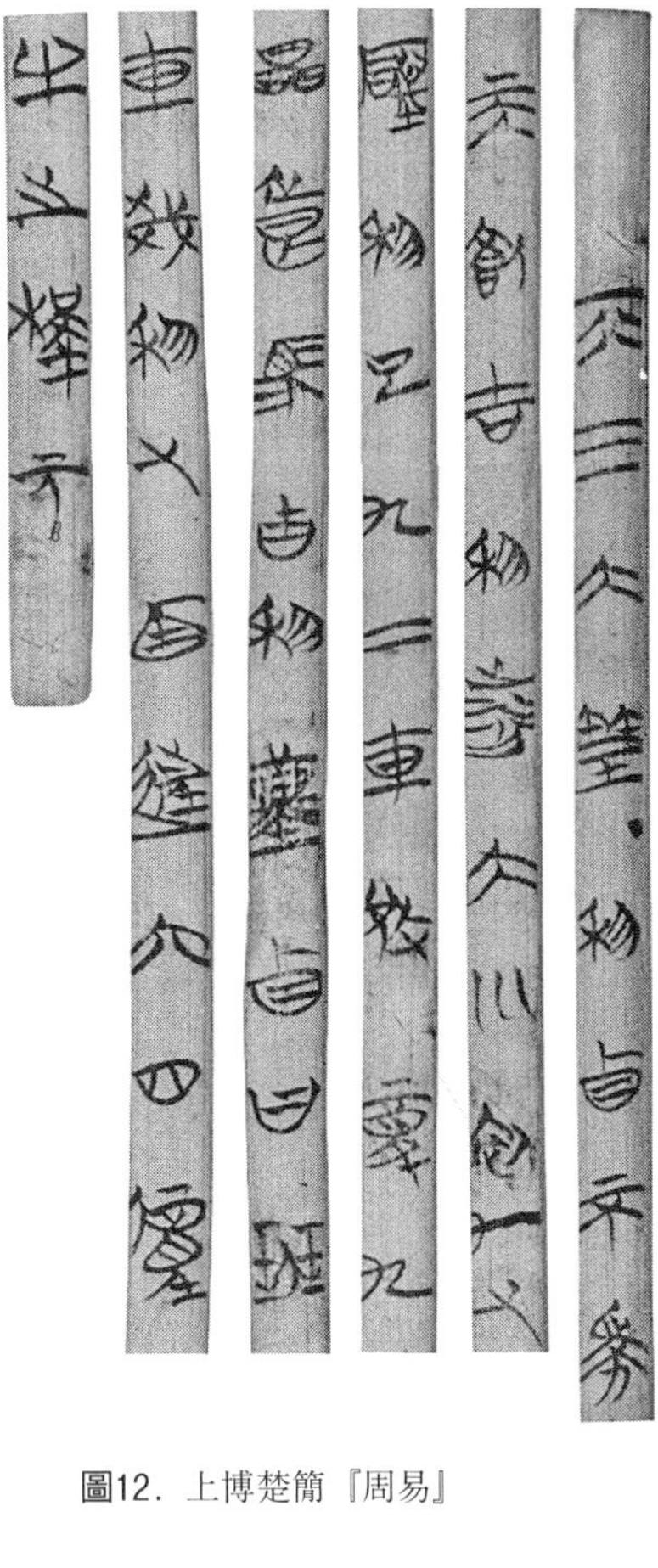

圖12. 上博楚簡『周易』

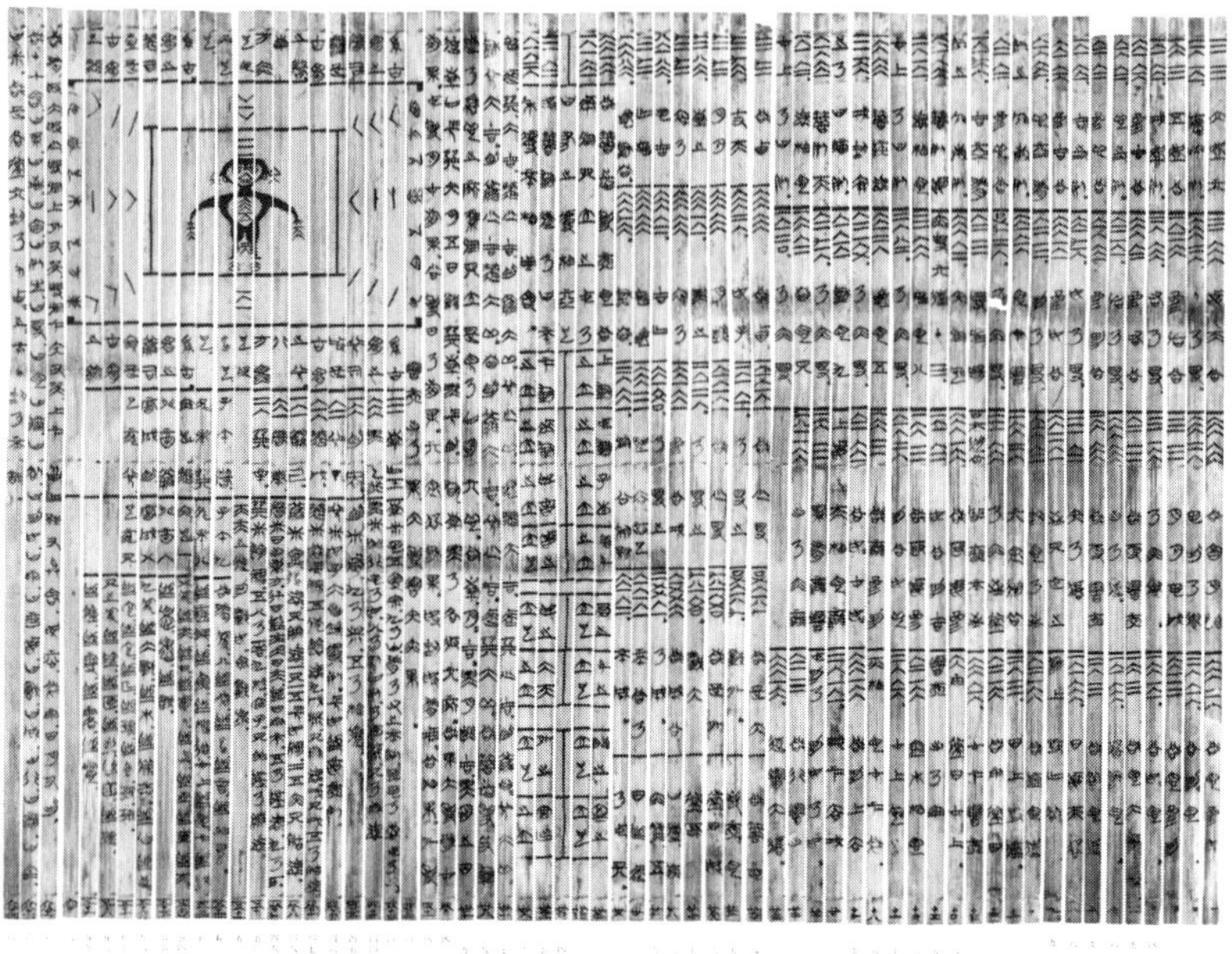

圖13．清華楚簡『筮法』

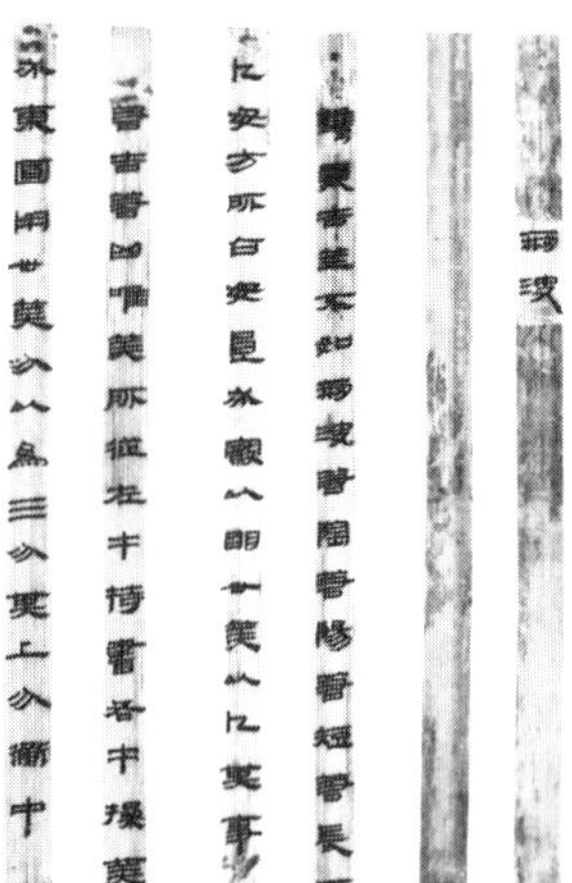

圖15．北大漢簡『荆決』

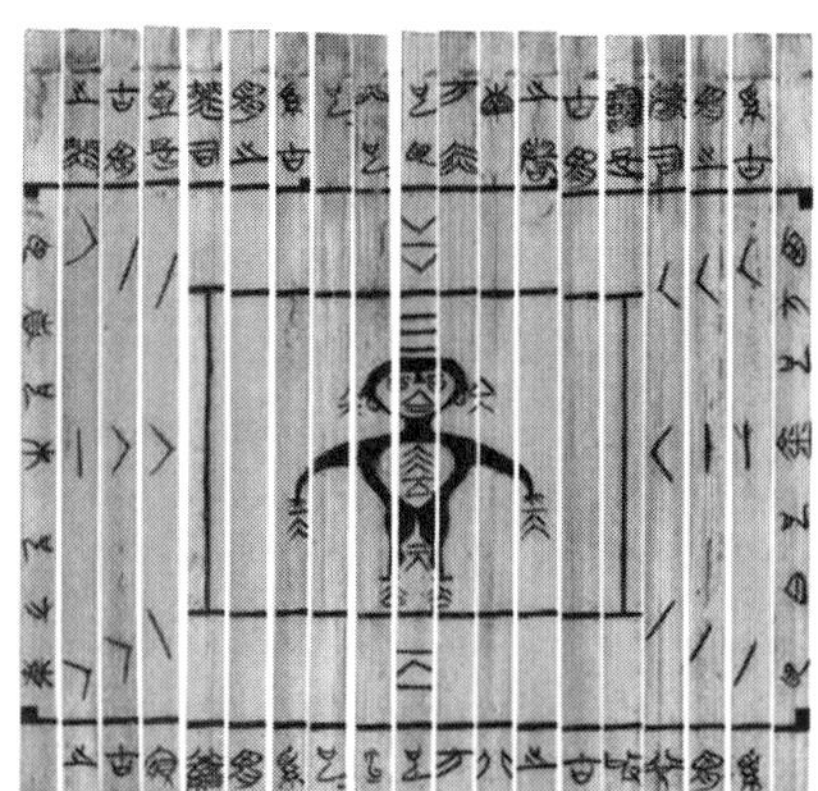

圖14．清華楚簡『卦位圖』

それを任意に上・中・下の三群に分け、一群の數がもし四より多ければ、四分することを繰り返し、その餘りの數をとって占う。もし四より少なければ、これを保留して、餘りの數と同じとみなし、これによって占う。この占法は十六卦しかない。一卦は三爻から成り、上爻は横、中爻は縦、下爻は横で、算籌を縦横に積み重ねたような形だ。これらは十干・十二支と組み合わせられ、これに辭が附され、人が調べられるようにし、各卦の後に吉凶の占斷が附いていて、これも筮法の日書化を反映している。

張政烺氏がすでに指摘していることではあるが、敦煌出土の數術書に『周公卜法』があり、やはり四を數とし、十六卦で占う筮法である。ただ使う算籌が三十四本で、『荊決』より四本多い。元の陶宗儀の『南村輟耕錄』巻二十によれば、三を數とし、九卦で占う筮法もあり、名附けて「九天玄女課」といい、呉楚の地で流行したという。(27)

これらはどれも民間に流行した筮法である。

圖の傳統

人類の情報交流は眼で見、口で話し、耳で聞くということによっており、圖形符號が一つの大きなカテゴリーであり、語言文字が一つの大きなカテゴリーである。この二つのメディアは、ときには別々に、時には一緒に使われる。今日はやりの「讀圖時代」だが、實は今日に始まったことではない。映畫やＰＰＴは、新しいといえば新しいが、實は復古なのである。

「圖」という漢字には多くの意味があり、寫實的な圖畫（picture）・圖像（image）から、形を捨てて意味をとった圖解（diagram）・圖說（illustration）、裝飾性を加えた圖案（pattern, design and decoration）、書籍に插入される圖版（plate）・插圖（figure）・圖表（table）、さらに地圖（map）・海圖（chart）・星圖（star atlas）等々、それぞれの圖にそれぞれの用途がある(28)。

圖譜（catalog）は中國の圖書分類中でひとつのカテゴリーとなっている。鄭樵『通志』圖譜略は以下のように上手にいう。「圖とは縱絲であり、書とは横絲である。縱絲横絲の一本一本が交錯してこそうまくいく。……書を見て圖を見ないのは、その聲を聞きその形を見ないことであり、圖を見て書を見ないのは、その形を見てその聲を聞かないことである」と(29)。抽象化した圖形は思想を表すのにより適しているが、圖形は話すことができず、もし文字で補わなければ、無理解や誤解や異なる解釋を生じさせてしまうだろう。圖形と文字は二つながらあることが重要なのである。

書という漢字には二重の意味があり、一つは文字の意であり、二つは文字で書かれた書物の意である。漢字は形聲字が主體であり、これは聲符と形符が常に一緒になっているもので、映畫が畫面と音の組み合わせでできているのと同じであるが、これが文字の本來の姿である。中國古代の書には往往にして圖があり、中國語では今でもなお「圖書」は廣く一般に本を指す。『漢書』藝文志を開けば、當時の國家の藏書の多くに圖があったことがわかる。『漢書』藝文志數術略の天文類には『圖書祕記』がある。「圖書」はさらに圖讖や符籙とも關係がある(30)。「圖讖」の「圖」とは符籙であり、「讖」とは吉凶を預言するという意味の隱語である。符籙は古人が「綠圖」とも呼んでいる。「綠圖」とは「籙圖」のことである。籙圖は記號化した圖であり、その特徴は「あれこれごちゃごちゃ言うよりも、一目見た方がはっきりわかる」ということである。

後漢以降の道教の符籙は曲折旋繞した「雲篆」の外に星を加えて畫いている。この「天書」は、書といっても書のようではなく、圖といっても圖のようでもない。早期の符籙はおそらくこのようなスタイルではなかっただろう。例えば馬王堆帛畫『太一將行圖』の三匹の龍、五個の神像のように、鼻や目が畫いてあっても、すべて星官を代表しており、やはり符籙の役割をしている。西安交大壁畫墓の二十八宿は、どの星宿もみな具象的な圖畫で、後世には圓圈連綫式となり、明らかに簡略化されている。(31)

中國早期の古書は竹帛に書かれた。『漢書』藝文志の篇卷數統計があるが、竹書は篇で數え、帛書は卷で數えている。(32)『漢書』藝文志の前半の三略、「六藝略」・「諸子略」・「詩賦略」は絕對多數が竹書で、圖は比較的少ない。目の中の「六藝略」に二種の圖があるだけで、一種は『古雜』・『雜災異』・『神輸』に附されているから、おそらく災異を說く易圖であり、易類に屬している。(33)もう一種は『孔子徒人圖法』で、おそらく插繪入りの孔門弟子傳であろう。(34)『漢書』藝文志の後半の三略は、「兵書略」は竹書が主で、往往にして圖が附いており、軍事地圖と思われるものもあれば、兵器戰具圖と思われるものもある。「數術略」・「方技略」は帛書が主で、おそらく多くの插繪があろう。

出土發見では、竹書に插繪が配されているのは、主に日書類の古書にみえる。(35)日書中の圖の中には、式盤の設計と直接關係があり、「式圖」と呼べるものもある。(36)式法の特徵は卽應性であり、卽應性は回轉する式盤によって實現された。式盤は回轉させることができる盤である。現在發見されている漢代の式盤は八例あり、すべて上下に盤があり、回轉させることができる。(37)回轉させられなければ式盤とは呼べない。式圖は式盤とは違う。式圖は日書に插入されるもので、その規格化に適應しているのが特徵である。

戰國時代の式盤は、目下のところまだ發見されていない。山東省の長青崗辛戰國墓から一セットの明器が出土しており、すべてよく見る器物を模倣して縮小したものである。ただその中に一つ、形狀が怪異で、よくある器物では名附け難いものがあり、あたかも式盤を模倣したかのようである（圖16）。漢代の式盤は漢汝陰侯墓から出土したもの（圖17・18）で代表させられる。そのうちの一つは上が圓形で下が方形のふたつの盤をもち、圓形の盤は北斗星を中心に置

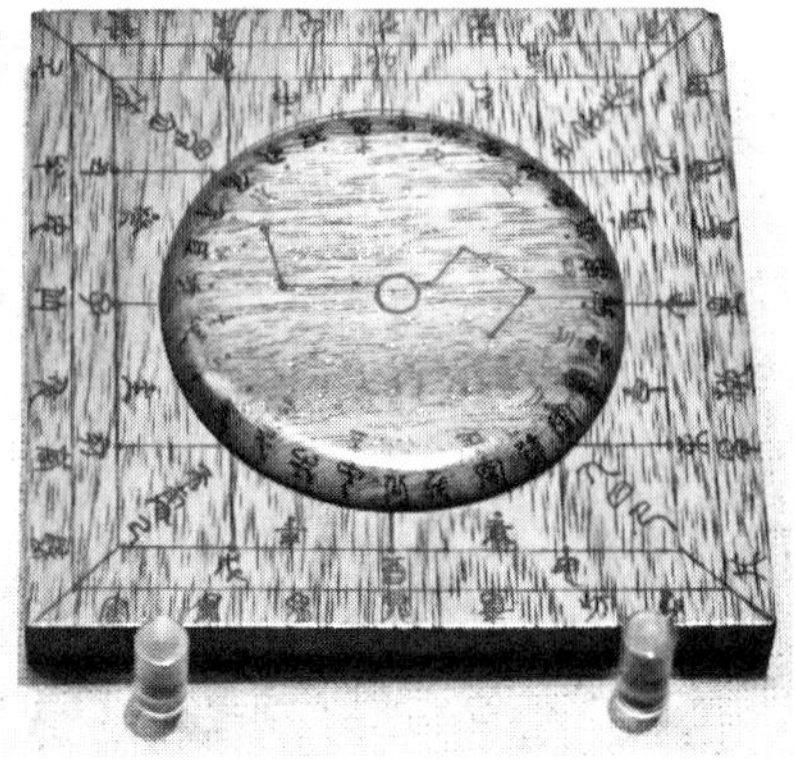

圖17-1．西漢汝陰侯墓出土式盤（複製品）

圖16．山東長清崗辛戰國墓出土明器

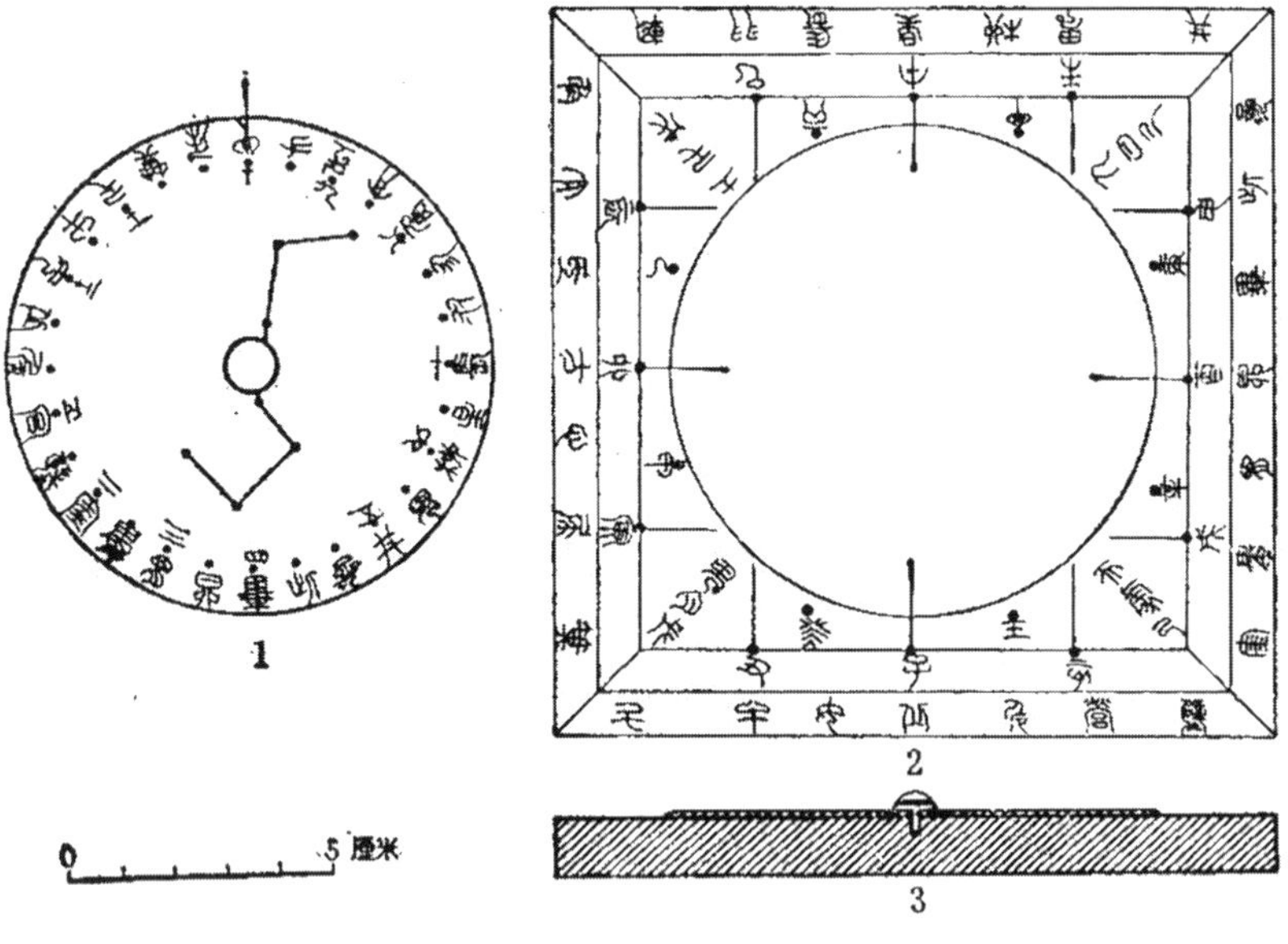

圖17-2．西漢汝陰侯墓出土式盤（綫圖）

圖18-2．漢汝陰侯墓出土九宮式盤背面の『日廷圖』（複製品）

圖18-1．西漢汝陰侯墓出土式盤（複製品）

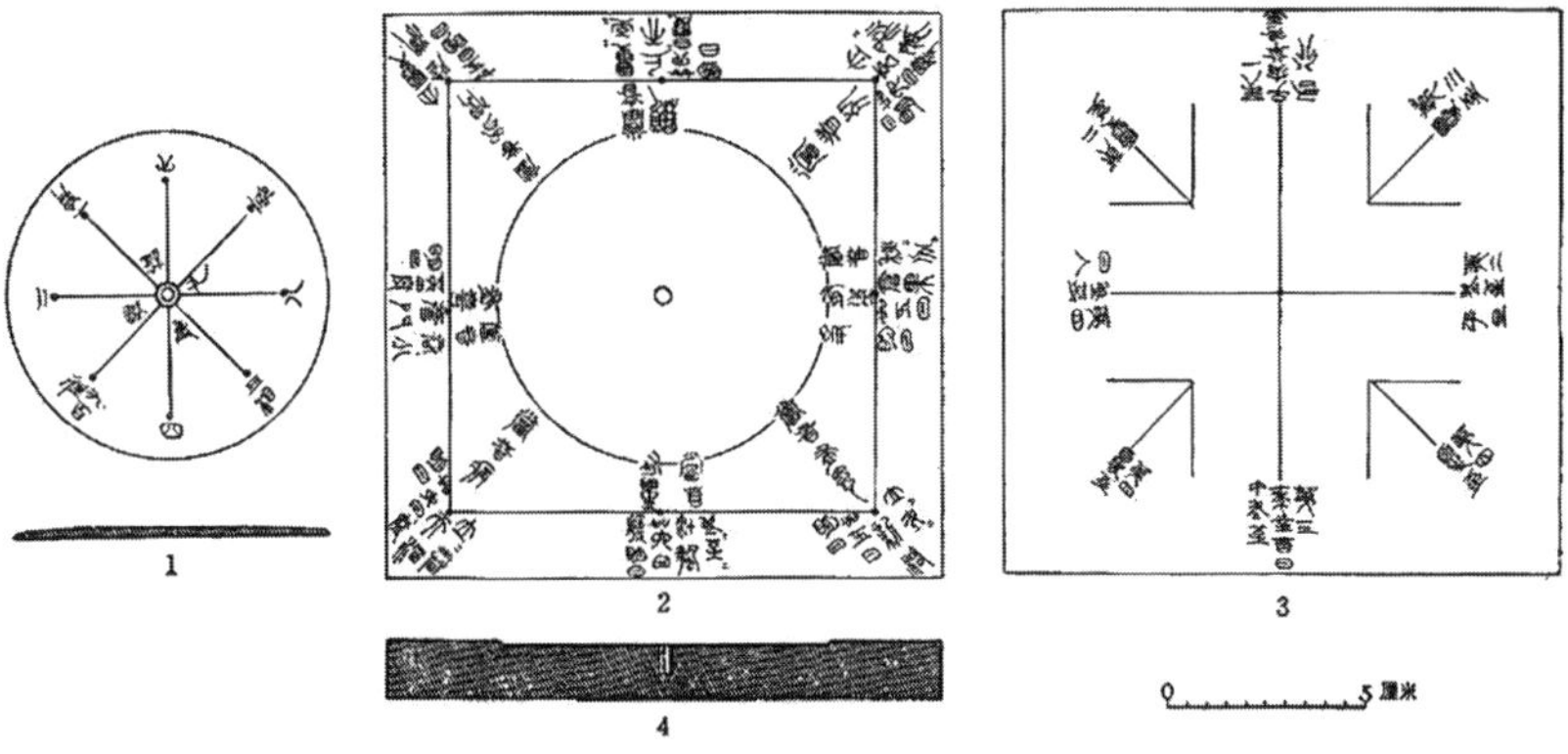

圖18-3．西漢汝陰侯墓出土式盤（綫圖）

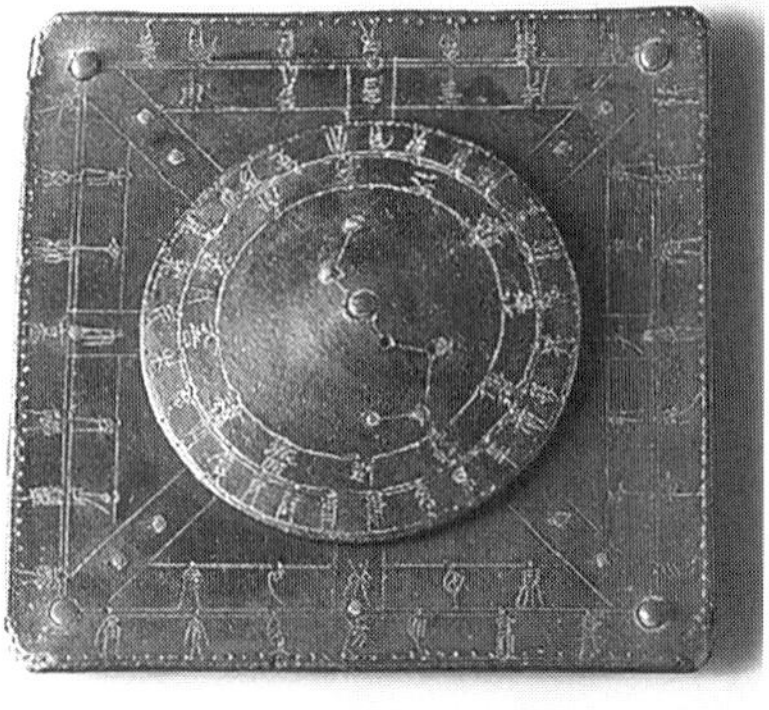

圖19．甘肅武威磨咀子漢墓（M62）出土式盤

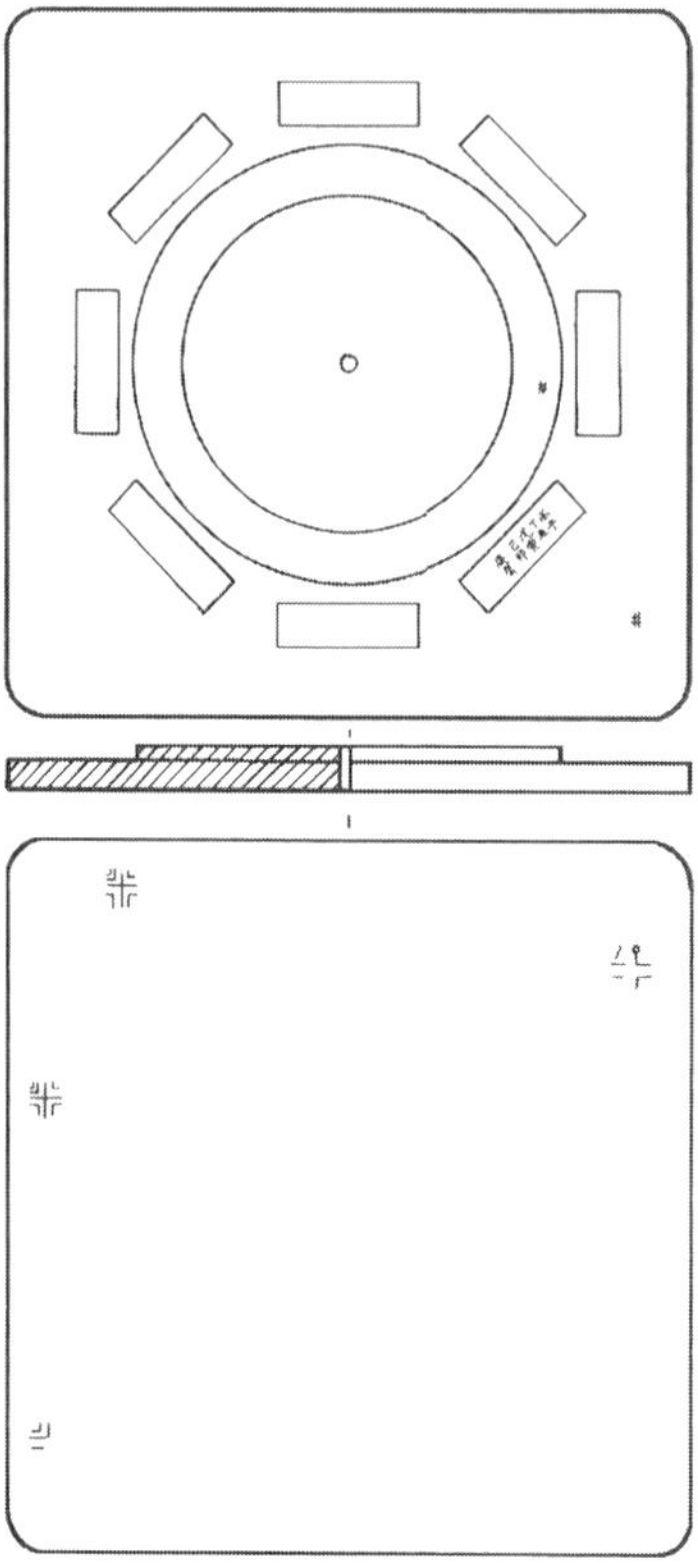

圖20．關沮沅陵虎溪山漢墓（M62）出土式盤

き、その外側に二十八宿を巡らせ、方形の盤は中央には何も畫いていないが、暗に二繩四鉤を含んで、天干・地支と二十八宿とを四周に標記している。別のもう一つも上に圓形と下に方形の二つの盤をもち、圓形の盤は米の字型の線で九宮を表示し、圓形の盤と方形の盤の表面の文字は九宮によって排列され、方形の盤の裏面は二繩四鉤圖であるが、四隅に平分線が加えられ、九宮にも對應している。この二つの式盤が漢代の式盤の二大類型で、例えば磨咀子漢墓（M62）から出土したもの（圖19）は前者の類型に屬し、虎溪山漢墓（M1）から出土したもの（圖20）は後者の類型に屬す。

日書中の圖は、明らかに式盤の設計にマッチしている。例えば關沮秦簡『日書』の『二十八宿圖』（圖21）は内外二層に分かれ、中央は二繩四鉤を日辰に配し、四周は二十八時を二十八宿に配している。その二繩四鉤圖は日書中にとても流行し、

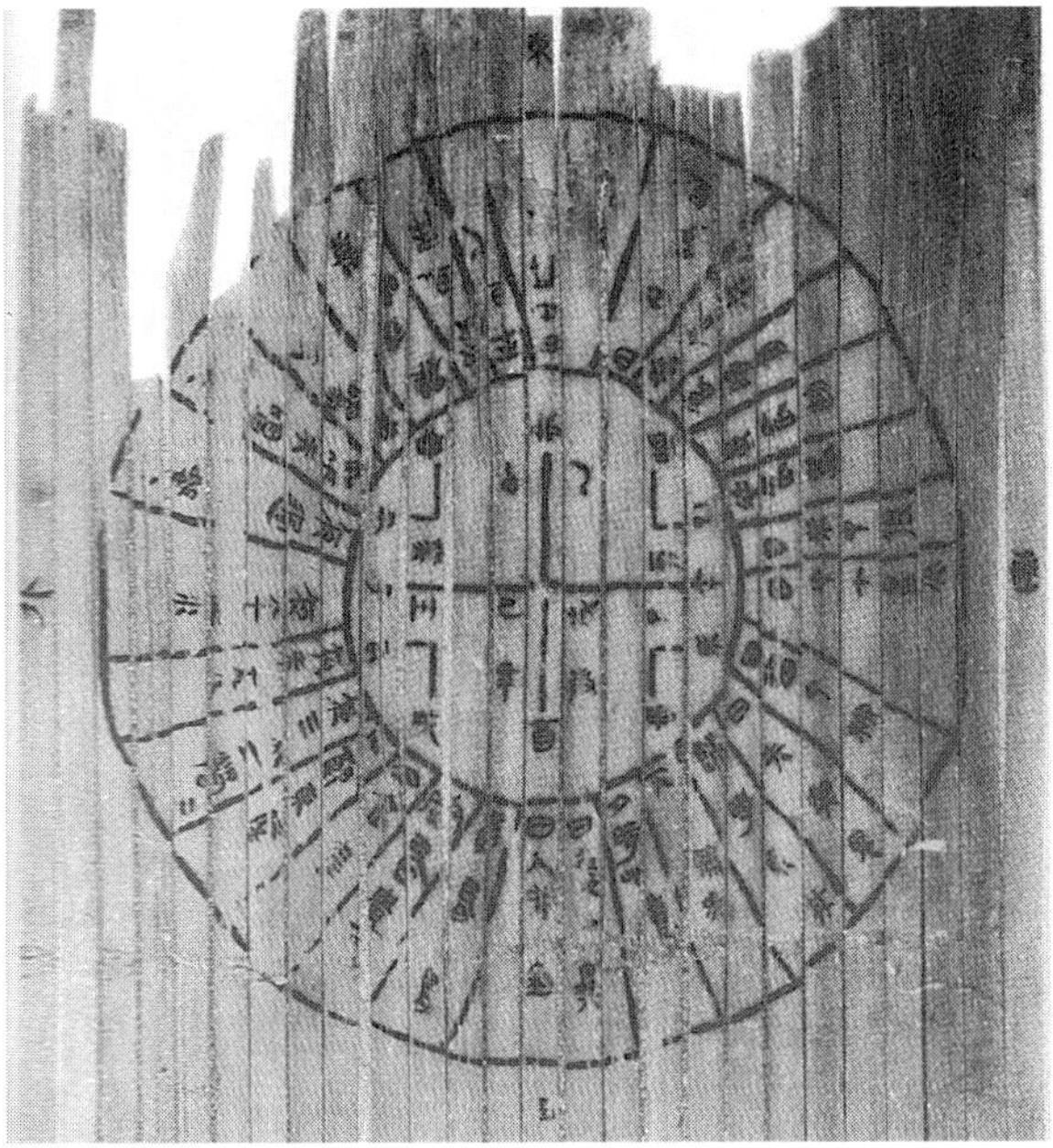

圖21-1. 關沮秦簡『日書』の『二十八宿圖』

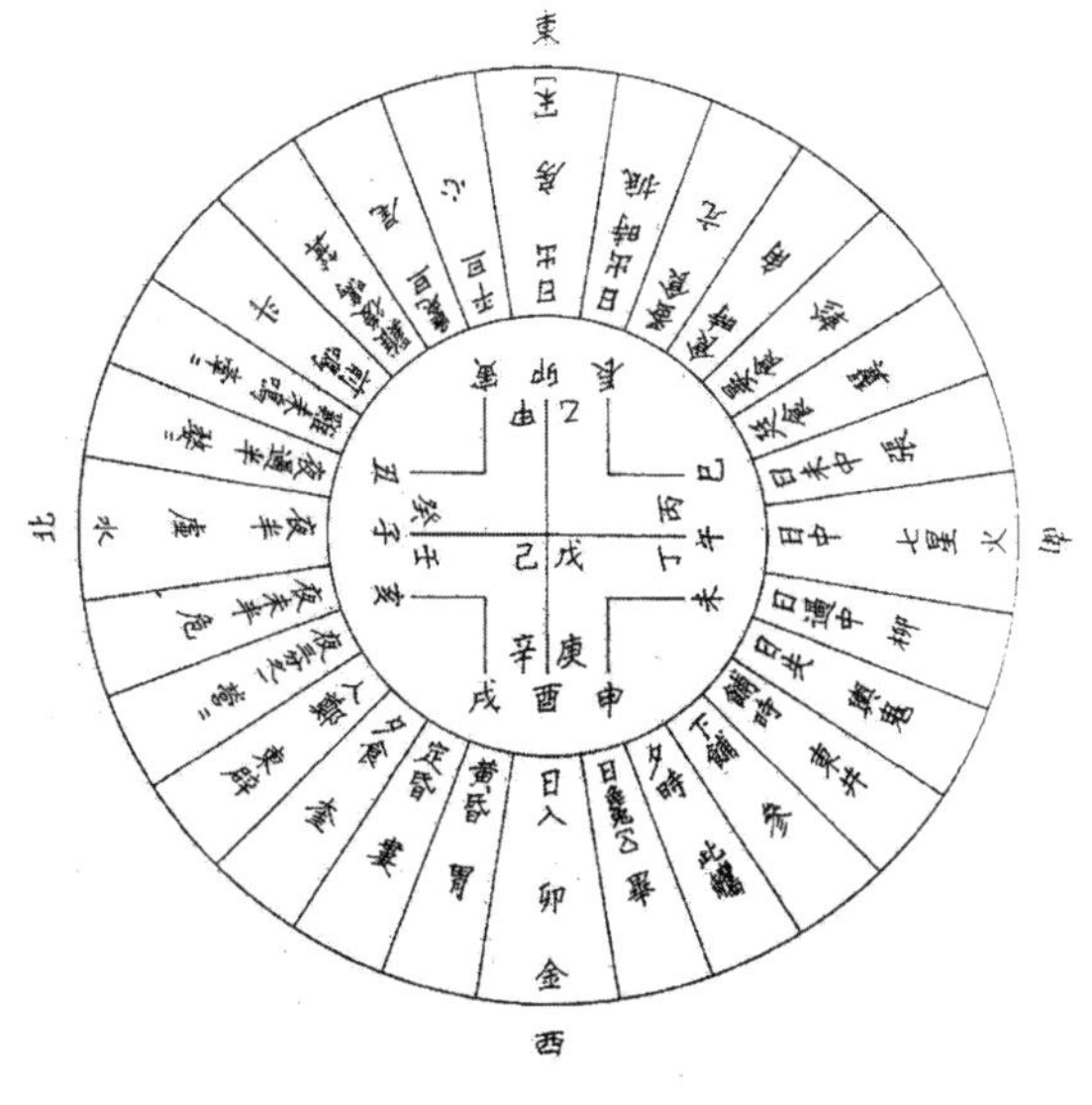

圖21-2. 關沮秦簡『日書』の『二十八宿圖』（示意圖）

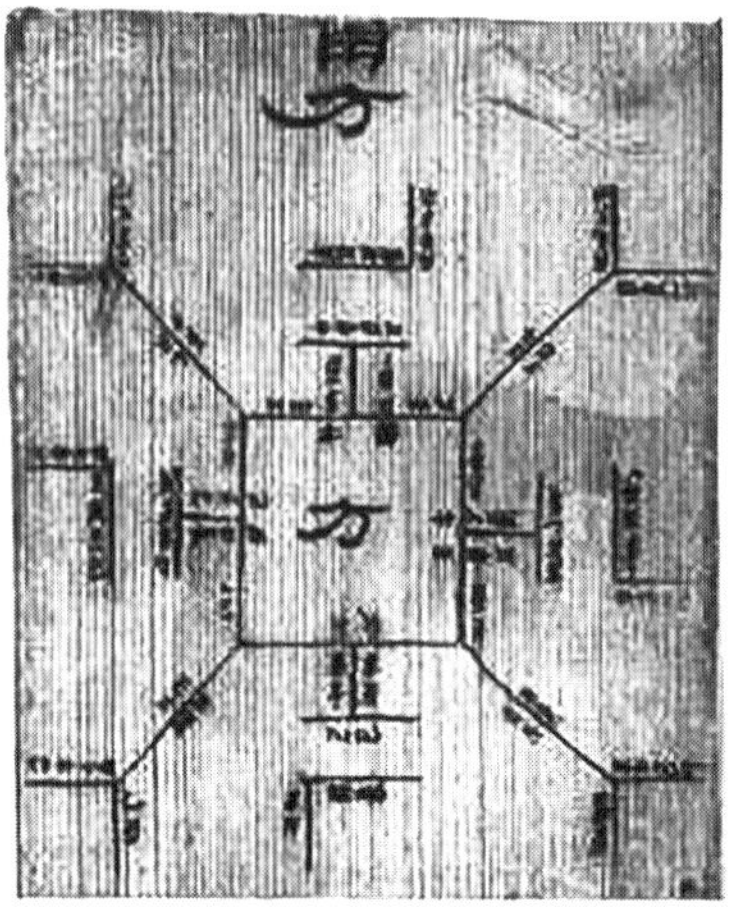

圖22. 尹灣漢簡『博局圖』

以下でまた取り上げるが、「日廷圖」と呼んでいる。その圖の特徴は、日辰を方位に配していることである。

日書中の圖は、賭博と關係するものもある。例えば尹灣漢簡『博局占』の「博局圖」（圖22）は、後に發展して博棋（六博棋）の盤面となった。北大漢簡『日書』の「居官圖」（圖23）と孔家坡漢簡『日書』の「天牢圖」（圖24）は、後に發展して塞棋の盤面と「陸官圖」（圖25）になった。これらは皆上述の「式圖」から變化したものだ[38]。

日書の中にはさらにいくつかの圖がある。あるものは日書本體の各種の選擇事項と關係があり、あるものは日書以外の數術・方技のその他の部門に及んでいる。例えば「土功圖」は土工と關係があり、「置室門圖」は相宅と關係があり、「戎曆日圖」（「戎曆」とは神農曆を指すのではなかろうか）と「艮山圖」は出行と關係があり、「視羅圖」は死失と關係があり、「神龜圖」は姓名占いと關係があり、「人字圖」は求子・產子と關係がある。

竹簡に插繪を畫くと、繩のれんに繪を畫いたようなもので、あまりきれいに見えない。それに對して帛書は、非常に圖を畫くのに適しており、カラーの圖や詳密な圖も畫くことができる。帛書は竹簡よりもずっと圖を畫くのに適しているのである。

出土帛書は、これまでのところ、二箇所から出たものしかない。一つは一九四二年出土の子彈庫帛書で、一つは一九七三年出土の馬王堆帛書である。この二箇所の帛書にはどちらも圖がある。

子彈庫帛書は、私の整理を經ており、少なくとも『四時令』（圖26）・『五行令』（圖27）・『攻守占』の三種がある。[39] 通常いう楚帛書は、その中の比較的完全な一種のことである。內容は、四時十二月と二十四節氣により一年を分けたものである。この帛書にはこれまで様々な題名が附けられたが、『五行令』（殘片しかない）が五行三十時節で一年を分割

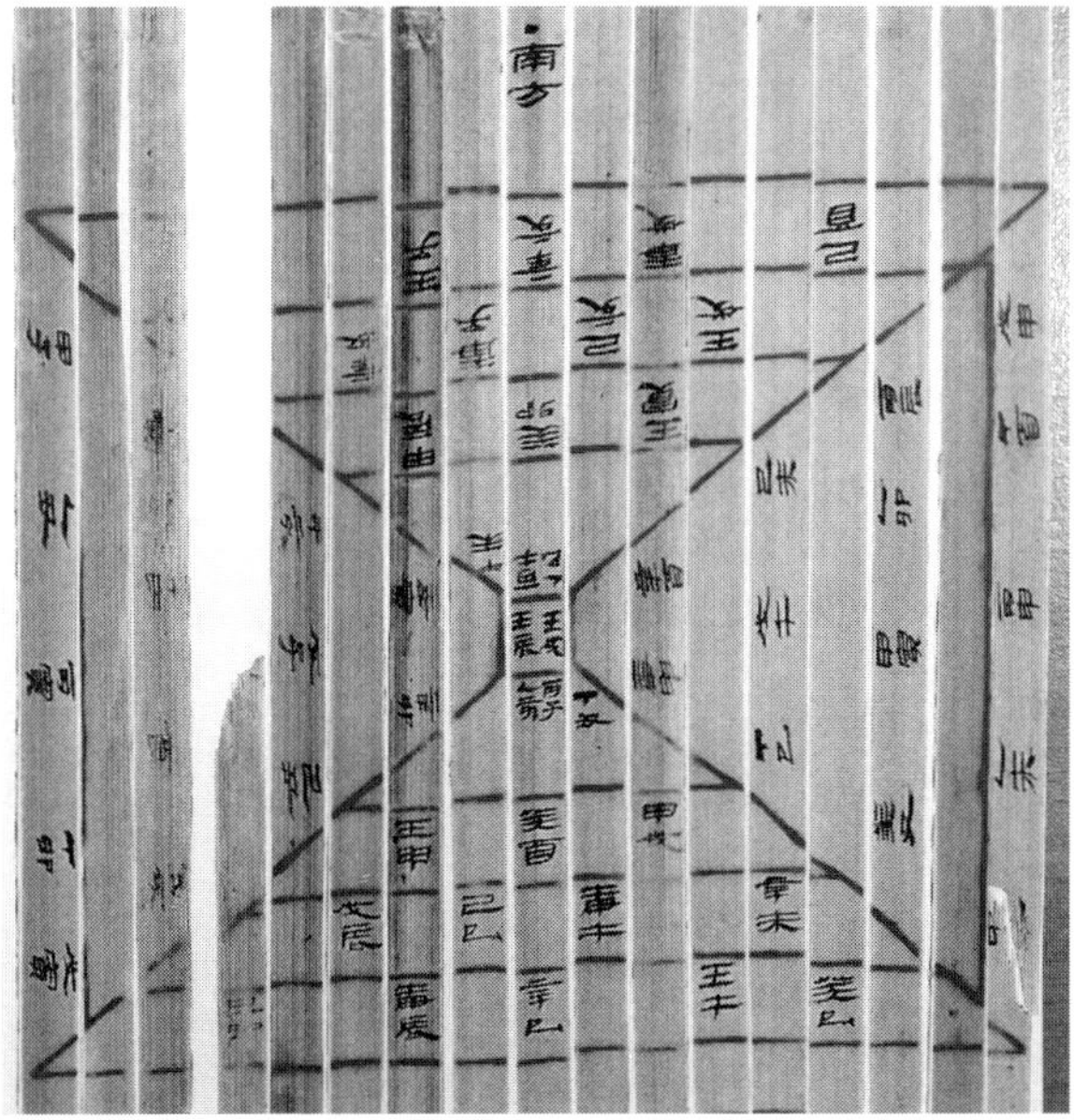

圖23-1．北大漢簡『居官圖』

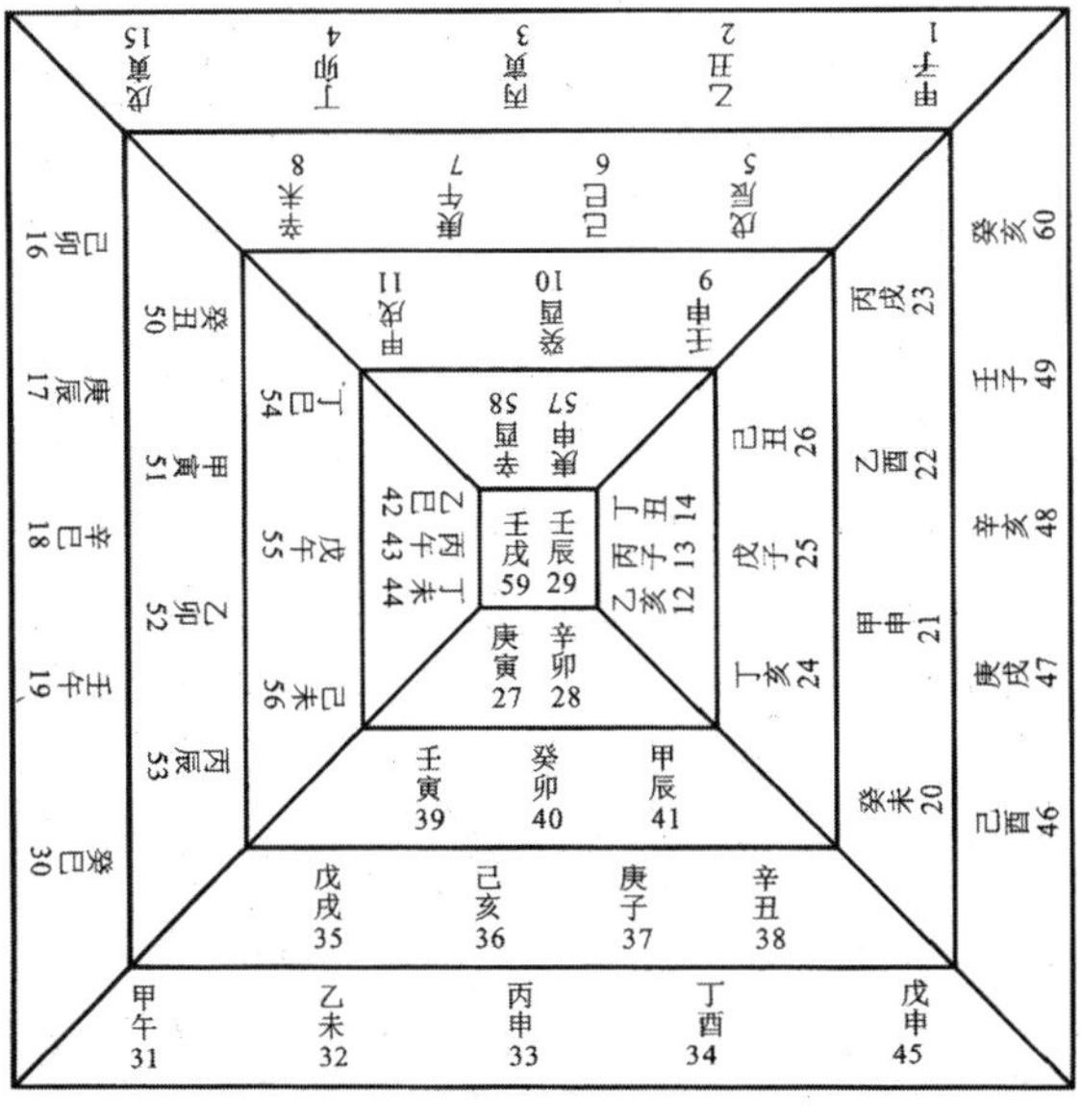

圖23-2．北大漢簡『居官圖』（復原圖）

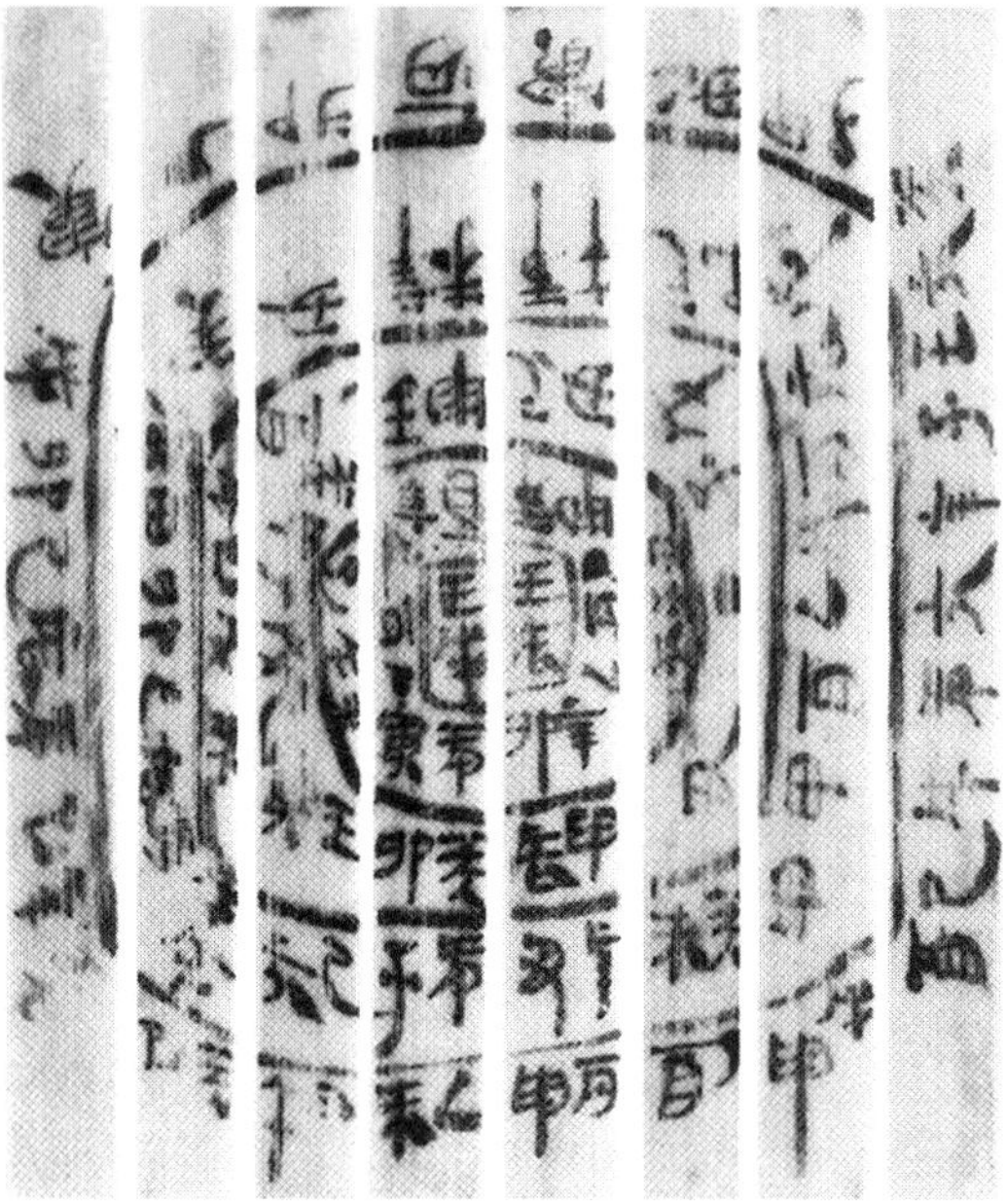

圖24－1．孔家坡漢簡『天牢圖』

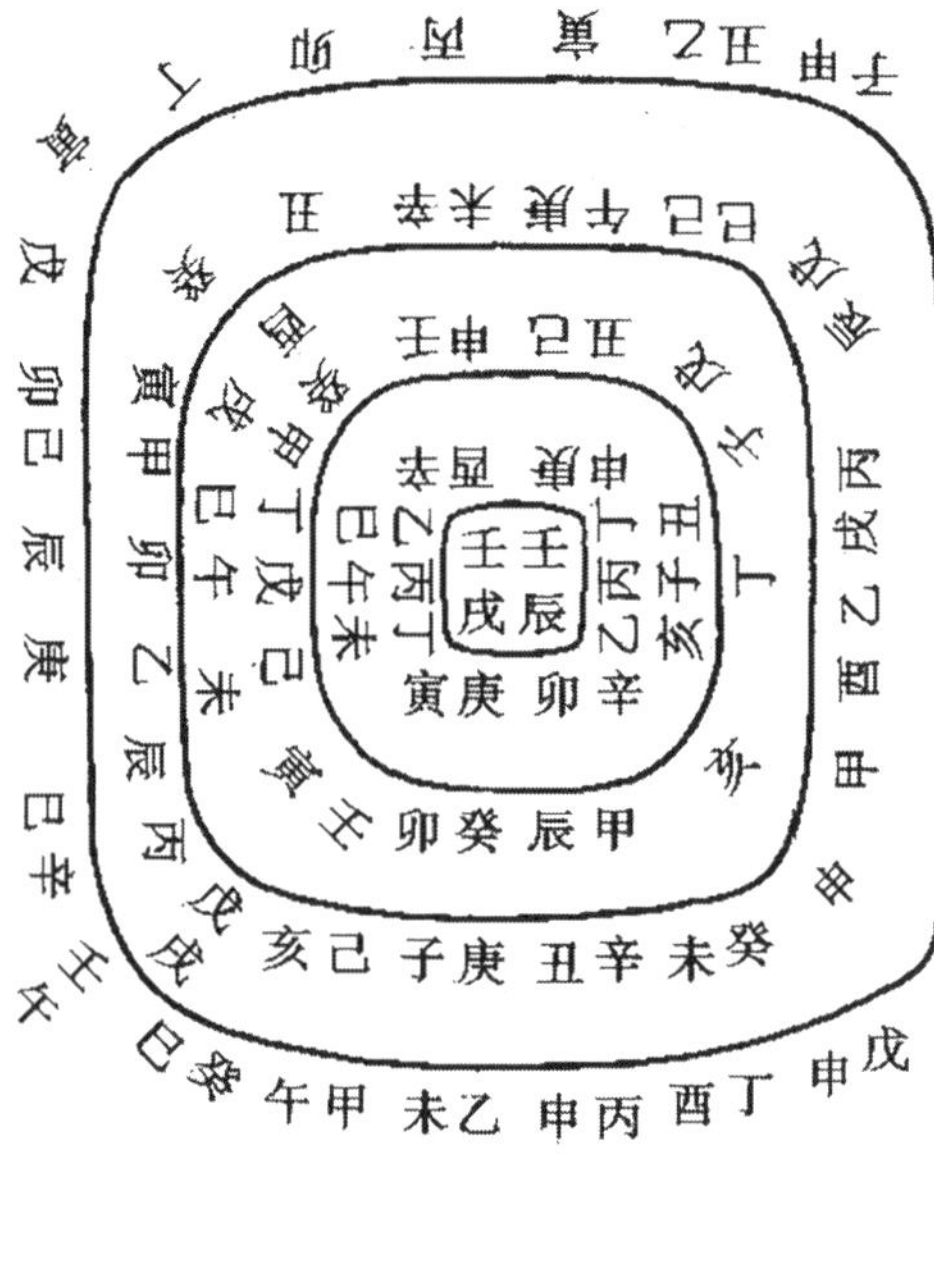

圖24－2．孔家坡漢簡『天牢圖』（復原圖）

しているのと對照すれば、現在はこの帛書を『四時令』と呼ぶべきだと考えている。『四時令』には圖も書もあるが、圖は插繪ではなく、書も圖の注ではない。そうではなくて、文は圖について回り、圖は文に從って進む、という具合に回轉式に排列されており、兩者は緊密に結合しており、分けることはできない。圖を配する方式は『管子』の「幼官」と「幼官圖」に類似している。これは純粹な圖（圖が有って文が無い）とも、純粹な書（文が有って圖が無い）とも異

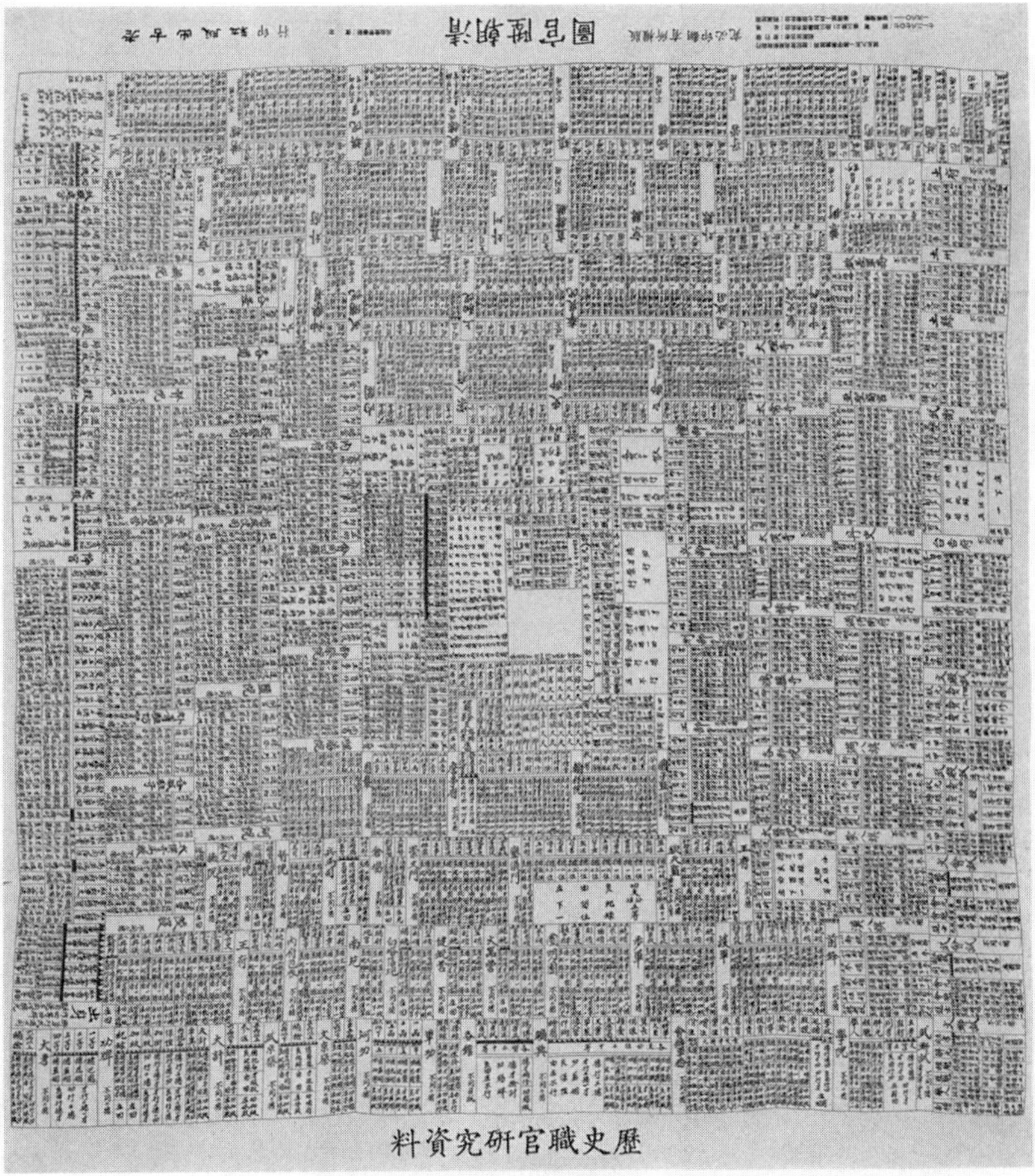

圖25．清代『升官圖』

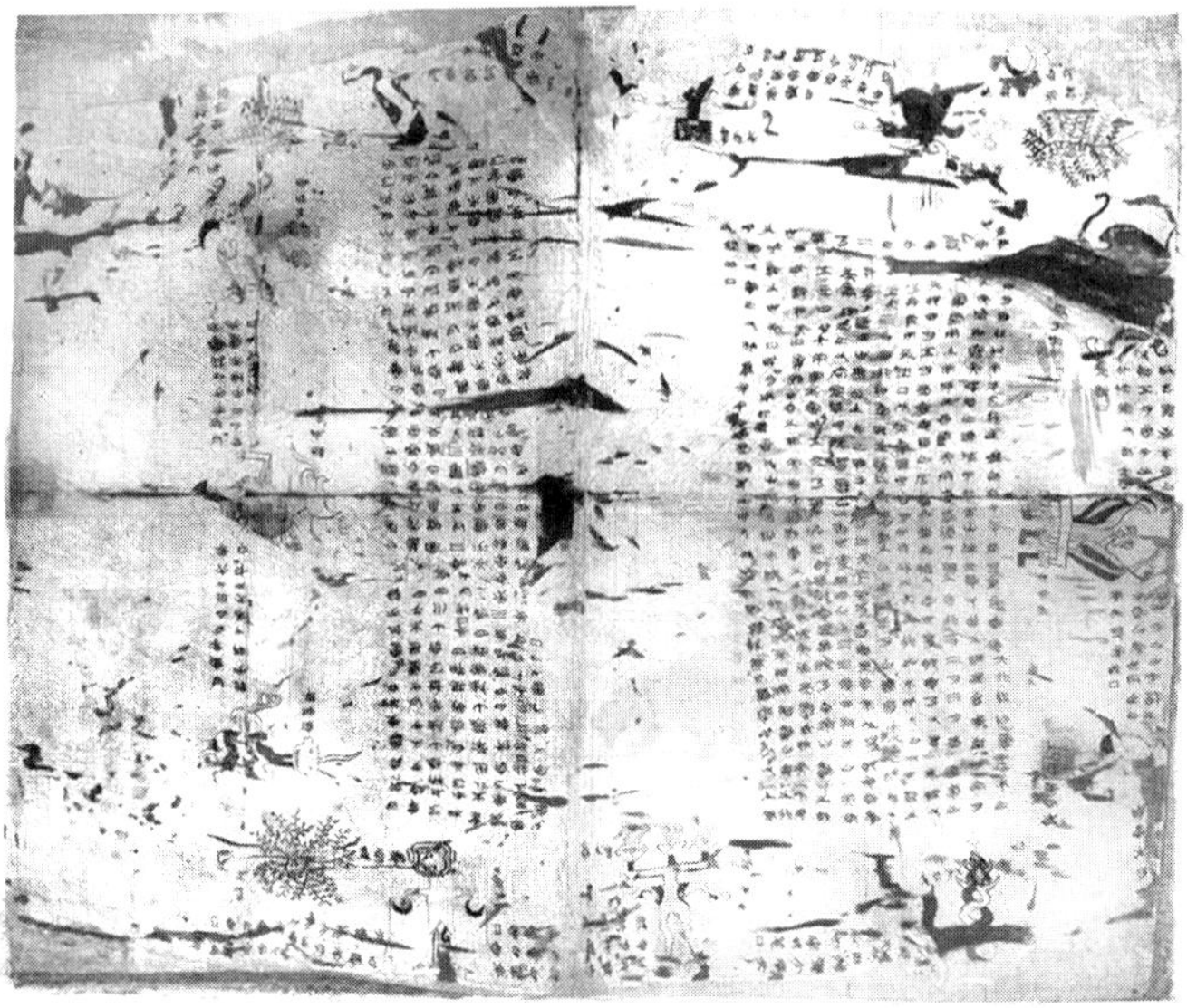

圖26. 子彈庫帛書『四時令』

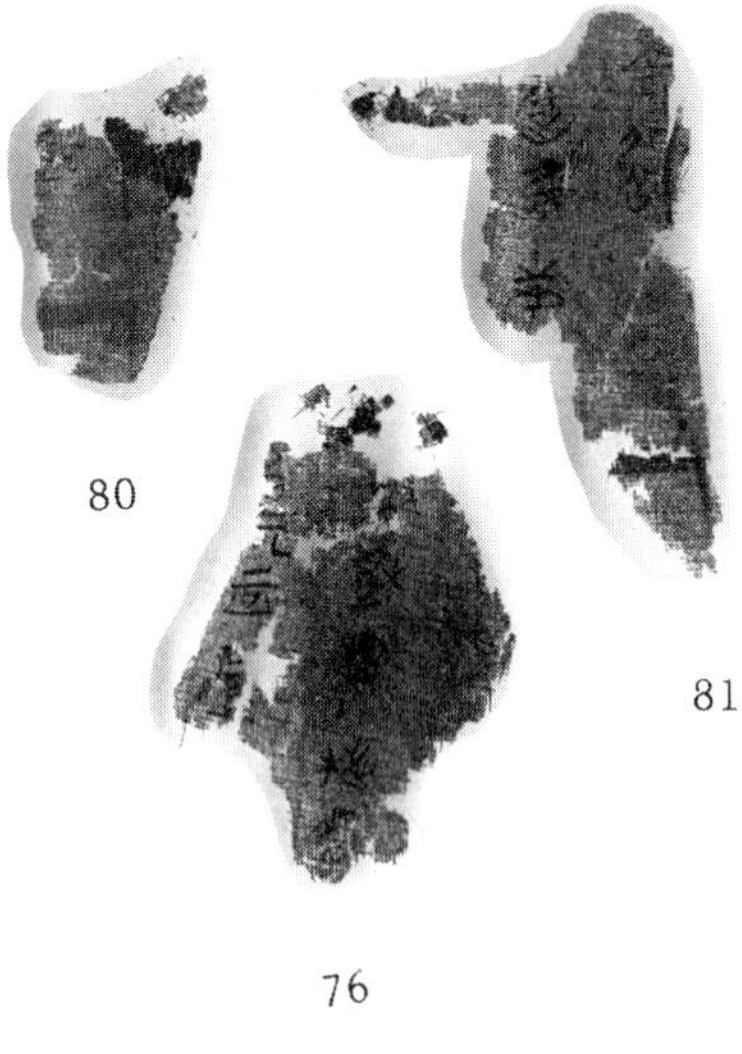

80

81

76

圖27. 子彈庫帛書『五行令』

なっている。『攻守占』には圖が無いが、文字が回轉して排列されている點は、『四時令』と同じである。

馬王堆帛書は、書が多く圖も多い。圖は多くの種類に分けられる。一つは禮書と關係があり、例えば獨立した『喪服圖』である。一つは子書と關係があり、例えば内容がおそらく『九主』篇と關係がある『九主圖』である。一つは數術と關係があり、例えば『天文氣象雜占』・『刑德』（甲・乙・丙の三篇に分けられる）・『陰陽五行』（甲・乙二篇に分けられる）・『木人占』の插繪であり、さらに獨立した『宅形宅位吉凶圖』・『太一將行圖』（復旦整理組は『太一祝』と改稱した）がある。一つは方技と關係があり、例えば『養生方』後の『牝戶圖』、『胎產書』後の『人字圖』・『禹藏圖』である。一つは地圖で、おそらく墓主の職守と關係があり、例えば『地形圖』・『駐軍圖』（復旦整理組は『箭道封域圖』と改稱した）が有る。一つは城郭・宮室・墓穴圖であり、おそらく墓主の卜居卜葬の活動と關係があり、例えば『小城圖』（復旦整理組は『府宅圖』と改稱した）・『園寢圖』（復旦整理組は『居葬圖』と改稱した）・『宅位草圖』がある。(40)

簡帛古書中の圖で、數術と關係があるものは、主なものは天文・曆法と關係がある圖、あるいは天文・曆法から派生した式法や選擇と關係がある圖である。後者は往往にして式圖類の圖像として出現し、同時に規格化された曆表が配されている。

「式圖」とは何か。この概念は私が提出したものだ。私のいうこの種の圖は式盤の設計と關係がある。式盤と式法には多くの種類が有り、必ずしも宋代の景祐三式と全く同じではない。それは確かにその通りだが、しかし、前後の歴史を斷ち切って、異なる時代の式法の間に全く關係がないというのは間違いだ。我々は『淮南子』や「日者列傳」を讀み、歷來の史志著錄と關連の記載を讀めば、式盤と式圖が表しているのは一種の宇宙モデルであり、その基本的な設計は、四正四隅十二位を天干地支・陰陽五行・六律八風・二十八宿等々に配することを特徴としている、このことを否認することは不可能であろう。

式とは何であり、式圖とは何であり、兩者はどんな關係にあるかは、ニワトリが先かタマゴが先かのように、學者の間にも異なった見解がある。ある人は先に式があり後から圖ができたと考えるし、ある人は先に圖があり後から式ができたと考える。式と式盤は關係がなく、選擇は初めから鉤繩圖によって選擇を行った、とする說まで出されているが、これは日書中心主義と脫構築を濫用した方法論のなせる業である。[41] 日書に式圖が附されていることから、式圖はすでに式から離脫した、ということは閒違いではない。しかし式というこの工具が無く、旋式・運式などの操作が無ければ、それは式法とは呼べない。式圖が畫かれた木板を式と呼ぶことはできないし、式圖をもって式に代替することはできない。例えば王家臺秦墓と劉集聯營漢墓から出土したもの（圖28）[42]は、ただ式圖と呼べるだけで、式と呼ぶことはできない。

式圖類の圖で、最も簡單で最も流行したのは、日廷圖（圖29）である。日廷圖は出土した日書類に頻繁にみえるばかりでなく、漢汝陰侯墓出土の二種類の式盤にもみえ、式盤から換骨脫胎して生まれたことは明らかである。これは二繩四鉤を要素とし、四正四隅十二位に干支を標記してあり、運式とも關係がある。以前はカリノフスキー氏（Marc Kalinowski）が『淮南子』天文によってこの圖を「鉤繩圖」と名附けていたが、[43] 現在、孔家坡漢簡と北大漢簡によれば、實は「日廷圖」と呼ぶべきである。

「日廷圖」の「日」は干支で表示する日辰を指し、「廷」は停（字は亭とも書く）あるいは直（字は値とも書く）と解釋することができ、日辰の止まるところ、あるいは日辰の當たるところを指すと私は理解している。この種の圖において、二繩四鉤は構圖要素に過ぎず、日辰の當たるところにこそ役割がある。日辰の當たるところは、たとえ靜止した平面に畫いてあっても、背景には必ず流動の概念を暗に含んでおり、明らかに式盤の操作を模倣している。『漢書』藝文志數術略の五行類には『轉位十二神』があり、式法を說いた書であると推定される。轉位が無ければ式法も無いからだ。

『論衡』詰術ではすでにこの日廷圖のことを述べており、王充は「日廷圖の甲乙に位有り、子丑にも亦處有り、各々部署有りて、五方に列布すること、王者の營衞し、常居動かざるがごとし」といっているが、強調されているのは日辰の所在する位置である。これは辰位が固定靜止した圖である。

一言加えると、宋易には陰陽魚を用いて表示した太極圖がある。この圖は、由來が神祕的であり、陳摶より出たと傳えられるが、實際は、陳摶が必ずしも最初であるとは限らない。

前世紀九十年代、陝西省靖邊楊橋畔村で漢代の陶罐（圖30）が出土したが、その紋飾は宋代の太極圖と酷似している。

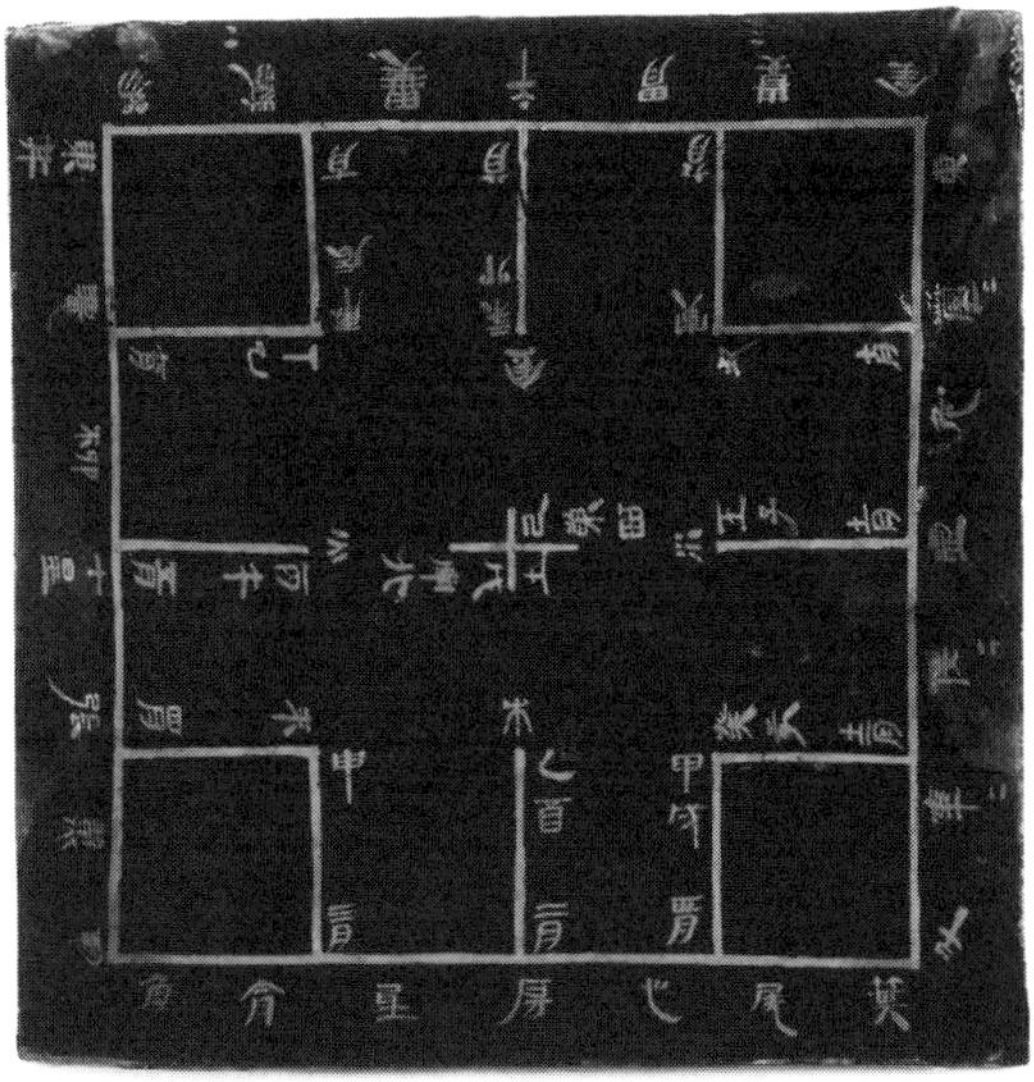

圖28. 江蘇儀征劉集聯營漢墓（M10）出土の『二十八宿圖』

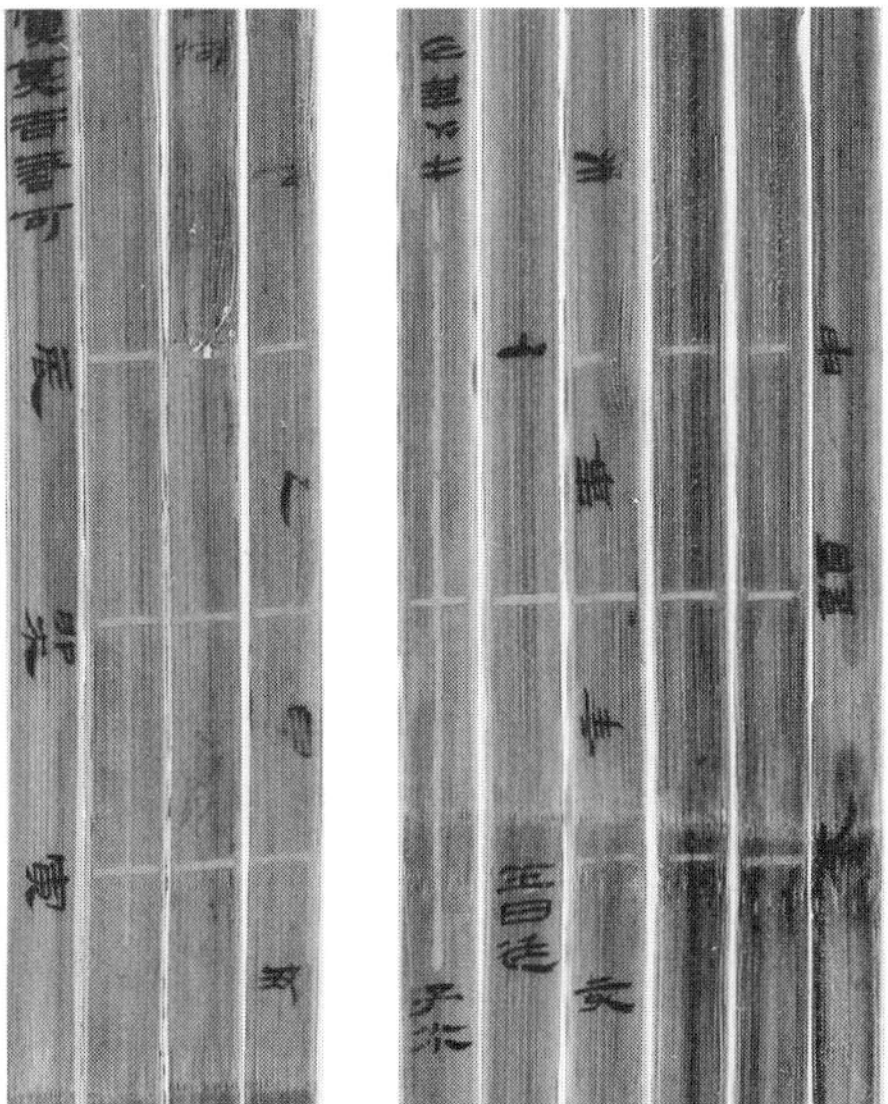

圖29. 北大漢簡『日廷圖』

圖30．陝西靖邊楊橋畔出土漢代陶罐上の「太極圖」

私は楡林市文物保護研究所の倉庫で別の陶罐を見たことがあるが、やはりこの紋飾であった。これらはどちらも楡林地區の最も典型的な漢代の陶罐である。

書の傳統

書は文字を用いて書かれている。文字と圖畫の間には、切っても切れない縁がある。圖は文字を圖解することができ、書の插繪となる。また、文字も圖畫を注釋でき、圖畫の表題となる。この關係は、技術書において最も明らかである。

中國古代では人々に日時を選擇するための書物が提供されており、秦漢では「日書」と呼ばれ、後世では「選擇書」と呼ばれた。日を選擇する專門家は古代では「日者」と呼ばれた。『史記』日者列傳がこの專門家のことを述べている。褚少孫が言及した「漢武七家」は、前漢武帝期の七種類の日者である。私が「日書」を選擇書の通名として用いない理由は、一つにはその名が早期に流行しただけであり、二つにはすべての選擇書を概括することのできない、比較的狹い範圍の用語だからである。

日書は戰國時代にすでに出現していたが、當時何と呼ばれていたかは、現在まだはっきりはしていない。唐代にはいわゆる具注曆日があり、宋以降にはいわゆる曆書・通書・黃曆・選擇書があり、皆これの變種である。

商周時代の卜筮も日時を占うが、戰國秦漢とは異なり、卜筮に附屬したものであった。『左傳』にも日時に對する禁忌と擇日の術がある。「この早期の選擇はおそらくより多く星曆の推算または經驗の總括によっており、必ずしも式法によってはいない(44)」。早期の選擇は、形式は比較的粗雜で、技術は比較的貧弱であるが、しかしほとんどが經驗によっている。戰國以降、式法が起こり、選擇術が日增しに發達し、表面上は精密にみえるが、かえって實は模擬システムあるいは虛僞システムなのである。

戰國秦漢の選擇書は二種類に分かれ、一つは時令書で、四時十二月の吉凶宜忌に重きを置き、比較的粗略である。一つは日書で、一日ごとの吉凶宜忌に重きを置き、より大部なもので、比較的細かい。子彈庫帛書『四時令』と『五行令』は前者に屬し、睡虎地『日書』は後者に屬する。

現在、日書はますます多くなっているが、しかしけっして日書が選擇書の全てではない。選擇書には、日書の他に時令書もある。嚴密に言えば、時令書はけっして日書ではない。

戰國秦漢の選擇術は天文・曆法を模倣しているが、しかし一層實際の天象觀測と曆術推步から離れて、模式化の特徵を持っている。それは二つの大きな種類に分けられ、一種は天文を模倣し、「式」という工具を用い、その上下の盤を回轉させて、よい日を選び、惡い日を避けるというもの。もう一種は曆法を模倣して、既成の曆表・曆注を利用し、書を調べて時日を選擇する。前者は工具に賴るので、その時その時の狀況に應じて決めていく。後者は書を調べるという方法なので、すべて出來合いの結論が用意されている。

俗に「擇日は撞日に如かず」という。「擇日」は出來合いの日書の中から日時を調べて選擇するが、「撞日」はその時その時の狀況に應じて選擇し、ある日にあたればその日を占う。

その時その時の狀況に應じるというのが占いの本質である。書を調べるなどは、單なる怠惰な便法である。

時令書とは何か。

この種の書は、二種類に分けられる。うち一種は一年を四つに分けるもので、四時によって一年を分割し、二十四節氣に配合し、春・夏・秋・冬おのおの九十日で、各節氣十五日である。もう一種は五つに分けるもので、五行によって一年を分割し、三十節氣に配合し、木・火・土・金・水おのおの七十二日で、各節氣十二日である。前者は四時令で、後者は五行令である。

四時令は、傳世文獻に『大戴禮』夏小正・『禮記』月令・『呂氏春秋』十二紀・『淮南子』時則があり、出土文獻には子彈庫帛書『四時令』がある。

五行令は、傳世文獻に『管子』幼官・幼官圖と『淮南子』天文があり、出土文獻には子彈庫帛書『五行令』と銀雀山漢簡『三十時』がある。

四時令は五行令よりさらに實用に適合していて、時間の分配もより整然としている。後世の人が良く知る時令書は主に四時令ではあるが、戰國秦漢の時令書には五行令も含まれていた。

日書とは何か。

學者が「日書」と呼んでいるテキストは、時間的には戰國秦漢を範圍としている。戰國秦漢以前に日書があったかどうか、現在のところまだはっきりとはしていない。秦漢以降、この類の書物には多くの新たな名前があり、形式も完全に一致するというわけではないが、しかし傳統は續いている。

日書は寄せ集めて作られたものであり、占卜の事項であれば何でも含まれ、明清時代に流行した民間の日用類書にやや似た、一種の百科全書式の日用生活大全となっている。この種の書物は、最初は比較的簡單なものから始まり、分量もけっして長いものとは限らなかったが、後には作られていくうちにだんだん長く、雜多なものになっていった。ヨーロッパにもこの種の書物はある。彼らのalmanacは、暦書でもあれば、年鑑でもあり、初めはやはり簡單で、ペラペラで數ページしかないものだったが、後には無限に擴張して、あたかもYellow Pagesのように、何でも載っているようになった。

出土した日書は、長くも短くもでき、內容も繁雜でも簡略でもよく、補足したり削除したりすることが隨時可能で、分けるのも合わせるのも定めがなく、こうでなければならないという拘りも無い。現在日書と呼ばれている書物については、どのようなものなら日書であり、どのようなものが日書でないのか、檢討に値するであろう。

私の考えは、以下のようなものである。

1．日書とは種類全體をいう名稱であって固有名詞ではない。(45) それらの我々が廣く「日書」と稱している書物は、ある具體的なテキストとして出現し、もとより書名括弧を附けることができる。しかし各地で發見された日書はけっして同一のテキストではなく、同じ種類の書なのである。我々がそれらを區別して取り扱おうとするならば、その書名の前に出土地點と時代を加え、その出土地點と時代で區別することしかできないのである。

2．日書を自ら書名としている書は日書である。例えば睡虎地秦簡『日書』・孔家坡漢簡『日書』・北大漢簡『日書』（圖31）は、皆自ら日書と題を名のって發見された。これらのテキストは當然のことながら正當な名稱を持つ日書である。これらの形式特徵は、またおのずとその他のテキストが日書であるかどうかを判斷するための基準を提

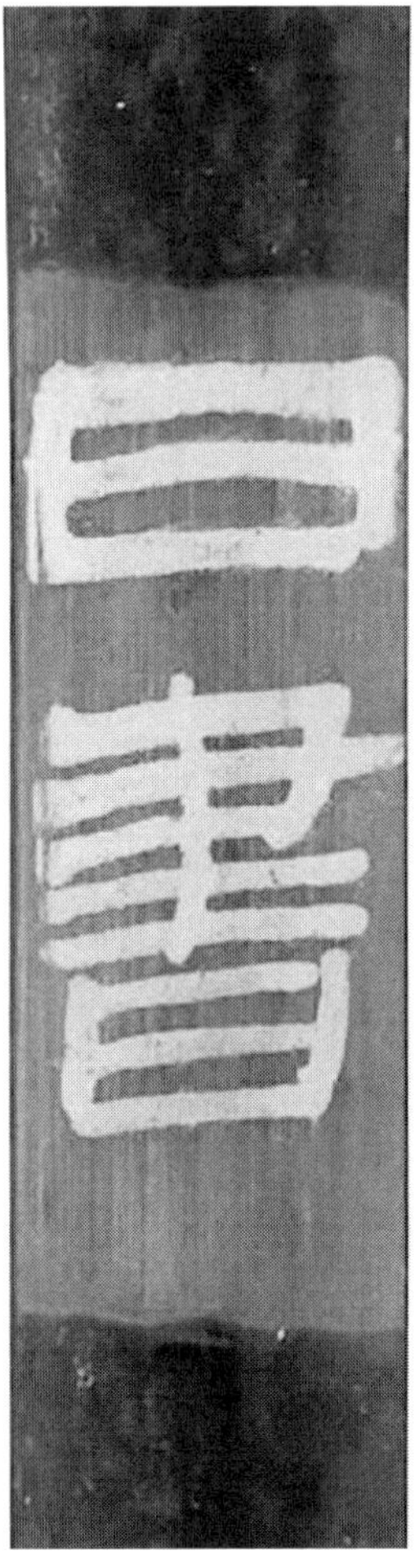

圖31．北大漢簡『日書』
の篇題

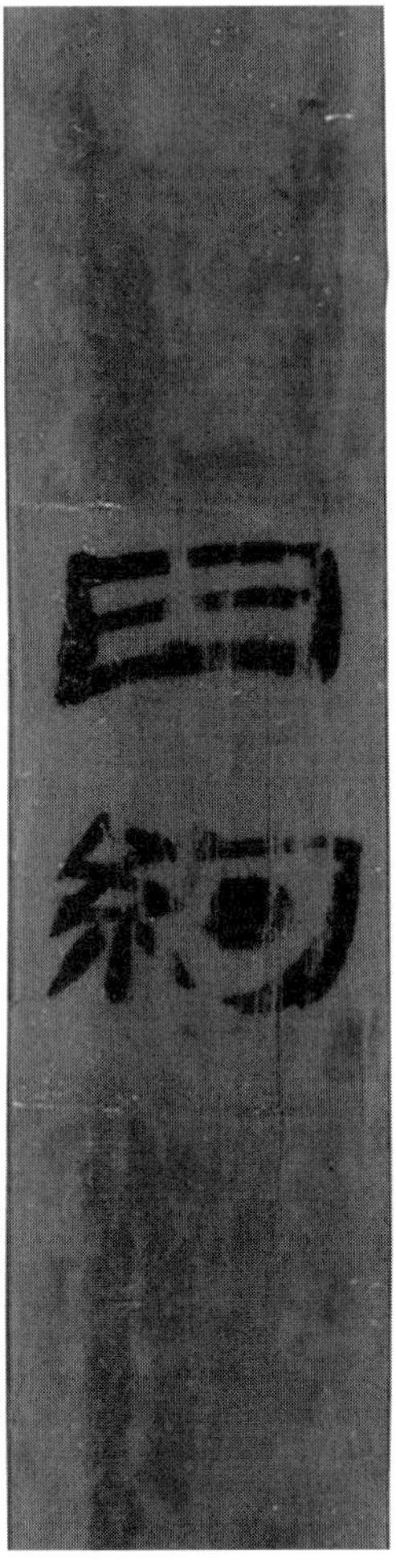

圖32．北大漢簡『日約』
の篇題

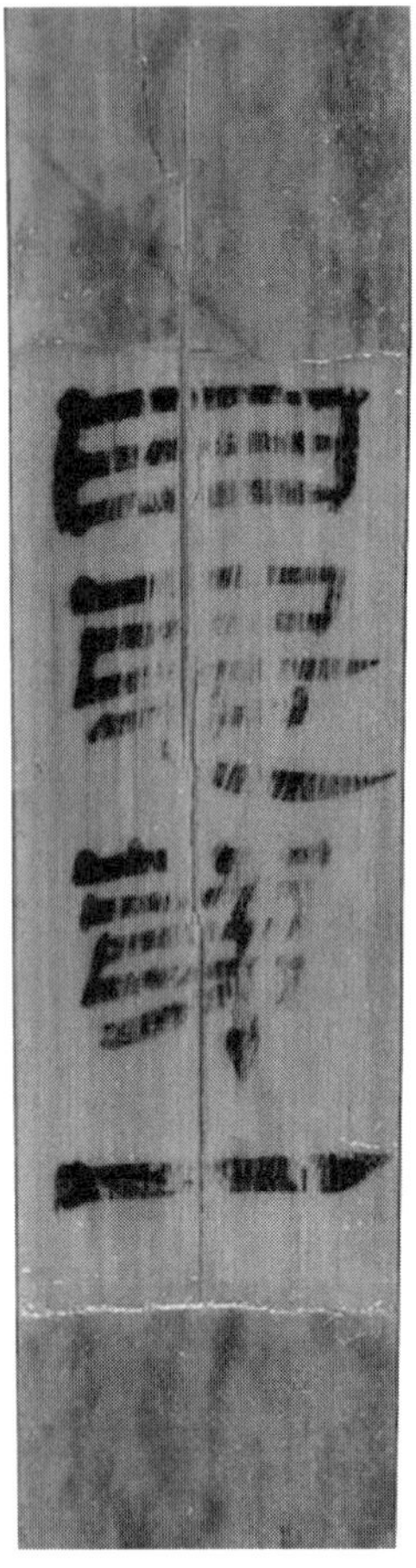

圖33．北大漢簡『日忌』
の篇題

供する。

3. 自ら書名として掲げていなくとも、上述した日書の特徴を具えている書も日書とみなすべきである。例えば九店楚簡・周家臺秦簡・放馬灘秦簡・香港中文大學文物館藏漢簡・磨咀子漢簡であり、これらには皆上述の睡虎地秦簡『日書』・孔家坡漢簡『日書』・北大漢簡『日書』に類似した書が含まれている。これらの書も日書である。

4. 日書は選擇書の一種であるに過ぎず、けっしてその全部ではない。選擇書には式法・選擇とは關係するが、日書の基本形式を具えていないものがある。例えば馬王堆帛書『刑德』・『陰陽五行』であるが、これらを日書と呼ぶのは不適切であろう。時令書も日書ではないことは、すでに論じた。

現存發見されている日書は通常三つの部分を含んでいる。

(1) 日約。出土した日書は、通常暦表を前に置き、その後に宜忌を附けている。暦表は二種類に分けられ、一つは月表で、二十八宿を十二カ月や十二時（あるいは十六時、あるいは二十八時）に配している。一つは日表で、靈驗のある現象を日辰に配しており、例えば楚地や秦地の建除表・叢辰表である。これらは暦表を大枠、宜忌を細目とし、日によって物事をする良し悪しを調べる。北大漢簡には「日約」と自ら名のっている簡がある（圖32）。「約」は要と讀むことができ、日書のこの部分に相當する。

(2) 日忌。北大漢簡には、この他に「日忌」と自ら名のっている簡がある（圖33）。出土日書の中では、この内容が主體であり、一般に暦表の後に附いている。この種のテキストはやや長い。これは前項のものとは反對で、日によって物事をする良し悪しを調べるのではなく、占う事項によって、逆に良日・忌日を調べるという方式で、テーマ別索引の性質を持っている。占う事項は多くても少なくてもよく、一定ではない。

(3) 雜占。出土した日書には、前の二種類のほか、さらに別の内容が書の中に插入されたものがある。往々にしてその他の數術に關係し、中には人相見・家相見・夢占い・魔除け厄除け・お祓いお祈りといった方技と關係したものまである。これらの内容は一見したところあたかも擇日とは關係がないように見え、日書の外に排除してよいかと思えるが、實はそうではない。私はこれらもやはり日書の一部分とみなすべきだと考える。理由は、第一に、日書は時間にかかわるばかりではなく、方向にもかかわり、例えば日書中の出行・移動や家を建てることは皆方向と關係が有り、日書にはよく見られる。我々は日辰が見えないからといって、日書と關係がないということはできない。第二に、日時の選擇はあらゆる占卜の中で最大の一類であるから、大術は小術を含み、この現象は、まさに占卜の日書化と日書の百科化の反映である。例えば五色診は方技に屬すべきもので、表面上は數術には屬さないが、日書が關連する占いの事項は、どんなことでも含むから、病氣占いも日書と關係ないとはいえない。これは數術と方技が繋がって一つの體系となった事情を反映している。

古書には拔き書きしたものや寄せ集めたものが多いから、局部を證據に全體の性質を定めるのではなく、全體から局部の性質を定めなければならない。日書とは何か。この問題も、全體から判斷することが肝要である。上述した三部分がすべてそろっていれば勿論日書であるが、一部分しかなくても日書である場合もあり、この三部分中から任意の一段が引かれている場合でさえも、同樣に日書とみなすことができるのである。例えば尹灣漢簡の『刑德行時』・『行道吉凶』や上博楚簡の『日書』（未發表）と磨咀子漢簡の『日書』は、いずれも非常に簡略で短い拔粹であるが、それでも日書の一種であると認めて間違いない。

これを「大きな道理が小さな道理をつかさどる」という。

結論

上述の傳統は、數術の發展を觀察した四つの側面である。この四つの大きな傳統は、起源は皆古く、延々と長く續いてきた。私のいう「數術革命」とは、けっして式法・選擇が龜卜・筮占に代わったということではなく、それらの數術體系全體の中における地位に、根本的な變化が生じたということである。もともと大術だったものが後には小術に變わり、もともと小術だったものが後には大術に變わり、主從關係が逆轉し、變化は構造的な變化であった。

中國古代、商代西周と春秋時代は、ずっと卜筮が主流であり、戰國秦漢から選擇が主流に變わった。これが私のいう「數術革命」である。漢以降、選擇の地位は卜筮より高くなったが、その主な原因は、選擇が天文・曆法をよりどころとしたことである。『漢書』藝文志數術略は五行を天文・曆譜の後、蓍龜・雜占・形法の前に排列している。司馬遷が『史記』を著作した際も、「日者列傳」を「龜策列傳」の前に排列している。これは「數術革命」後の組み立て方であり、けっして初めからそうだったのではない。戰國秦漢は、選擇書が最も流行し、陰陽五行說が最も流行した。選擇書は陰陽五行說の技術的な背景であり、陰陽五行說は選擇書の理論方法であった。兩者は、密接にして不可分なものである。

數術は陰陽・五行のどちらとも關係がある。『漢書』藝文志數術略の五行類は、開頭の五書が、全部「陰陽」を書名に含んでいる。漢以降、人々は「陰陽書」によって選擇書を指し、「陰陽生」（あるいは「陰陽先生」）によって選擇家を指している。しかし玩味するに値するのは、選擇書の類名を決める際に、班固が何故「陰陽」ではなく「五行」を選んだのかということだ。私は、これは主に時代の潮流、特に劉向の影響を受けたものだと思う。

漢代において「五行」を説くものは、皆『洪範』を立脚點としている。例えば劉向の『洪範五行傳記』は『洪範』を解釋するという形式で、五行説によって歴史上の各種の災變を解釋し、班固の『漢書』五行志はすべて『洪範五行傳記』に基づいて書かれている。前に述べた「漢武七家」で、前漢の武帝が最も重視したのも「五行家」であった。この分類法は、ずっと後の史志の分類にまで影響を及ぼした。『漢書』藝文志以降の歴代の史志は、ずっと五行類を選擇類の別名として使い續けた。術語は變化し、體系も調整されたが、しかし誰もそれを抹殺できなかった。これこそ一貫した傳統というものである。

日書とは日常的に使う占い大全であり、各種の占いは皆これに接近していった。陰陽五行説は、日書の內容を主體としつつ、各種の占いを整理・統轄するために創造された一つの普遍理論であった。この普遍化こそが數術革命の最大の成果である。

二〇一五年三月二十四日北京藍旗營の寓所にて記す

註

（1）問題の複雜性は、この「數術」と現代の學術の分類概念が決して同じではないことにある。夏德安氏（Donald Harper）はかつて natural philosophy and occult thought によって廣く中國古代の方術を指した。これは、數術を含むばかりでなく、方技をも含み、さらに陰陽五行説までをも含んでいた。私は、彼がこのフレーズを用いたのには二つの意圖があるのではないかと理解している。（1）natural philosophy は中國古代の方術の理論的な色彩を顯彰できるばかりでなく、中國古代ではまだ粗陋な段階にあった天文學や曆算や醫學を science と呼ぶのを避けることができる。（2）occult thought は占いや人相見家相見やお祓いお祈りなどの行爲にともなう超自然な神祕的色彩を暗示できる。しかし、ここで注意せねばならないのは、彼が用いる occult thought はけっして「數術」だけを指すのではないことで、もし我々が occult art を用いて「數術」を翻譯すれば、やや大雑把に過ぎよう。實際、夏德安氏の「數術」に對する翻譯は calculations and arts である。calculations は「數」の翻譯で、arts は「術」の翻譯である。これは中國語の字面の意味を直譯したものだ。「數術」は勿論ある種の計算の意味を含むが、しかし我々が computational art を用いて「數術」を翻譯してしまっても、その複雑な含意を傳達できるわけではない。夏德安氏が Michael Loewe and Edward L. Shaughnessy 主編の *The Cambridge History of Ancient China, from the Origins of Civilization to 221 B. C.*, Cambridge University Press 1999のために書いた第十二章：Warring States Natural Philosophy and Occult Thought を參照されたい。

（2）本文で使用する「式法」ということばは傳統的な意味に從って理解されたい。式法は「旋式正棊」の方法を用いて日時を選擇することである。「式」とは星座の回轉移動を模倣した式盤であり、回轉させることができ、「棊」とはコマで、算木と合わせて、日辰を推算できる。博棋と塞棋は式法を模倣したものである。本文で使用する「選擇」は廣く日時を選擇することを指し、式盤を用いての日時の選擇も含めば、選擇書を用いての選擇も含んでいる。選擇書の概念は、簡單な時令書も含めば、細分化された日書も含む。この名は後に始まったものだが、概念は廣く、比較的通俗的なものだ。なぜ私が「日書」を選擇書の通名として用いなかったかは、以下の本文で説明する。

（3）David N. Keightley, *Sources of Shang History, The Oracle-Bone Inscriptions of Bronze Age China*, Berkeley and Los Angeles: University of California Press, Ltd. 1978, pp.158-160.

（4）葉祥奎・劉一曼「河南安陽殷墟花園莊東地出土的龜甲研究」、『考古』二〇〇一年八期、八五～九二頁。

（5）曹瑋編著『周原甲骨文』北京：世界圖書出版公司、二〇〇二年。

（6）周原考古隊「二〇〇三年陝西岐山周公廟遺址調查報告」、『古代文明』第五卷、北京：文物出版社、二〇〇六年、一五一～一八八頁。

（7）趙振華「洛陽兩周卜用甲骨的初步研究」、『考古』一九八五年四期、三七一～三七九頁、山西省考古研究所『侯馬鑄銅遺址』、北京：文物出版社、一九九三年、上册、四二五頁。

（8）『論語』子路は「子曰く、南人に言有りて曰く、人にして恆無ければ、以て巫醫を作すべからず、と」に作る。

（9）衞靈公の夫人南子は宋の王女である。『漢書』藝文志數術略の『南龜書』を前人は商人の龜卜を說くものと推定していたが、現在は宋國の龜卜を說くものと考えている。李零『蘭臺萬卷——讀漢書・藝文志』、北京：三聯書店、二〇一一年、一八九頁を參照されたい。殷の地は、周初になって衞に封ぜられ、宋は衞の南にあったので、ことによるとこれが宋を南と呼んだ理由ではないか。

（10）李零「〝南龜北骨〟說讀再認識」、『中國方術續考』、北京：中華書局、二〇〇六年、二一八～二三三頁。

（11）李零「說匵——中國早期的婦女用品：首飾盒、化妝盒和香盒」、『故宮博物院院刊』二〇〇九年三期、六九～八六頁。山東省博物館藏の蓋に男女裸人を飾るこの器物は、山東省莒縣出土と傳えられている。類似の器物は、日本京都の藤井有鄰館にも收藏されている。

（12）四川大學歷史系考古專業「雲陽縣明月壩遺址試掘簡報」、四川省文物考古研究所編『四川考古報告集』、北京：文物出版社、一九九八年、九一～一一一頁、白彬「重慶雲陽明月壩遺址出土唐代卜甲的初步研究」、『四川大學學報』（哲學社會科學版）一九九八年四期、一〇六～一一〇頁。

（13）李零『中國方術正考』、北京：中華書局、四一～四八頁。

（14）馬承源主編『上海博物館藏戰國楚竹書』（九）、上海：上海古籍出版社、二〇一二年、二八九～三〇二頁。

（15）李零『唯一的規則——「孫子」的鬭爭哲學』、北京：三聯書店、二〇一〇年、五五頁。

（16）李零『死生有命、富貴在天——『周易』的自然哲學』、北京：三聯書店、二〇一〇年、二一一～二一五頁。

（17）李零「讀周原新獲甲骨」、『古代文明』第五卷、一九七～二〇三頁：前掲李零『唯一的規則——「孫子」的鬭爭哲學』、一五八頁。

（18）戰國時代の干支籌は、河北省柏鄉縣東小京戰國墓出土の象牙の干支籌があり、上に順序が標記され、下に干支が標記されている。もともと十二本だが、第八本目が缺けており、銘文を順序どおり排列すると、「一、甲子、二、乙丑、三、丙寅、四、丁卯、五、戊辰、六、己巳、七、庚午、〔八、辛未〕、九、壬申、三、癸酉、一、甲戌、二、乙亥」であり、十を三に作り、十一を一に作り、十二を二に作っている。柏鄉縣文物保管所『河北柏鄉縣東小京戰國墓』一九九〇年六期、六七～七一頁參照。漢代の干支籌は、發見が比較的多く、干支を標記してあるものの他に、五行を標記しているものもある。戰國の干支儀は、これまでずっと中國歷史博物館の通史陳列に展示されていたが、現在は中國國家博物館に所藏され、展示はされていない。

(19) 『漢書』藝文志數術略の曆譜類には『許商算術』・『杜忠算術』がある。

(20) 朱漢民・陳松長主編『岳麓書院藏秦簡』（貳）、上海：上海世紀集團出版社、二〇一一年。

(21) 張政烺（李零等整理）『張政烺論易叢稿』、北京：中華書局、二〇一〇年。

(22) 李學勤氏は永らく、『周易』の卦畫と數字卦は關係がないと考えていた。例えば、彼は「論戰國簡的卦畫」（『出土文獻研究』第六輯所收、上海：上海古籍出版社、二〇〇四年、一〜五頁）という一文中に、出土戰國簡において「通行の觀點では「數字卦」は筮數であると考えているが、實は數字ではなく、卦畫なのだ」と述べていた。

(23) 李宗焜「數字卦與陰陽爻」、『中央研究院歷史語言研究所集刊』第七十七本第二分、臺北：中央研究院歷史語言研究所、二〇〇六年、二七九〜三一八頁。

(24) 李學勤主編『清華大學藏戰國竹書』（肆）下册、上海：中西書局、二〇一三年、七五〜一三四頁。

(25) 李學勤「清華簡「筮法」與數字卦問題」、『文物』二〇一三年第八期、六六〜六九頁。

(26) 前掲張政烺『張政烺論易叢稿』、一三〜一六、七三〜七六頁。

(27) 前掲張政烺『張政烺論易叢稿』、一三〜一六、七三〜七六頁。

(28) *Graphics and Text in the Production of Technical Knowledge in China, the Warp and the Weft*, edited by Francesca Bray, VeraDorofeeva-Lichtmann, Georges Metailie, Leiden・Boston: Brill, 2007 を參照。

(29) Francesca Bray 氏は上引の論文集に導論を書き、この話を全書の巻頭のことばとしている。

(30) 李零『蘭臺萬卷——讀『漢書』藝文志』（修訂版）、北京：三聯書店、二〇一三年、一七七〜一七八頁。

(31) 李零『中國方術正考』、北京：中華書局、二〇〇六年、五七〜六四頁。

(32) 『漢書』藝文志中の篇卷の統計は、竹書は篇で數え、帛書は卷で數えている。『蘭臺萬卷——讀『漢書』藝文志』（修訂版）參照。

(33) 宋易の易圖は、想象の發露でもあり、傳統の復興でもあった。
(34) この圖像は漢代畫像石に流行した。
(35) 黃儒宣『「日書」圖像研究』、上海：中西書局、二〇一三年參照。
(36) 李零『中國方術正考』、六九～一四〇頁。
(37) 過去に七例あり、新たに加わった例は虎溪山漢墓より出土したものである。
(38) 李零「中國最早的「昇官圖」——說孔家坡漢簡「日書」的「居官圖」及相關材料」、『文物』二〇一一年第五期、六八～七九頁參照。
(39) 李零『子彈庫帛書』、北京：文物出版社、待刊。
(40) 裘錫圭主編『長沙馬王堆漢墓帛書集成』、北京：中華書局、二〇一四年。
(41) 前揭黃儒宣『「日書」圖像研究』、九七～一〇八頁、Marc Kalinowski, "The notion of 'Shi' 式, and some related terms in Qin-Han calendrical astrology," *Early China* 35-36, 2012-13, pp. 331-360 參照。
(42) 前者は單なる日廷圖で、寫眞は無い。後者は二十八宿に標注した日廷圖である。黃儒宣氏とカリノフスキー氏はこの木板上に畫かれた日廷圖を式盤だとしているが、私は贊同していない。
(43) マルク・カリノフスキー「馬王堆帛『刑德』試探」、『華學』第一期、廣州：中山大學出版社、一九九五年、八二～一一〇頁。
(44) 劉瑛『『左傳』・『國語』方術研究』、北京：人民文學出版社、二〇〇二頁。
(45) 例えば黃儒宣『『日書』圖像研究』の中の『日書』は書名の括弧『 』を取り去るべきだ。

郡縣少吏と術數――「日書」からみえてきたもの――

工藤元男

はじめに

一九七五年末、湖北省雲夢縣睡虎地十一號秦墓から睡虎地秦簡が發見されて以來、すでに四十年が經過している。筆者はこの資料を出發點として中國古代史の研究に従事してきた。小論は、その自らの研究史を踏まえて、秦漢の郡縣少吏と術數の關係について檢討するものである。(1)

睡虎地秦簡については、詳しく説明するまでもないが、本論文にかかわる部分に限定して簡單に述べれば、次のようになる。秦は戰國後期の昭襄王二十九年（前二七八）に楚の都郢（湖北省江陵縣城西北紀南城）を破り、その一帶に南郡を建置した。その南郡屬下の縣吏（名は喜）の墓葬の中から多くの竹簡が發見された。下葬年代は六國統一直後の始皇帝三十年（前二一七）である。竹簡の中には種々の法制關連資料が含まれ、それは楚地に對する秦の法制支配の一端を具體的に示すものとして注目された。またそれとは別に、占書（占いの書）の「日書」も發見された。「日書」は甲乙兩種あり、「日書」とはその乙種の背面（二六〇）に墨書された原篇題である。戰國・秦代の人々がこの種の占書を「日書」と呼んでいたことを示す最初の發見である。

秦の法治主義と占いの關係については、六國統一後の前二一三年に發布された「焚書令」が史上名高い。それによれば、始皇帝は民間に流布している『詩』・『書』・百家の書を焼却させ、「去らざる所の者は、醫薬・卜筮・種樹の書」（『史記』巻六秦始皇本紀）であった。ただし、「日書」には卜筮に關するものはみられず、主に建除や五行說などの占法に基づいて「時日の吉凶を占う」ものである。すると秦の官吏たちにとって占いは、その地方行政（吏治）においていかなる意味があったのか、ということが問題となってくるであろう。

そこで筆者は、戰國末に南郡屬下の縣吏だった墓主が、被征服地における楚人の習俗をこの「日書」を通して觀察していたのではないかと想定し、支配者の秦の法と「日書」に反映された〝生きた法〟としての習俗との關係を、〝法と習俗〟という視座から檢討する方法論を設定した。その檢討内容は、拙著①『睡虎地秦簡よりみた秦代の國家と社會』（創文社、一九八九年）に收錄されている。ただし、この視座の設定には、目下、一定の軌道修正が必要となっている。というのは、その後、睡虎地秦簡以外にも、年代的にも、地域的にも、さまざま異なる「日書」が發見されているからである。そのため、分析の射程をさらに延ばし、さらに中國古代社會の中で「日書」の歷史的意味を檢討することになった。その考察の結果を收錄したものが、拙著②『占いと中國古代の社會――發掘された古文獻が語る――』（東方書店、二〇一一年）である。またこの拙著②に基づき、第四回日中學者中國古代史論壇において、「日書」の史料的性格に再檢討を加え、(2) さらにこれを具注暦との關連で考察した論文を發表した。(3) 以下、このような睡虎地秦簡に關する筆者の研究史を踏まえて、中國古代の郡縣少吏と術數の關係から「日書」を捉え直してみたいと思う。

一、「日書」と社會史研究

1、研究史簡介

睡虎地秦簡の發見によって「日書」の存在が初めて學界に知られることになったが、そのテクストの公表はいっしょに出土した法制資料よりも若干おくれた。[4] 一九八一年に刊行された發掘報告書の中で「日書」の全體がはじめて公表されると、李學勤氏はその史料的性質に關して、これを『漢書』巻三〇藝文志の「數術略」に列せられた「數術」書に當たることを指摘した。[5] なお藝文志で分類された「數術略」は、さらに天文・暦譜・五行・蓍龜・雜占・形法の六種に細分されるが、ともあれ、「日書」研究がこのような「數術」（いわゆる術數）[6] 方面から開始されたのは、自然な趨勢であったと言えよう。

ところで、その一方で李學勤氏は、「日書」に反映された奴隷制などの社會生活についても分析を進め、「日書」による社會史研究の可能性について大きな道筋をつけた。これに前後して林劍鳴氏は、一九八五年に西北大學に「《日書》研讀班」を組織した。その共同研究の成果である「《日書》：秦國社會的一面鏡子」は、「日書」を社會史の觀點から、總合的に概觀した、最初の重要な成果として評價される。[7] ただし、李零氏はこの「《日書》研讀班」の研究方法に對して、「日書」は「社會生活を實寫したものではない」と批判している。[8] たしかに「日書」にはパターン化された表現の占辭も少なくはなく、そこから社會の實相を汲み取るのは一定の限界があるかも知れない。しかし「日書」は戰國後期から秦漢時代にかけての現實の社會の中で活用され、かつ流行していたものであることは、その出土狀況からますます明らかになっている。したがって、當時の人々の社會生活の中で占いが如何なる影響を與えていたかを考察する上で、「日書」は貴重な一次史料としての可能性をもっていると思われる。じっさい、太田幸男氏も一九八八年の中國秦漢史研究會において、「日書」を含む睡虎地秦簡による社會史研究の可能性を強く主張している。[9] また中國においても、交通と禁忌に關する王子今氏の一連の研究は、「日書」を活用した代表的な社會史研究として知られている。[10] このように、睡虎地秦簡「日書」を活用した社會史研究は、主として歴史學者によって支持され、かつ實踐されて、現在に至っている(11)。

筆者自身について言えば、「日書」が公表された直後の一九八四年から、池田溫氏が主宰していた東京大學東洋文化研究所の「律令制研究會」において、大櫛敦弘氏（現在、高知大學）と共に「日書」の研究を二年餘り擔當した(12)。この研究會において筆者は、「社會史」の研究方法を意識的に採用し、「日書」と秦の南郡支配の關係を「法と習俗」の視座から検討し、報告した(13)。

2、南郡と在地社會の習俗

こうして検討された内容は、要約するとほぼ次のようになるであろう。先述のように、南郡は秦によって楚の中心地に建置された秦の郡である。『漢書』巻二八地理志（下）は、この地域の特徴を「巫鬼を信じ、淫祀を重んず」と表現している。このような一種獨特の特色をもった楚地の土地柄は、秦王政二十年（前二二七）に南郡守騰が屬下の縣・道嗇夫に下達した睡虎地秦簡「語書」の中からも窺える。關連する主な部分（一～五）を以下に抽出する。

古者、民に各〻鄕俗有り。其の利とする所、及び好惡は同じからず。或いは民に便ならず、邦を害す。是を以て聖王、灋度を作爲し、民心を矯端し、其の邪避（僻）を去り、其の惡俗を除く。灋律未だ足らざれば、民多く詐巧し、故に後に閒令を下すこと有り。

凡そ灋律令は以て民を敎道（導）し、其の淫避（僻）を去り、其の惡俗を除き、而して之をして善を爲すに之かしむものなり。今、灋律令已に具われり。而るに吏民用いる莫く、鄕俗淫失（泆）の民止まず。是れ卽ち主の明灋を灋（廢）するなり。而して邪避（僻）淫失（泆）の民を長ぜしめ、甚だ邦を害し、民に便せず。……

今、灋律令已に布かるるも、聞くならく、吏民の灋を犯し、閒私を爲す者止まず、私好・鄕俗の心變わらず、……、と。

筆者は一九八八年の舊稿「雲夢睡虎地秦墓竹簡『日書』よりみた法と習俗」[14]において、その內容を次のように論じた。すなわち、この文書が發布された秦王政二十年（前二二七）を含む前後九年間（前二三〇～前二二一）は、ちょうど秦が連年のように次々と六國を征服していった時期に相當する。それはつまり、「語書」は秦の六國統一が目前の射程に入った時點で採られた政策と密接に關連する、ということである。そのような視點から、この文書の內容を要約すると、次のようになるであろう。

古者、「鄉俗」は地域ごとに利害を異にし、民や國家にとって不都合であった。しかし後世に聖王が現れ、新たに法度が作成され、「惡俗」である「鄉俗」を除去し、民を矯正した。しかしそれでもまだ法律は不足し、民の中にはそれを欺く者もいたので、法律の下に「令」が追加された。[15]そのようにして、今や法律令は完備しているのに、吏民はこれを無視し、相變わらず「鄉俗淫泆の民」は止まない。このように指摘した上で、南郡守騰は屬下の縣・道嗇夫（縣・道の長官）に對して秦法の徹底を督促する。この文書の中で騰は、占領地である楚地の習俗を「惡俗」、秦法の受け入れを拒む楚人を「鄉俗淫泆の民」・「邪僻淫泆の民」、その心性の有り樣を「私好・鄉俗の心變わらず」と激しく非難している。したがって、この文書の基調をなすものが、秦の「法」と楚地の「鄉俗」の對立狀況であることは一目瞭然である。

ただしこの「鄉俗」の內容については、まだ檢討の餘地があるようである。[16]池田知久氏は「語書」の內容を中國古代思想史の文脈において考察し、その「鄉俗」に關する思想を戰國末の秦國に居住する墨家の尙同論の影響で書かれた中央集權強化の政治思想として理解している。[17]さらに池田氏は、その考察に基づいて、中國古代の「風俗」をめぐる諸思想の中の、地方獨自の「風俗」の取り締まり強化を主張する「語書」、墨家、法家の思想、及び儒家の「移風易俗」思想と、それとは反對に地方の「風俗」を認めて國家がそれに從った政治を行うべきと主張する『淮南子』齊俗篇などの思想の對立について、その分析を廣げている。(18)

近年、池田雄一氏も「語書」の「鄕俗」について檢討を行っている。(19) それによると、「語書」の「鄕俗」は「舊宗主國楚」の諸制度を含み、秦の占領下においてそれは「公法」を逸脱する反社會的行爲であり、また楚固有の慣行も含んでいる。そのような「鄕俗」は法による彈壓の對象であるはずだが、そこで問題となってくるのが睡虎地秦簡「爲吏之道」との關係である。この文書は官吏となる者に提供された識字敎科書とされ、(20) その內容は秦國政府が期待する官吏像、及び否定すべき官吏像などについて示したものである。その中で、吏として注意すべき具體的な項目が列擧され、「害を除き利を興すこと」(五〇貳)から「灋(廢)置、私を以てす」(四六參)まで、四字句が四十八例示されている。そしてその一つとして「民の習浴(俗)を變ずる」(四〇參)ことが戒められている。そこで池田雄一氏は、「語書」の「鄕俗」と「爲吏之道」の「習俗」を區別し、後者を「民間で人々が慣れ親しんでいる生活様式」と解し、「語書」は「鄕俗」を否定するが、必ずしも民間の「習俗」を否定するものでなく、そこに「日書」が許容される餘地があった、としている。

しかし筆者は「語書」の「鄕俗」と「爲吏之道」の「習俗」を區別することに贊成できない。先述のように筆者は、「語書」は秦の六國統一が目前の射程に入った時點で採られた政策と密接に關連することを指摘したが、そのような六國統一後の習俗に對する秦の姿勢を表す史料として、さらに石刻碑文を擧げることができる。『史記』秦始皇本紀に著錄された數種の碑文の中で、始皇帝は習俗に關して「習俗を宣省す(習俗を省察した)」(會稽刻石碑文)、「大治、俗を濯《あら》う(政治が習俗を洗い清めた)」(同上)と述べ、(21) とくに琅邪臺刻石碑文では、

法度を端平し、……、器械は量を一にし、書の文字を同じうす。……異俗を匡飭し、……疑いを除き法を定め、

……。

とあるように、制度の統一や法の制定との關連で「異俗」を正し整えたことを宣明している。「習俗を宣省す」も「大治、俗を濯う」も、みなこれと同じ文脈で述べられたものと思われるので、それは要するに、舊六國の習俗を秦の支配體制に沿ったものに移し替えること、いわゆる「移風易俗」の姿勢を天下に表明したものに他ならない。[22]こうした習俗に對する秦帝國の政治姿勢が、「語書」の內容の延長線上にあることは明らかであり、したがってそれは「爲吏之道」から窺える內容と相反するものである。一方、「日書」は「民の習俗」に關して「爲吏之道」と立場が共通している。習俗に關する秦の政治姿勢のこのような一種の斷絶狀況は、「語書」が發布された頃を境に、秦の政治姿勢が征服地の習俗を否定し、一元的支配に向けて轉換した結果と考えられる。

鶴間和幸氏は、同じ墓葬から出土した地方官の公文書の內容に矛盾があるだろうか、[23]と筆者の見解に疑問を呈している。しかしそれは、喜が在職中に得た成立年代や發布年代の異なる文書を同時に保存していたからである。すなわち「爲吏之道」は秦吏のための敎科書の類としてすでに「語書」が發布される以前から比較的長期にわたって使用されてきたものであろう。その後、政策の轉換があり、それに基づいて「語書」が發布されたという關係である。つまり、「語書」と「爲吏之道」ではその成立年代や史料的性質が異なっていると理解すべきである。

なお、二〇〇七年末、湖南大學嶽麓書院が香港で購入した秦簡、すなわち嶽麓書院藏秦簡の中に、「爲吏之道」と內容が酷似する「爲吏治官及黔首」が含まれていた。當初それは「官箴」と假稱されたが、[24]報告書では原篇題の「爲吏治官及黔首」（八七背）に從っている。[25]同秦簡には始皇帝の治世の「□（廿）七年」・「卅四年」・「卅五年」の曆日が含まれている（後述）。また、「奏讞書」の類の司法文書「爲獄等狀四種」には、秦王政元年～始皇帝二十六年の八種の案例が含まれているので、[26]嶽麓書院藏秦簡の年代は戰國末から六國統一直後とみて大過ないであろう。その「爲吏治官及黔首」の內容・形制は、陳松長氏の指摘するように、基本的に「爲吏之道」と同一である。[27] ただし、その文中に「爲吏之道」にみられたような吏治と習俗に關する言及はみられない。それは「爲吏之道」が戰國末のものであるのに對して、「爲吏治官及黔首」は文中に「黔首」の語がしばしばみられるように、六國統一後のものであるためかも知れない。

二、「日書」出土の增加とその再檢討

さて、「日書」及び術數關係の書籍は、表[28]にみられるように、現在までに、中國各地で、また年代も戰國から漢代にわたるものが多數發見されるようになっている。表によると、「日書」を副葬された墓主はほぼ兩種に分類される。一種は郡縣少吏（①②③④⑤⑥⑪⑬）、もう一種は諸侯王⑮・列侯⑨⑩・政府高官⑭である。⑦⑧⑫⑯は不詳であるが、これらも郡縣少吏に屬する可能性が高いであろう。[29] これより「日書」を副葬された墓主は、その多くが郡縣少吏層に屬する人々であったとみて大過ない。それに關連して我々がさらに注意すべきことは、これらの墓葬から「日書」などの占書と共に「公務日誌」の類の資料がしばしば發見されていることである。その代表的な例が尹灣簡牘「元延二年日記」である。

それは一九九三年に江蘇省連雲港市東海縣溫泉鎭尹灣村西南で發見された六號漢墓から出土したもので、墓主は前漢末の東海郡の功曹史をつとめた師饒である。「日記」という篇題は整理者による命名で、その內容は元延二年（前一一）の一年間にわたる墓主の出張記錄で、その出發日・宿泊場所などが克明に記錄されている。[30] ちなみに、その宿泊日數を數えてみると、當年三五四日のうち「宿家」（自宅宿泊）は三十四回、それ以外の外宿は一三五回、殘り一八五回に

表 「日書」の出土例

墓　葬	典籍や資料	墓　主	墓葬の年代
①九店56號東周墓	農作物關連簡、**日書**	庶人或いは	戰國晩期早段
②睡虎地11號秦墓	編年記、語書、秦律十八種、效律、秦律雜抄、法律答問、封診式、爲吏之道、**日書**甲種・乙種	士令史級の下級縣吏	下限は始皇30年（前217）
③江陵王家臺15號秦墓	效律、**日書**、易占、竹牘（內容不詳）、式盤、占卜用器（算籌・骰子）	②とほぼ同レベルか？	上限は白起拔郢（前 278）、下限は秦代以前
④放馬灘1號秦墓	墓主記、**日書**甲種・乙種、算籌、木板地圖	士級	下葬年代は前239年以後
⑤周家臺30號秦墓	秦始皇34年・36年・37年曆譜、秦二世元年曆譜、**日書**、算籌	秦南郡少吏	秦代末年
⑥江陵岳山36號秦墓	算籌、**日書**	秦國中下層官吏	秦代
⑦江陵張家山127號漢墓	**日書**	不詳	前漢初年（景帝以前）
⑧江陵張家山漢簡249號漢墓	**日書**	不詳	呂后2年（前186）～文帝5年（前175）
⑨阜陽雙古堆1號漢墓	蒼頡篇、詩經、周易、年表・大事記、雜方、作務員程行氣、相狗經、辭賦、刑德・**日書**、干支表、孔子及びその門人關連の書籍篇題、二十八宿圓盤、六壬栻盤、太乙九宮占盤	汝陰侯夏侯竈	文帝15年（前165）沒
⑩沅陵虎溪山1號漢墓	式盤、黃簿、**日書**、美食方	沅陵侯吳陽	文帝後元2年（前162）沒
⑪睡虎地77號漢墓	質日、**日書**、書籍、算術、法律、殘片（質日類・**日書類**・書籍類）、牘（司法文書・簿籍）	南郡の地方少吏？	前漢文帝末年～景帝時期
⑫荊州印臺漢墓（59～115號墓）	文書、卒簿、曆譜、編年記、**日書**、律令、遣策、器籍、告知書等	不詳	秦漢時期
⑬隨州孔家坡8號漢墓	**日書**、曆譜、告知書	縣庫嗇夫	下葬年代は景帝後元2年（前142）
⑭西安杜陵漢墓（2001XRGM5）	**日書農事篇**	大鴻臚或いは大司農？	前漢杜陵（宣帝墓）の陪葬墓
⑮定縣40號漢墓	論語、儒家者言、哀公問五義、保傅傳、太公、文子、六安王朝五鳳二年正月起居注、**日書**・占卜などの斷簡	中山懷王劉修	前漢末
⑯永昌水泉子5號漢墓	七言本蒼頡篇、**日書**	不詳	前漢末或いは後漢前期

ついては斷简などによって不明、日記全體では自宅宿泊以外の外宿が三八・一四パーセントを占めていることになる。

このような墓主の頻繁な出張と密接に關連するのが、同墓から伴出する種々の占書、すなわち「神龜占」、「六甲占雨」、「博局占」、「刑德行時」、「行道吉凶」などである。東海郡功曹史の師饒の墓葬からこうした占書が多數出土する状況について、山田勝芳氏は、旅が多かった地方官吏クラスにとって、占いは必要不可缺なものだったから、と述べている。[31] その指摘は至當と思われる。たしかに尹灣六號漢墓中に「日書」は副葬されていないが、その代わりこのような占書がみられるのである。

翻って、睡虎地十一號秦墓の副葬品をみてみると、その中に「日書」は存するが、日記に類するものはない。ところが、睡虎地十一號秦墓とほぼ同時代に屬する郡縣少吏の墓葬に、「日誌」が副葬されている例があるのである。それが一九九三年に湖北省荊州市沙市區關沮鄉清河村で發見された周家臺三十號秦墓である。[32] この墓葬の中から「日書」と共に、始皇帝「三十四年」、同「三十六年・三十七年」、二世皇帝「元年」の四種の「曆日」[33] が出土している。そしてその中の始皇帝「三十四年」の曆日に、墓主の出張記録を主とする日誌が記されている。周家臺三十號秦墓の墓主は生前南郡の地方官の左史レベルの少吏だったので、睡虎地十一號秦墓の墓主と時代も地位もほぼ同じとみてよいであろう。また、周家臺秦简とほぼ同時代に屬すると思われる先述の嶽麓書院藏秦简の曆日の篇題には、「□（廿）七年質日」、「卅四年質日」、「卅五年私質日」とあり、それらは共に六國統一後の秦の曆日であり、それらにもみな出張記録がみえる。これより官吏の出張記録を記す曆日のことを、當時の秦代社會では「質日」と呼んでいたことが明らかとなった。したがって、尹灣简牘「元延二年日記」も「質日」と呼ぶべきであろう。このように、周家臺三十號秦墓から「日書」と「質日」が一緒に出土する状況は、睡虎地秦简の「日書」の場合についても「質日」の問題と關連させて検討されるべきものなのである。

三、「日書」と郡縣少吏

1、睡虎地秦簡「日書」の分類

そこで、あらためて睡虎地秦簡「日書」の内部構成をみてみると、劉樂賢氏はその内容を以下のように整理している。(34)

甲種：

除篇、秦除篇、農事篇、稷辰篇、衣篇、朔望弦晦篇、鼠襄戸篇、男日女日篇、玄戈篇、遷徙篇、艮山篇、去室入寄者篇、歳篇、星篇、病篇、祭祀篇、諸良日篇、帝篇、起室篇、四向門篇、室忌篇、土忌篇一、作事篇、毀棄篇、十二支避忌篇、置室門篇、避忌篇、行篇一、歸行篇、到室篇、禹須臾篇、十二支占行篇、臽日敫日篇、生子篇、人字篇、求人篇、作女子篇、吏篇、入官篇、娶妻出女篇、夢篇、相宅篇、詰咎篇、日夕表篇、盜者篇、十二支占卜篇、忌殺篇、視羅篇、五行篇、直心篇、行篇二、出邦門篇、刺毀篇、忌徙篇、土忌篇二、門篇、天李篇、反支篇、傅戸篇、馬禖祝篇。

乙種：

除乙篇、日夕表篇、徐篇、秦篇、農事篇、諸良日篇、祭祀篇、毀壞篇、入寄者篇、諸行日篇、刺毀篇、方向占生子篇、四敫日篇、見人篇、官篇、忌徙篇、五行篇、直心篇、臽日篇、天閻篇、出邦門篇、男日女日篇、室忌篇、朔望篇、占風篇、作事篇、責人篇、甲子篇、避忌篇、製衣篇、初冠篇、行篇、逃亡篇、十二時篇、十二支占卜篇、有疾篇、問病者篇、夢篇、爲圂篇、辰日篇、嫁子刑篇、四季天干占死者篇、干支篇、視羅篇、入官篇、生篇、失火篇、盜篇。
その上で劉樂賢氏は「日書」全體を「擇日部分」と「非擇日部分」の二つに區分し、前者を「日書」の主體、後者をその「附屬資料」と捉えている。

2、官吏と「出入行」占

また林寧氏は睡虎地秦簡「日書」甲種の內容を次のように整理している。すなわち當時の擇日法には「龜卜擇日」と「日書擇日」とがあり、後者の「日書擇日」はさらに「擇日」と「非擇日」とに區分される。「龜卜擇日」の方は上流階層で流行し、專門の筮者によって擔われた。これに對して、「日書擇日」の方は「士」など比較的低い地位の者や一般人民によって常用され、日者によって擔われた、と。[35] このように分類・整理した上で、さらに林寧氏は「日書」の內容に「出入行」占（出行占・入行占）に關するものが多い點も指摘している。

當初、筆者はこの「出入行」占を單純に「民」の旅行に關する占いと解していた。[36] しかし、よく考えてみれば、「出入行」占を利用して旅行に出立するのは、何も「民」に限ったことではない。郡縣少吏たちも出張の擇日に「出入行」占を盛んに利用していたことは疑いない。睡虎地秦簡「日書」甲種の「行」篇一（一二七正～一三〇正）・「行篇」二（九五背貳～九九背貳、一二七背～一二八背、一〇八背～一一〇背）、乙種の「諸行日」篇（四三貳～四四貳、一三八～一四三）・「行」篇（一三二～一三七）などはその代表的な例である。そしてそのことが、師饒の實例から窺えるように、頻繁な出張を餘儀なくされていた當時の郡縣少吏層に、「日書」が廣く受け入れられた大きな土壤になっている、と考えるべきであった。

3、吏の公務と「日書」

「日書」のもう一つ大きな特徴として、吏治に關する占いが多い點を擧げることができる。「日書」の中で官吏は漠然と「吏」と表記されることが多く、占辭の內容からそのような吏に對する人々の關心の高さが看取される。また睡虎地秦簡「日書」甲種に、

建日。良日なり。以て嗇夫と爲る可し。……（一四正貳）

盈日。……以て宮室を築き、嗇夫と爲る可し。……（一六正貳）

正陽。……嗇夫と爲るに利あり、是を三昌と胃（謂）う。……（三四正）

危陽。是を成行せずと胃（謂）う。以て嗇夫と爲らば、必ず三たび徙官せん。（三六正）

陰。……嗇夫と爲らば、久しからん。（四二正）

入月七日及び冬未・春戌・夏丑・秋辰、是を四敫と胃（謂）う。……嗇夫と爲るに利あり。（一四三背・一四四背）

とあるように、吏の中でもとくに嗇夫への關心が強いようで、それは嗇夫を輩出する母體である在地社會の有力者層が、「日書」の重要な受容層であったことを示唆するものであろう。(37)

「入官」とは吏が官府に赴任する意であるが、睡虎地秦簡「日書」甲種「入官」篇は、吏が官府に赴任する良日を選擇する占いであり、以下の如くである。

入官良日。丁丑に入官せば、吉、必ず七徙す。寅に入官せば、吉。戌に入官せば、吉。亥に入官せば、吉。申に入官せば、計ならずして去る。酉に入官せば、罪有り。卯に入官せば、兇。未午辰に入官せば、必ず辱去す。己丑は、以て王公に見え、必ず拜有り。（一五七正陸～一六六正陸）

また乙種「入官」篇（二二四貳～二三七貳）はこれよりもやや複雜な內容となっている。すなわち、全體が三段に區分

され、第一段は四時における入官の良日を干支で示し、第二段は地支で示された各日に赴任する場合の吉凶を占い、第三段は「見人」や「臨官立政」に關する占いとなっている。

また甲種「吏」篇は、官吏がその長官もしくは上司に謁見するさいに起こり得る諸事態（告・聽・不聽・美言等々）を豫測し、それを地支に配當された各日の各時刻（朝・晏・晝・日虒・夕）ごとに占うものである。子の條を例に擧げると、以下の如くであるが、譯が困難なので原文のまま示す。

子、朝見、有告、聽。晏見、有告、不聽。晝見、有美言。日虒見、令復見之。夕見、有美言。（一五七正壹〜一五七正伍）

このように、「日書」には官府に勤務する官吏の行動指針に關する占いが數多くみられ、このことも郡縣少吏に「日書」が受容された背景をなすものと思われる。

4、法と「日書」の間

筆者は地方行政と「日書」の關係について、土地制度に關する「田律」を材料に具體的に檢討したことがある。[38] そこで、吏治と「日書」の關係をさらに檢證してみたいと思う。

林劍鳴氏は、秦漢時代の地方行政官の主要職責として、治獄・捕盜及びそれに關連する軍事を擧げ、「日書」の內容もこの三方面で大きな比重を占めている、と述べている。[39]

また池田雄一氏もそれと同樣の關心から、「日書」と〝法と習俗〟の關係について檢討している。[40] すなわち、池田氏は睡虎地秦簡における「法」と「日書」の閒で、事態への對應に必ずしも一致しない場合のあることを指摘する。たとえば「日書」乙種に、「亡日」篇（一四九〜一五〇）と「亡者」篇（一五一〜一五二）があり、[41] その內容は逃亡者が凶を避け吉を得るための占いである。無斷で本籍を離脫し、逃亡する「亡」の行爲は當然違法である。なぜか睡虎地秦簡には「亡」に關する律文はみえないが、爰書の文例集である「封診式」の中に「亡」者に對する取り調べの記述が具體的にみえるので、戰國時代の秦國に「亡」罪が存在したことは疑いない、と推測する（ちなみに、前漢初期の律令の集成である「二年律令」の中に「亡律」が存在する）。すると乙種「亡日」篇に、

亡日。正月七日、…（中略）…、凡そ此を以て往亡せば必ず得られ（得）、得られずとも（不得）必ず死せん。

とあるように（「亡者」篇もほぼ同樣）、「日書」乙種の兩篇において特定の月日に「亡」の「得」（捕まる）と「不得」（捕まらない）が設定されているのは、「日書」が違法行爲を誘發・助長しているようなものではないか、と池田氏は反問するのである。

そして同樣の事例は「盜」についても言える、という。「盜」とは他人の財物を盜む者の謂いで、その行爲も當然違法である。睡虎地秦簡「日書」には、甲種「盜者」篇（六九背～八二背）と乙種「盜」篇（二五三～二五九）に「盜」に關する占いがみえる。前者は地支と十二生肖を組み合わせ、それに關連させて盜者の容貌、贓物の隱匿場所、盜者の名前などを占うものである。(42) たとえば、申の條に代表させてその占辭を擧げると、以下の如くである。

申は、環なり。盜者は園（圓）面、其の人と爲りや鞞鞞然たり。夙は得られ（得）、莫（暮）は得られず（不得）。●名は、責・環・貉・豺・干・都・寅。（七七背）

このように、そこでは特定の地支日における「盜」と「得」・「不得」が相互に關連づけられている。同種の占いは、放馬灘秦簡「日書」甲種（三〇～四一）、乙種（六六～七七）、孔家坡漢簡「日書」「盜日」篇（三六七～三七八）にもみえる。

これに對して、後者の天干日による乙種「盜」篇、及びこれとほぼ同樣の構成をもつ放馬灘秦簡「日書」甲種（二二

〜二九)、乙種（五五〜六四）の占辭には、「得」・「不得」がみえる他に、犯人の實像が具體的に語られている、とする。たとえば睡虎地秦簡「日書」乙種「盜」篇（二五六）に、

丁。亡盜は、女子なり。室は東方に在り、疵在尾□□□、其の食者は五口、〼

とあるように、そこでは特定の天干日とその「亡盜」（逃げ去った盜者）の素性や家族などの状況が關連附けられている。それは盜者の素性や實態が社會的弱者であることを示している、と池田氏は指摘する。

むすび

以上をまとめると、次のようになるであろう。律令と「日書」はしばしば秦漢時代の郡縣少吏の墓葬內から出土するが、しかしだからといって、「日書」がもともと彼らをクライアントとして作成された書籍だったことにはならないであろう。劉樂賢氏は、「近數十年來、〝日者〟の使用した書籍——戰國秦漢時代の《日書》は、すでに前後十數種出土している」[43]と述べ、「日書」の作者を「日者」と想定している。「日書」をその起源にまで遡れば、そのように解されるが、しかし書籍としての「日書」を直接日者と結びつけることには、愼重を要するであろう。[44]たとえ「日書」の制作に「日者」が關わっているとしても、それが書籍や抄本として郡縣少吏の手に渡るまでに、何段階もの複雜な傳寫の過程があったはずである。重要なことは、前掲の**表**の「日書」の出土狀況から知られるように、郡縣少吏層が「日書」受容者の大きな部分を占めていたことである。

そこで、あらためてこの問題を中國古代史の文脈の中で考えてみたい。「日書」が戰國後期に中國古代史の表舞臺に登場し、秦代をへて、漢代に繼承されてゆく過程は、ちょうど中國古代の官僚制・郡縣制が發達するそれと重なって

いる、あるいは卽應していると言ってもよい。このような官僚制や郡縣制の發達は、官吏が出張する機會を助長させたであろう。それに伴って「日書」、及び官吏の出張記錄の「質日」、あるいは具注暦の祖型としての「視日」なども登場してくると考えられる。(45)

また「日書」にはもう一つ重要な特徵がある。それは官吏たちの公務活動に關する占辭が多くみられることである。これは官吏たちがその「吏治」において「日書」を利用したことの根據として引用されることが多い。しかしそれは「日書」編者の側からみた場合、むしろ逆に解釋すべきなのではあるまいか。もともと民間の占家だったであろう「日書」の編者は、ある段階で「日書」に對する官吏たちの關心の高さと需要の大きさを強く認識するようになったと思われる。つまり、「日書」の編者は「日書」の受容者としての「民」の他に、郡縣少吏層にも注目するようになった。そのため、彼らは「吏治」にかかわる占いを「日書」の中へ積極的に編入していったと思われる。このように考えれば、南郡屬下の縣吏の墓葬から出土した睡虎地秦簡「日書」が、秦俗・楚俗の比較を觀察する上で有效だったのも決して偶然ではなかったのであり、そこに南郡統治の最前線で働く郡縣少吏の需要に對する「日書」編者の對應が看取されるのである。(46)

註

（1）小論で言う「郡縣少吏」とは、郡太守・縣令など中央政府によって任命される官吏を除く、現地採用の地方屬吏を指している。

（2）拙稿「「日書」の史料的性格について――質日・視日との關連を中心として」（渡邉義浩編『中國新出資料學の展開』第四回日中學者中國古代史論壇論文集所收、汲古書院、二〇一三年）。

（3）拙稿「具注暦の淵源——「日書」・「視日」・「質日」の間——」（『東洋史研究』第七二巻第二號、二〇一三年）。

（4）これまで刊行されている睡虎地秦簡の主なテクストは、『文物』所載のものを除いて以下の通りである。
①睡虎地秦墓竹簡整理小組『睡虎地秦墓竹簡』（線装本、文物出版社、一九七七年）
②睡虎地秦墓竹簡整理小組『睡虎地秦墓竹簡』（洋平装本、文物出版社、一九七八年）
③《雲夢睡虎地秦墓》編寫組『雲夢睡虎地秦墓』（中型精装本、文物出版社、一九八一年）
④睡虎地秦墓竹簡整理小組『睡虎地秦墓竹簡』（文物出版社、一九九〇年）
⑤陳偉主編『秦簡牘合集〔壹〕』（武漢大學出版社、二〇一四年）
これらのうち「日書」は發掘報告書である③において初めて圖版・釋文が公開された。ただし以下に引用する「日書」の簡番號は睡虎地秦簡のテクスト④によっている。

（5）李學勤「論睡虎地秦簡與馬王堆帛書中的數術書」（『中國占卜災異學術討論會』所收、一九八三年、アメリカ、ただし未見）、同「睡虎地秦簡《日書》與秦・楚社會」（『江漢考古』一九八五年第一期）。

（6）術數の定義に關する研究として大野裕司氏は、木村英一、坂出祥伸、胡孚琛、川原秀城、中村璋八、保科季子、馬場理恵子、三浦國雄、劉昭瑞、水口拓壽、宇佐見文理の各氏の論考を紹介している。それらを踏まえた上で大野氏は、術數（數術）の語は劉歆の『七略』（『漢書』藝文志）が初出なので、それらの議論の多くが後漢以降を對象としていること、またそれらの研究が目錄學的方法論によって定義を試みていることを指摘している。そこで大野氏は、戰國秦漢時代の出土數術文獻研究者における第一人者の劉樂賢氏の見解を紹介する。すなわち、出土文獻のうち藝文志の分類で「數術略文獻」とみなしうるもの（「日書」を含む）と、陰陽家とみなしうる文獻とを比較し、前者の術數文獻を技術的操作について述べたものとする劉樂賢氏の指摘を承けて、これを「占術の技術的重視の書」、「具體的な占術の實踐法を中心に説く書」と理解している（大野裕司『戰國秦漢出土術數文獻の基礎的研究』北海道大學出版會、二〇一四年、六〜九頁）。

（7）《日書》研讀班「《日書》：秦國社會的一面鏡子」（『文博』一九八六年第五期）。論文の奥附によると、そのメンバーは王智、李曉東、張銘洽、張懋鎔、吳小強、楊巨中、屈建軍、賀潤坤、胡正明、黃曉芬の各氏となっている。以後、各氏はそれぞれの社會史的研究を展開している。中でも吳小強氏の『秦簡日書集釋』（嶽麓書社、二〇〇〇年）は、睡虎地秦簡「日書」の譯注書である。

（8）李零『中國方術正考』（中華書局、二〇〇六年）一七一頁。

（9）太田幸男「〝雲夢秦簡〟和〝社會史〟——戰國末期社會史研究的一個方法——」（中國秦漢史研究會編『秦漢史論叢』第四輯、西北大學出版社、一九八九年）、同「『雲夢秦簡』と「社會史」——戰國末期社會史研究の一方法——」（同氏著『中國古代史と歷史認識』所收、名著刊行會、二〇〇六年、翻譯再錄）。

（10）王子今「秦簡《日書》交通文化史料研究」（中國秦漢史研究會第四屆年會暨國際學術討論會提交論文、一九九八年）、同「雲夢秦簡日書所反應的秦楚交通狀況」（『國際簡牘學會會刊』第一號、一九九三年）、同「睡虎地秦簡日書所見行歸宜忌」（『江漢考古』一九九四年第二期）、同「睡虎地秦簡日書秦楚行忌比較」（『秦文化論叢』第二輯、西北大學出版社、一九九三年）、同『秦漢交通史稿（增訂版）』（中國人民大學出版社、二〇一三年）など。

（11）このような初期の「日書」研究の狀況については、張強「近年來秦簡《日書》研究評介」（『文博』一九九五年第三期、前掲吳小強『秦簡日書集釋』再錄）を參照されたい。

（12）この研究會での最初の研究成果が「睡虎地秦墓秦簡「日書」について」（『史滴』第七號、一九八六年）である（前掲拙著①第四章「睡虎地秦簡「日書」の基礎的檢討」に改題再錄）。

（13）「日書」などの出土文字資料による社會史研究の方法論について論じたものとし、拙稿「中國古代の社會史研究と出土文字資料——包山楚簡「卜筮祭禱記錄簡」を中心に——」（日本秦漢史研究會編『殷周秦漢時代史の基本問題』所收、汲古書院、二〇〇一年）、同「社會史研究與〝卜筮祭禱簡〟・〝日書〟」（佐竹靖彦主編『殷周秦漢史學的基本問題』所收、中華書局、二〇〇八年、改稿翻譯）を參照されたい。

（14）『木簡研究』第一〇號所載。拙著①終章「睡虎地秦簡よりみた戰國秦の法と習俗」として改題再錄。とくにその第四節「「語書」と六國の統一」を參照されたい。

（15）拙著①で筆者は「故に後に閒令を下すこと有り」を「令を亂す者があらわれた」（三八三頁）と解釋したが、池田知久氏に従ってこのように改めた（池田知久「睡虎地『語書』と『淮南子』齊俗篇――「風俗」を繞る中央集權と地方分權――」、『東洋の思想と宗教』第二一號、二〇一四年）。
（16）早稲田大學秦簡研究會「雲夢睡虎地秦墓竹簡「語書」譯注初稿（一）」注釋④（『史滴』第十一號、一九九〇年）を參照されたい。
（17）池田知久「睡虎地秦簡《語書》與墨家思想」（中國秦漢史研究會編『秦漢史論叢』第九輯、三秦出版社、二〇〇四年）など。
（18）池田知久前揭論文「睡虎地『語書』と『淮南子』齊俗篇――「風俗」を繞る中央集權と地方分權――」。
（19）池田雄一「中國古代の律令と習俗」（『東方學』第一二一輯、二〇一一年）。
（20）前揭注（4）④睡虎地秦墓竹簡整理小組『睡虎地秦墓竹簡』一六七頁。
（21）始皇帝の刻石文の復原に關する近年の研究として、鶴間和幸「秦始皇帝の東方巡狩刻石にみる虛構性」（同『秦帝國の形成と地域』所收、汲古書院、二〇一三年）を參照した。
（22）「風俗」に對する儒家の基本的な態度を示すものとして、『孝經』廣要道章の「移風易俗」が知られているが、それは同じ用語を用いていても、法家系の法律・刑罰によるものと、儒家系の禮樂の敎化によるものの二種類があることを、池田知久氏は指摘している（池田知久前揭論文）。
（23）前揭鶴間和幸『秦帝國の形成と地域』三九頁。
（24）陳松長「嶽麓書院所藏秦簡綜述」（『文物』二〇〇九年第三期）。
（25）朱漢民・陳松長主編『嶽麓書院藏秦簡（壹）』（上海辭書出版社、二〇一〇年）。
（26）朱漢民・陳松長主編『嶽麓書院藏秦簡（參）』（上海辭書出版社、二〇一三年）。
（27）前揭「嶽麓書院所藏秦簡綜述」。前揭『嶽麓書院藏秦簡（壹）』前言では「秦代の宦學教材の版本」とする。
（28）表では考古發掘による墓葬出土のものだけを擧げ、盜掘などによる傳世資料は墓主の生前の地位を特定できないので、取り上げていない。林寧氏はこれら以外に甘肅省敦煌漢簡「日書」（殘簡）、山東臨沂銀雀山一號墓漢武帝時期「日書」、甘肅省居延新簡「日書」（殘簡）、甘肅省敦煌懸泉置漢簡「日書」を擧げている（「試析睡簡《日書》甲種擇日簡之分類與意義」、『簡牘學報』

第二一期、二〇一一年)。そもそも原簡に「日書」の篇題をもつものは目下數篇にすぎず、それらの術數關連の出土書籍をどこまで「日書」の中に含めるかをめぐっては、まだ議論があろう。

(29) 表は前掲拙稿「「日書」の史料的性格について――質日・視日との關連を中心として――」の表1によっているが、一部改めている。

(30) 連雲港市博物館他『尹灣漢墓簡牘』(中華書局、一九九七年)三頁。

(31) 山田勝芳「前漢時代の地方「文人」のあり方――東海郡功曹師饒の場合――」(村上哲見先生古希記念論文集刊行委員會編『中國文人の思考と表現』所收、汲古書院、二〇〇〇年)。

(32) 湖北省荊州市周梁玉橋遺址博物館編『關沮秦漢墓簡牘』(中華書局、二〇〇一年)。

(33) 近年「視日」・「質日」などの篇題をもついわゆる曆譜類の出土が增加し、その分類と定名をめぐる議論が行われている。とくに鄧文寬氏は『漢書』巻三〇藝文志の內容に再檢討を加え、それを漢代の出土曆日、敦煌巻子中の北魏曆日、唐宋前後の具注曆などと比較し、これらの資料を「曆日」と呼ぶべきことを提唱している(鄧文寬「出土秦漢簡牘〝曆日〟正名」、『文物』二〇〇三年第四期)。また成家徹郎氏も鄧文寬氏の提唱を支持している(「王國維「二重證據法」と商代の曆」、『人文科學』第一八號、二〇一三年)。以下では、それに從って本文では「曆日」と表記する。

(34) 劉樂賢『睡虎地秦簡日書研究』(文津出版社、一九九四年)。以下に引用する睡虎地秦簡「日書」の篇名は、基本的にこれに據っている。

(35) 林寧「試析睡簡《日書》甲種擇日簡之分類與意義」(『簡牘學報』第二一期、二〇一一年)。なお「日書」と日者の關係について、劉樂賢氏は次のように述べている。古代の卜筮と日者の術はそれぞれ別個の體系をもった術數であり、日者の術に卜筮は含まれない。近年、日者が使用した書籍――戰國秦漢時代の「日書」は前後十數種出土しており、これらの「日書」抄本からみてみると、日者の術は時日の吉凶を選擇することを主要な內容としていて、卜筮を含むことはない、と(前揭『睡虎地秦簡日書研究』三五八頁)。「日書」に卜筮が含まれないのは、出土占書を「日書」に分類するときの基本指標となる。

(36) 前揭拙著①第六章「先秦社會の行神信仰と禹」、第七章「「日書」における道教的習俗」。

（37）前掲拙著①第五章「「日書」を通してみた國家と社會」、第四節３「嗇夫への關心」（一九四～一九六頁）參照。
（38）前掲拙稿「中國古代の「日書」にみえる時閒と占卜」、同「法と習俗」（前掲拙著②第八章、改題改稿再錄）。
（39）林劍鳴「秦漢政治生活中的神祕主義」（『歷史研究』一九九一年第四期）。
（40）前掲池田雄一「中國古代の律令と習俗」。
（41）劉樂賢前掲書ではこの兩篇を一括して「逃亡」篇としている（三六四～三六五頁）。
（42）當該篇に關する最近の專論としては、海老根量介「「盜者」篇から見た「日書」の流通過程試論」（『東方學』第一二八輯、二〇一四年）がある。
（43）劉樂賢「《史記・日者列傳》新考」（『簡帛數術文獻探論』所收、湖北教育出版社、二〇〇三年）三五八頁。
（44）前掲拙著①において筆者は、「日書」は〝もともと〟占卜を專門とする日者たちのテクストに由來すると述べたが（一四六・一五〇頁）、それは「由來」すなわち起源のレベルのことを言ったものである。「日書」を副葬された墓主の多くは郡縣少吏なので、劉樂賢氏のように日者のテクストと抄本としての出土「日書」を直接同一視することはできないであろう。
（45）前掲拙稿「「日書」の史料的性格について――質日・視日との關連を中心として――」、同「具注曆の淵源――「日書」・「視日」・「質日」の閒――」、同「「視日」再考」（新川登龜男編『佛敎文明と世俗秩序――國家・社會・聖地の形成――』所收、勉誠出版、二〇一五年）。
（46）海老根量介氏は、拙著①と拙著②の閒で、「日書」に對する私見の認識に搖れがみられると指摘する（海老根量介「（書評）工藤元男著『占いと中國古代の社會』」、『中國出土資料硏究』第一六號、二〇一二年）。睡虎地秦簡を主たる對象として「日書」を檢討していた時期の問題意識と、それ以後の年代も出土地も異なる「日書」が多數出土する段階の問題意識の變化を、拙著②の中でうまく說明し切れていなかったことによるかも知れない。小論ではその指摘を意識して、多數の「日書」が出土している現在の段階から「日書」の性質を總括した。

王莽「奏群神爲五部兆」の構造

——劉歆三統理論との類似について——

平澤　歩

術數學の特徴の一つとして、分野の異なる事物について、類似の構造・共通の理法を求めようとする思考が擧げられる。例えば、天に二つの「明」（日・月）があるのと同様に、人體にも二つの「明」（兩目）がある。子が親の仇を討つのは、五行において、土（火から生まれる、火の子）が水（火に克つ、火の仇）に克つのと同様である、と言う[1]。このように、本來は何ら直接的關係も無ければ、共通の出自を持つわけでも無いもの同士について、構造・理法の類似を見出そうとする。そして、このような共通性によって自然現象を理解し、人間社會を是正し、未來を豫知し、行動を決定する。

このような思考の代表が、易と五行である。いずれも、數字や象徴・配當によって様々な事物を結び附け、様々な現象を説明する。そして、時代が下るに連れ、より多くの分野の事物を取り込み、より複雑な議論を展開した。

しかし、易・五行は、様々な分野の事物を結び附けるのに適した理論ではあるが、それでもなお、一貫した體系をなすのは困難を伴う。何故なら、一人の學者・一つの學派によって形成されたのではないからである。特に五行は、複數の系統が並存し、それぞれで異なる構造・理論を展開した。例えば、鶏が五行の何に當たるかを考えた場合に、説卦傳と『洪範五行傳』に據れば木（巽・貌）、月令に據れば火（夏）、十二生肖に據れば金（酉）というように、複數の配當がある。これら異なる説を一貫した體系に統一するのは、うまく整合するように複雜な解釋を施すか、あるいは整合しない學説を削ぎ落とす、もしくは書き換えるかしなければならない。

この問題に取り組んだ初期の人物として、筆者は劉歆に注目して來た。劉歆は、月令の配當に依據し、それに一致しない學説を書き換えることで、事物の五行への配當を一貫させようとした。例えば、鷄は月令に從って火に配當し、『洪範五行傳』では文言を書き換えて鷄を視（火）に當てた。また、從來は五行相克の順に王朝の德を論じていた五德終始説についても、月令に據って五行相生の順に改め、かつ太皞・少皞といった月令に見える「帝」を插入し、より月令説との親和性を高めた(2)。後漢以降の學者は、劉歆の説の全てを受け入れたわけではないが、ただ、體系としての統一性を目指して異説と議論するようになった。このような議論を切り開いた點に於いて、劉歆の影響は大きかった。

そして、劉歆は、單に五行説の統一のみに取り組んだのではなかった。五行の上位概念として「元」「太極」を設定し、天に於ける三辰五星、地に於ける三統五行、人に於ける三德五事を統轄する根源的存在と見なした。これは、天・地・人それぞれに於いて、「元――三・五」という共通の構造があるという考えである。また、諸學術を分類整理する際にも、「元」としての易・六藝が、その他の五藝・五略の頂點に位置するという構造を設けた(3)。

本稿では、王莽が群神を祭る場所について述べた上奏文（以下、『全漢文』卷五十八に倣って「奏群神爲五部兆」と表記する）を取り上げる。王莽によって上奏された文章ではあるが、その主張は劉歆三統理論の構造に類似していることから、王莽の幕下で劉歆が、その發案・作成に大いに關わったものと考えられる。「奏群神爲五部兆」の內容・構造を整理することにより、劉歆の考えた「元――三・五」という構造が、律曆・學術のみならず、祭祀にも適用されるものであったことを示したい。

「奏群神爲五部兆」の内容

『漢書』巻二十五下郊祀志下には、王莽が元始五年（紀元五年）に數回にわたって上奏した、祭祀制度の改革案が收錄されている。南北郊祀の復活・それらの具體的な制度・群神を祭る場所の制定・社稷祭祀の制定。とりわけ郊祀については、從來に較べてかなり儒家的色彩の強い改革が主張されており、學界の注目を集めて來た。(4)本稿で取り上げる「奏群神爲五部兆」は、この中の一つである。

「奏群神爲五部兆」の冒頭では、次のように述べる。

書曰、類於上帝、禋于六宗。……（中略）……易有八卦、乾坤六子。水火不相逮、靁風不相誖、山澤通氣、然後能變化、旣成萬物也。臣前奏、徙甘泉泰畤・汾陰后土、皆復於南北郊。謹案周官、兆五帝於四郊、山川各因其方。今五帝兆居在雍五畤、不合於古。又、日月靁風山澤、易卦六子之尊氣、所謂六宗也。星辰水火溝瀆、皆六宗之屬也。今或未特祀、或無兆居。

『尙書』に、「上帝を類祭し、六宗を禋祀する」と申します。(5)……（中略）……易には八卦があり、それは乾坤と六子です。「水・火が干渉し合わず、雷・風が害し合わず、山・澤が氣を通わせることで、變化を實現し、萬物を生成する」と申します。私は以前、甘泉の泰畤と汾陰の后土の祠を移設し、いずれも南北の郊に戻すように奏上いたしました。(6)また、『周官』には、「五帝の祭域を四郊に設ける。山川の祭域をそれぞれの方角に設ける」と申します。(7)一方、現在、五帝の祭域は雍の五畤にあり、古禮に合致しません。日・月・雷・風・山・澤は、易の卦である六子の尊氣であり、(8)『尙書』の言う「六宗」でございます。星辰・水火・溝の類は、いずれも六宗に屬します。現在、これらについては祭祀が行なわれないどころか、祭場すらないものもあります。

ここでは、まず、『尙書』の「六宗」について、次のように解釋している。(9)

一、六宗とは、離卦・坎卦・震卦・巽卦・艮卦・兌卦のこと。

二、日・月・雷・風・山・澤はこれら六宗（六卦）の「尊氣」であり、星・辰・水・火・溝・瀆もこれらに屬する。

つまり、六宗の禋祀を、抽象的には易の六卦、具體的には日月星辰・水火・山川・雷風などを祀ることと考えるのである。

その上で、天地・六宗・群神をどのように祭るべきかについて、孔光、馬宮、劉歆などと話し合って得た結論について述べている。

謹與太師光、大司徒宮、羲和歆等八十九人議。皆曰、天子父事天、母事墜、今稱天神曰皇天上帝泰一、兆曰泰畤、而稱地祇曰后土、與中央黃靈同、又兆北郊未有尊稱。宜令地祇稱皇墜后祇、兆曰廣畤。易曰、方以類聚、物以羣分。分羣神以類相從爲五部、兆天墜之別神。中央、帝黃靈后土畤及日廟・北辰・北斗・塡星・中宿中宮、於長安城之未墜兆。東方、帝太昊青靈勾芒畤及靁公・風伯廟・歲星・東宿東宮、於東郊兆。南方、炎帝赤靈祝融畤及熒惑星・南宿南宮、於南郊兆。西方、帝少皞白靈蓐收畤及太白星・西宿西宮、於西郊兆。北方、帝顓頊黑靈玄冥畤及月廟・雨師廟・辰星・北宿北宮、於北郊兆。

太師の孔光・大司徒の馬宮・羲和の劉歆ら八十九人と檢討したところ、次のような結論でまとまりました。「天子は、天を父として仕え、地を母として仕えます。現在、天神を皇天上帝泰一と呼び、その祭域を泰畤と申します。しかし、地祇については后土と呼んでおり、中央の黃靈と同一です。また、北郊に祭域を設けているものの、尊稱はございません。そこで、地祇を皇地后祇と呼び、その祭域を廣畤と呼びましょう。『易』に、「方向・事物は、同類・同群によって集まったり區分されたりする」とございますので[10]、群神を五部に類別し、天地の個々の神々を、以下の祭域に割り當てましょう。中央は、帝黃靈・后土の時と、日廟・北辰・北斗・塡星、それに中宿中宮であり、長安城から未の方角に位置する祭域に割り當てます。東方は、帝太昊青靈・勾芒の時と、雷公・風伯廟・歳星、それに東宿東宮であり、東郊の祭域に割り當てます。南方は、炎帝赤靈・祝融の時と熒惑、それに南宿南宮であり、南郊の祭域に割り當てます。西方は、帝少皞白靈・蓐收の時と太白星、それに西宿西宮であり、西郊の祭域に割り當てます。北方は、帝顓頊黑靈・玄冥の時と、月廟・雨師廟・辰星、それに北宿北宮であり、北郊の祭域に割り當てます」。

ここで示された祭場と祭祀の對象を整理すると、次のようになる。

泰畤　：皇天上帝泰一（天）
廣畤　：皇地后祇（地）

	六宗	五帝	五神	五星	
東郊兆：	雷公・風伯	太昊青靈	・勾芒	・歳星	・東宿東宮
南郊兆：		炎帝赤靈	・祝融	・熒惑	・南宿南宮
未地兆：	日・北辰・北斗	黃　靈	・后土	・塡星	・中宿中宮
西郊兆：		少皞白靈	・蓐收	・太白	・西宿西宮
北郊兆：	月・雨師	顓頊黑靈	・玄冥	・辰星	・北宿北宮

まず、別格の神祇として天地を泰畤と廣畤に祭る。そして、五部兆においては、まず、五帝（太昊・炎帝など）・五神（勾

芒・祝融など）・五星（歳星・熒惑など）が、從來の五行説、とりわけ月令の記述に従って配當されている。[11]右に示した通り、これらは各兆に均等に配分されている。

一方、六宗に當たる日・月・北辰・北斗・雷公・風伯・雨師[12]は、東郊・未地・北郊の三部に配され、南郊と西郊には何も配當されていない。配分が不均等である。

以上が、「奏群神爲五部兆」の主張する内容・構造である。そして、この構造は、劉歆の三統理論に非常に似ている。兩者の類似について論じる前に、まず次節では、『漢書』律曆志に掲載されている、劉歆三統理論について紹介する。

劉歆三統理論の構造

漢志の掲載する劉歆『三統曆』・『三統曆譜』は、根源原理としての「元」が、「三」や「五」を生じる構造を論じている。すなわち、天地人のそれぞれに於いて、「元」なる易の理が、「三」（三辰・三統・三德）と「五」（五星・五行・五事）を統轄すると言う。本節では、「奏群神爲五部兆」と劉歆三統理論との類似について論ずる前に、まず『三統曆』・『三統曆譜』に示された劉歆の説を確認したい。

『三統曆譜』では、天地人それぞれに於ける「元」「三」「五」の關係について、次のように總論している。

傳曰、天有三辰、地有五行。然則三統五星可知也。易曰、參五以變、錯綜其數、通其變、遂成天地之文。極其數、遂定天下之象。太極運三辰五星於上、而元氣轉三統五行於下。其於人、皇極統三德五事。故三辰之合於三統也、日合於天統、月合於地統、斗合於人統。五星之合於五行、水合於辰星、火合於熒惑、金合於太白、木合於歳星、土合於塡星。

『左傳』（昭公三十二年）に、「天に三辰が有り、地に五行がある」と言う。それならば、三統と五星についても同様であろう。『周易』（繋辭傳上）に、「三・五によって變化し、その數を交錯する。その變化に通曉して天地の様子を示し、その數を究明して天下の現象を定める」とある。太極が三辰・五星を上に巡らせ、元氣が三統・五行を下に巡らせる。人に於いては、皇極が三德・五事を統べる。そして、三辰と三統との對應は次の通りである。日は天統に當たり、月は地統に當たり、斗は人統に當たる。また、五星と五行との對應は次の通りである。水は辰星に當たり、火は熒惑に當たり、金は太白に當たり、木は歳星に當たり、土は塡星に當たる。

ここでは、天に於いては太極が三辰五星を運行し、地に於いては元氣が三統五行を運行し、人に於いては皇極が三德五事を統べることを述べている。いずれに於いても、「元」が「三」「五」を統括していることが分かる。また、「日合於天統」「水合於辰星」といった具合に、「三」同士・「五」同士には關連性があるということをも述べている。

・天

では、天に於いて、太極・元が如何にして三辰・五星を統括するのか。『三統暦』（『漢書』律暦志下所引）には、日・月・惑星の運行を計算するための基本的な定數を求める根據として、易の數が示されている。以下、その一部を參照する。

日法八十一。元始黃鐘、初九自乘、一龠之數、得日法。閏法十九。因爲章歳。合天地終數、得閏法。

日法は八十一である。元始なる黃鐘の値、乾卦の初九を自乘した、一龠の數であり、これによって日法を得る。[13] 閏法は十九である。これを章歳とする。天・地の終數を足すと、[14] 閏法を得る。

會數四十七。參天九兩地十、得會數。章月二百三十五。五位乘會數、得章月。月法二千三百九十二。推大衍象、得月法。

會數は四十七である。「天九」を三倍し、「地十」を二倍して、[15]（その和によって）會數を得る。章月は二三五である。「五位」に會數を乗じて、[16]章月を得る。月法は二三九二である。大衍の象から敷衍して、月法を得る。[17]

朔望之會一百三十五。參天數二十五、兩地數三十、得朔望之會。

朔望の會は、一三五である。天數二十五を三倍し、地數三十を二倍して、[18]朔望の會を得る。

ここでの、天の終數が九で地の終數が十であること、天數（の合計）が二十五で地數（の合計）が三十であること、天數を三倍して地數を二倍すること、また「五位」という言い方は、いずれも『周易』繫辭傳の文言に據っている。つまり、「元」なる易の數理を用いているのである。

また、五惑星についても、五行の數に加えて、やはり「元」なる易の數を用いて歳數を算出している。以下、その例を擧げる。

木金相乘爲十二、是爲歳星小周。小周乘巛策、爲一千七百二十八、是爲歳星歳數。

木（＝三）・金（＝四）を乗じると十二となり、これが歳星の小周である。小周に坤の策數（＝一四四）を乗じると一七二八となる。これが歳星の歳數である。

金火相乘爲八、又以火乘之爲十六、而小復。小復乘乾策、爲三千四百五十六、是爲太白歳數。

金・火（＝二）を乗じると八となり、更に火を乗じると十六となる。これが太白の小復である。小復に乾の策數（＝二一六）を乗じると三四五六となる。これが太白の歳數である。

ここでは、五行の數（水一、火二、木三、金四、土五）とともに、乾・坤の策數が、惑星の位置を計算するための定數に關係することを述べている。また、「合太陰・太陽之歳數、而中分之、各萬一千五百二十」、算出された水星・火星の歳數を平均すると一一五二〇となり、繋辭傳の言う「萬物之數」にもなることも指摘している。このように、これらの數値は、易理によって導き出されるのである。

・地

地に於いて、元氣が三統を巡らせる過程については、律度量衡論（『漢書』律暦志上所收）の中の、鐘律を論じる部分に於いて詳述されている。

三統者、天施・地化・人事之紀。十一月、乾之初九……（中略）……故黄鐘爲天統。律長九寸、九者所以究極中和、爲萬物元也。易曰、立天之道、曰陰與陽。六月、坤之初六……（中略）……故林鐘爲地統。律長六寸、六者所以含陽之施、楙之於六合之內、令剛柔有體也。立地之道曰柔與剛、乾知大始、坤作成物。正月、乾之九三……（中略）……故太族爲人統。律長八寸、象八卦。……（中略）……是爲三統。其於三正也、黄鐘子爲天正、林鐘未之衝丑爲地正、太族寅爲人正。

三統とは、天・地・人の營爲の端緒である。十一月は、乾卦の初九である。……（中略）……黄鐘を天統とする。律管の長さは九寸である。九というのは中和を極め、萬物の元となる數である。『周易』（說卦傳）に、「天の道を立てて、陰・陽と言った」と言う。六月は、坤卦の初六である。……（中略）……林鐘を地統とする。律管の長さは六寸である六というのは陽の作用を含み、それを六合の中に榮えさせ、剛・柔に實體を得させる數である。「地の道を立てて、柔・剛と言った」（說卦傳）、「乾は大始を司り、坤は物を生成する」（繫辭傳上）と言う。正月は、乾卦の九三である。……（中略）……そこで、太族を人統とする。律管の長さは八寸、八卦の數を象っている。……（中略）……以上の三者が三統である。三正について言えば、黄鐘子は天正、林鐘未の衝である丑が地正、太族寅が人正である。

ここでは天統・地統・人統をそれぞれ黄鐘九寸・林鐘六寸・太族八寸とする。元氣黄鐘を三分損益して林鐘・太族が導き出されるのである。また、三分損益について劉歆は、「九六相生、陰陽之應也」と述べており、剛爻九（陽）と柔爻六（陰）による「相生」としている。つまり、易の數によって、三統が定まるのである。そして、それに加えて、何度か繫辭傳・說卦傳の字句を引用し、消息卦に基づいて月の爻を述べることも行なっている。

また、五行については、『三統曆譜』に「天以一生水、地以二生火、天以三生木、地以四生金、天以五生土」という論述が見える。これは、繫辭傳上の「天一、地二、天三、地四、天五」と關連附けて、その生成と數を說明している。つまり、三統と同じように、五行も易の數理に據るのである。

ところで、三統については、前引のように、劉歆は地統を林鐘に當てた上で、三正の地正が十二月であることについて「林鐘未之衝丑爲地正（林鐘の配當される未の反對側、丑が地正である）」と說明している。もし、林鐘を六月ではなく十二月に割り當てておけば、このような措置は必要なかったはずである。つまり、十一月から三分損益の順に、十二月林鐘・正月太族・二月南呂としておけば、三正に於ける地正十二月もスムーズに導き出せたのに、劉歆はそのようにしなかった。恐らくその原因は、月令が林鐘を六月に當てているからであろう。

以上のように、天・地において、いずれも、乾卦・坤卦や剛爻・柔爻の數、繫辭傳や說卦傳の文言に基づいて、三辰・三統や五星・五行に關する數値が導き出されている。天については「太極」、地については「元」という言い方がなされているが、實際には、いずれに於いても易理、とりわけ乾坤・剛柔の數が、「三」「五」を生み出し、統御しているのである。[19]これらは、『七略』が易學を根源的な不易の學術と見なして、樂・詩・禮・書・春秋の五者より上位に置いたのと、[20]符合する。

類似點

「奏群神爲五部兆」と三統理論とは、いくつか類似點が見られる。

・別格の抽象的存在の下に「三」「五」が位置づけられること

三統理論において、「太極」「元」「皇極」が「三」「五」の上位に君臨することについては、前節で觸れた通りである。また、これら「太極」「元」「皇極」は、三辰や五行を統轄する根源的な數・理であり、非常に抽象的な觀念と謂える。

一方、「奏群神爲五部兆」でも、天神・地祇を他と明らかに區別し、五部兆ではなく、別個に泰畤・廣畤を設けて祭る。また、地祇が五神の后土と同一になることを殊更に避け、「皇地后祇」なる名稱を主張する。この名稱も、尊稱として「皇」「后」を附けたのみで、實際には漠然と「地祇」と呼ぶのに過ぎない。「后土」に較べて具體性の薄められた呼稱である。

・「三」が乾卦・坤卦や剛爻・柔爻から導き出されること

「奏群神爲五部兆」では、六宗が「六子」（坎・離・震・巽・艮・兌）であると言う。これは『周易』說卦傳に基づく用語で、乾・坤が父母であり、その子が六宗ということである。(21) そして、坎（水）と離（火）、震（雷）と巽（風）、艮（山）と兌（澤）はそれぞれ組をなし、合計三組、つまり「三」である。これら「三」が、乾坤の子であり、皇天上帝・皇地后祇の下位に位置づけられる。

同様に、劉歆の三統理論に於いて、乾坤・剛柔の數が「三二」を導き出すことは、前述の通りである。

・「三」が北、未、東に配當されること

「奏群神爲五部兆」では、六宗を北郊兆・東郊兆・未地兆に割り振り、南郊兆・西郊兆には配當しないという、不均等な構造になっている。

一方、劉歆の三統説には、次のような記述が見られる。

三統者、天施・地化・人事之紀也。十一月、乾之初九、陽氣伏於地下、始著爲一、萬物萌動、鍾於太陰、故黄鍾爲天統、律長九寸。……(中略)……六月、坤之初六、陰氣受任於太陽、繼養化柔、萬物生長、楙之於未、令種剛彊大、故林鐘爲地統、律長六寸。……(中略)……正月、乾之九三、萬物棣通、族出於寅、人奉而成之、仁以養之、義以行之、令事物各得其理。寅、木也、爲仁。其聲、商也、爲義。故太族爲人統、律長八寸、象八卦。

三統とは、天・地・人の營爲の端緒である。十一月は、乾卦の初九である。地下に伏せていた陽氣が初めて出現して一となり、萬物が萌え出でる。太陰の中の鐘なので、黄鐘を天統とする。律管の長さは九寸である。……(中略)……六月は、坤卦の初六である。陰氣が太陽より任務を受け、物を養い續けて柔和にさせる。萬物が生長して、未(六月)にて繁茂して、種を固く強く大きくさせるので、林鐘を地統とする。律管の長さは六寸である。……(中略)……正月は、乾卦の九三である。萬物が疏通して、寅(正月)に大勢現れ、人がこれらを成就させる。仁によって養い、義によって行い、事物をそれぞれの理に適わせるのである。寅は、五行では木であり、仁にあたる。その音は商であり、義にあたる。そこで、太族を人統とする。律管の長さは八寸、八卦の

數を象っている。

ここでは、天統を十一月（子、北）、地統を六月（未）、人統を正月（寅、東）に當てる。つまり、「三」たる三統の三者を、北・未・東に置くのである。

一方、「奏群神爲五部兆」でも、六宗のうちの月・雨師を北郊兆（子、北）に、日・北辰・北斗を未地兆（未）に、雷公・風伯を東郊兆（寅・東）に配す。つまり、劉歆の三統說と同樣、北・未・東に配置している。特に、坎に當たる月と雨師を北に、震に當たる雷公と巽に當たる風伯を東に置きつつ、本來は南に置くべき離卦に當たる日を未郊兆に置いたのは、「三」を北・東・未に配置する構想に合わせた處置だったのであろう。(22)

以上のように、「奏群神爲五部兆」の主張は、三統理論の構造に酷似する。また、后土とは別個に「皇地后祇」なる神祇を新設した上で、從來の祭祀制度とは全く構造を主張するというのは、劉歆による『洪範五行傳』・五德終始說の改造と、同じ手法である。すなわち、月令の構造に符合させることを目的として『洪範五行傳』・五德終始說に大改造を施したのと同じく、(23)三統說や學術分類の構造に符合させることを目的として、祭祀制度を改造しようとしたのである。

術數に關する劉歆の思考・營爲の特徵として、本來異なる分野のもの同士について、共通の構造を見出す、もしくは共通の構造に組み替えることが擧げられる。天地人の三者について「元――三」「元――五」の共通構造を說き、いずれにも易の理法が「元」から「三」「五」を生む過程に働いている。學術の分類に於いては、易學を「元」に位置附け、六經・六略に「元――五」のフラクタルな構造を見出す。五行說でも、五德終始・洪範五行による五帝・五畜・五蟲の配當を、月令の構造と合致するように組み替えている。本稿で考察した「奏群神爲五部兆」では、天地群神の祭祀という重大な國家事業の構造をも、三統理論の構想に沿って抜本的に改造しようとしている。

王莽自身は「與太師光、大司徒宮、羲和歆等八十九人議」と言うが、實際には劉歆の主張に大きく影響された、というよりも、劉歆の構想そのものであったと考えられる。そして、このような祭祀制度をも改造しようと主張した動機として、壯大な術數的世界觀が見える。すなわち、暦數・歴史・德目・季節・神祇といった様々な事柄が、五行や「元――三・五」という相似の構造によって整理され、結び附けられる。その上で、これら共通の構造・法則によって、様々な現象を理解し、整然とした秩序を維持するという思想である。

劉歆の描いた壯大な構想は、そのまま後漢以降には引き繼がれなかった。改造された五德終始説・『洪範五行傳』は大きな影響力を持ち續けたが、本稿で取り上げたような「元――三・五」型の世界觀を誰かが繼承したという記録は見當たらない。ただ、分野を越えて共通の構造・法則を見出そうとする思考は盛んとなり、『白虎通』や蔡邕・鄭玄等による經説にも、五行の配當をめぐって分野横斷的な議論が見られる。彼らの複雑な議論に先んじて、劉歆が本稿で考察したような構想を描いていたということは、術數學發展史に於いて重視されるべきことではないかと筆者は考える。

註

（1）いずれも、『白虎通義』五行を參照。

（2）拙著『漢代經學に於ける五行說の變遷』（東京大學大學院博士論文、二〇一四年。http://wanibeer.web.fc2.com/hakron/）第四章第一節・第二節にて詳論。

（3）川原秀城「劉歆の三統哲學」（『中國の科學思想――兩漢天學考』、創文社、一九九六年）。

（4）先賢の研究狀況については、目黒杏子氏が詳しく紹介している（「漢代國家祭祀制度研究の現狀と課題――皇帝權力と宇宙論の視點から――」、『中國史學』第十五號、二〇〇五年）。また、目黒氏自身も、『續漢書』祭祀志上劉昭注引く『黃圖』の紹介する「元始儀」を元に、王莽による郊祀儀禮の構造を分析している（「王莽「元始儀」の構造――前漢末における郊祀の變化――」、『洛北史學』八號、二〇〇六年）。

（5）『尙書』虞書舜典（今文では堯典）「肆類于上帝、禋于六宗、望于山川、徧于群神」。

（6）孔光・劉歆らと議論した結果、「宜如建始時丞相衡等議、復長安南北郊如故（建始年間に匡衡らが論じたように、長安の南北郊を、以前の通りに復活させるべきである）」という結論に至ったと述べている（『漢書』卷二十五下郊祀志下）。『全漢文』卷五十八は「奏復長安南北郊」として收錄。

（7）『周禮』春官小宗伯。

（8）水は坎卦、火は離卦、雷は震卦、風は巽卦、山は艮卦、澤は兌卦にあたる。乾・坤が父・母で、震が長男、巽が長女、坎が中男、離が中女、艮が少男、兌が少女とされる（『周易』說卦傳）。

（9）「六宗」に對する解釋は諸說ある。易の六子とする王莽等の說の他に、恍惚として中央に居て陰陽の變化を助けるものという說（歐陽・夏侯尙書）、日・月・星・河・海・岱の六者という說（古尙書・賈逵）、日・月・司中・司命・風師・雨師という說（鄭玄）がある。『周禮疏』春官大宗伯疏を參照。

（10）『周易』繫辭傳上。

（11）『禮記』月令「孟春之月……其帝太皞、其神句芒……」「孟夏之月……其帝炎帝、其神祝融……」「中央土……其帝黃帝、其神后土……」「孟秋之月……其帝少皞、其神蓐收……」「孟冬之月……其帝顓頊、其神玄冥……」。

（12）前に六宗を「日・月・雷・風・山・澤」「星・辰・水・火・溝・瀆」としながら、ここでそのうちの「日・月・雷・風・星・辰」のみを擧げているのは、『周禮』春官大宗伯「以禋祀祀昊天上帝、以實柴祀日月星辰、以槱燎祀司中司命飌師雨師、以血祭祭社稷五祀五嶽」の內容・構造に基づいたのであろうか。

（13）『三統曆譜』では、「太極、中央元氣、故爲黃鐘、其實一龠、以其長自乘、故八十一爲日法、所以生權衡度量、禮樂之所繇出也」とも言う。
（14）『周易』繫辭傳上「天一、地二、天三……（中略）……天九、地十」。
（15）同「參天兩地」「天九、地十」。
（16）同「天數五、地數五、五位相得而各有合」。
（17）この計算については『三統暦譜』にて詳論されている。「元始有象、一也。春秋、二也。三統、三也。四時、四也。合而爲十、成五體、以五乘十、大衍之數也。而道據其一、其餘四十九所當用也。故筮以爲數。以象兩、兩之。又以象三、三之。又以象四、四之。又歸奇象閏十九及所據一、加之。因以再扐、兩之。是爲月法之實」すなわち、易の大衍の數五十から一を拔き、兩儀の二、三極の三、四象の四を乘じ、閏數十九と最初に拔いた一を加え、更に再扐の二を乘じると月法二三九二になると言う。
（18）『周易』繫辭傳上「參天兩地」「天數二十有五、地數三十五」。
（19）そもそも、これらの二語自體が、易に由來する。「太極」は、繫辭傳に「易有大極、是生兩儀、兩儀生四象、四象生八卦……」とある。「元」は、「元・亨・利・貞」の「元」であり、「善之長」（坤文言傳）である。
（20）前揭註（3）所揭川原氏論文に詳しい。
（21）『周易』說卦傳「乾、天也、故稱乎父。坤、地也、故稱乎母。震一索而得男、故謂之長男。巽一索而得女、故謂之長女。坎再索而得男、故謂之中男。離再索而得女、故謂之中女。艮三索而得男、故謂之少男。兌三索而得女、故謂之少女」。
（22）八卦の方位づけについては、『周易』說卦傳を參照。
（23）前揭註（2）所揭拙著を參照。

六不治と四難——中國醫學パラダイムの術數學的考察——

武田時昌

はじめに

中國傳統醫學は、症狀に卽應して方劑を調合し、湯液、丸藥、散劑、藥酒などの形で投藥を行う藥物療法（內治法）を中心とするが、外側からの刺激や外科的處置によって治癒を圖る外治法として、鍼術、灸法、按摩（按蹻・推拿）、正骨（整骨、接骨、骨繼ぎ）、湯熨（濕布などを患部に當てて溫める療法）といった特有の諸技法を發達させ、それによる施術を投藥と併用してきた。また、先秦以來の長生、養生のための諸技法（導引・行炁・服氣・辟穀・守靜・存想・內觀・胎息・踵息・房中等）や丹藥、仙藥等をも包含し、多面的な醫療體系を構築した。そのような重層構造の形成を方向づけた中國醫學的パラダイムは、名醫の語りによって示される。最もよく知られるものに、扁鵲の「六不治」、郭玉の「四難」がある。

扁鵲の「六不治」とは、『史記』扁鵲傳の記載に見られる「病氣が治らない六事」である。『千金要方』でも「史記曰く」として引用するように、本文では扁鵲の發言ではなく、彼の事績を紹介した地の文になっているが、扁鵲の遺した教えとして理解されている。

（一）　驕恣不論於理（傲慢で勝手氣ままに振る舞い、道理に耳をかさない）

（二）輕身重財（我が身を輕んじ、お金のほうを大切にする）
（三）衣食不能適（衣食が適正に行えない）
（四）陰陽幷、臟氣不定（陰陽が併合してしまい、內臟の氣が安定しない）
（五）形羸不能服藥（身體が衰弱して、藥が服用できない）
（六）信巫不信醫（巫覡を信じて醫者を信用しない）

患者の心掛けとして醫者のアドバイスを聞かない、治療費を出し惜しむという以前に、醫藥の力よりも除靈消伏の祈禱やまじないを信じ、巫覡の元に走ってしまう愚かさを批判する。『新語』資執篇には、扁鵲を良醫とせず、靈巫の呪法に頼ったために子供を死なせたエピソードを掲載し、無知の愚かさを指摘する。そのように、醫術が巫術と未分化だった時代から分離させるうえで、扁鵲の傳說的な醫術は啓蒙的な役割を果たした。

一方、後漢の郭玉は、患者を選ばず、どんな貧賤、奴婢でも、心力を盡くして治療を行った良醫であった。しかし、彼の治療によって病氣が治らなかった貴人がいた。和帝は不審に思って、彼に貧乏人の眞似をさせて診察を受けさせると、一鍼ですぐに直った。そこで、郭玉を呼び出して理由を詰問した。そこで、彼は、治療が困難である以下の四つの事項を示した。

（一）自用不仕醫（自分勝手な考えに從って醫者に任せない）
（二）將身不謹（身體を保養することに愼まない）
（三）骨節不彊、不能使藥（骨節が頑強でないため、藥が處方できない）
（四）好逸惡勞（安逸に耽り、勞苦を嫌う）

郭玉の「四難」は、おそらく扁鵲の「六不治」を踏まえた發言であり、兩者は重なり合う。「驕恣不論於理」は「自用不仕醫」、「輕身重財」「衣食不能適」は「將身不謹」「好逸惡勞」、「形羸」は「骨節不彊」と言い換え、患者が獨善的になって醫者を信用せずに處方に從わない場合は治療の效果は得られないし、身體的虚弱な患者には投藥による治療ができない。また、不攝生で放逸な生活を送り適度の勞働によって心身の健康を維持することを怠るなら治療しても手遅れになるとする。治療を受ける側の前提として、醫者への信頼、患者の心掛け、日頃の養生が肝要であるのは、今日でも同じである。

どんな名醫、良藥でも、患者の體質、容態によっては治療できないことがある。郭玉の場合には、貴人の態度が問題で、病氣自體は輕微だったので、扁鵲の「陰陽幷、臓氣不定」と言うように病が悪化し、手の施しようがない病狀に言及はない。また、醫者に來た患者に關する會話なので、「信巫不信醫」ではなく、「自用不仕醫」と言うに留まっている。巫醫分離と醫藥の限界性の認識は、中國醫學の大きな研究課題を提供した。郭玉が巫術に言及しないのは、論點がずれてしまうためである。しかし、その代わりに、彼は「醫の言たるや意なり」という名言を吐く。それは「醫は意なり」として人口に膾炙し、それを論據とする多種多様な醫說が唱えられた。

鍼術を中心とする醫學理論を展開する『黃帝内經』の編纂は、『史記』扁鵲傳が成立してから郭玉の登場するまでの期間とされる。少し後には、華佗、張仲景も出現し、『神農本草經』『難經』も後漢末までに成立したと考えられる。したがって、扁鵲の「六不治」、郭玉の「四難」は、中國醫學の基礎理論が確立する時期と重なり合っているが、残念なことにそれぞれを結びつけるには史料不足で具體的なことは追究できない。そもそも聖典視されたそれらの醫書がどこでどのように編纂されたのかまったく不明であり、研究者集團の存在をほのめかす手がかりすらない。

したがって、中國醫學のパラダイム形成を考究するうえでは、中世、近世において、「巫から醫へ」、「醫は意なり」といったコンセプトを下地にして多彩な醫說が唱えられたことに注目し、その思想的背景や社會的作用を検討するほうが得策である。なぜならば、醫經の成立が謎めいているのは、中世以降の醫家にとっても同様であり、それがかえって正史に掲載された名醫の語りに注目度を高めるとともに、その解釋の多樣性を許容し、自由な立場から讀み替えがなされたと言えるからである。

中國傳統社會において、自然探究の學問は易を中核とする占術と複合的に絡み合った術數學という特異な學問分野を形成した(1)。術數學の生息する空閒は、思想界の自然哲學と宗教文化の閒を埋める形で創出した俗流空閒にある。醫學は、自然科學のなかで天文曆學とともに國家體制の重要な學問と見なされ、專門官を養成したものの、數術、技藝としての技能的要素が強く、研究の中心的な場は在野の術數空閒にあり、そこで際立った功績を上げた人物を推擧するのが常だった。術數學的なアプローチで扁鵲、郭玉の教え、名言をめぐる問題圈を探っていくと、傳統醫療の擔い手または研究の場が浮かび上がってくる。そこで、本稿では、扁鵲の「六不治」、郭玉の「四難」をめぐる醫說が後世にどのような作用を發揮したのかを醫學思想の展開において考察し、中國醫學のパラダイム形成の具體的な樣相を窺いたい。

一　巫術から醫術へ

扁鵲の「巫を信じて醫を信ぜず」は、醫術が巫術からの脫却していくうえで、大きな問題意識をかき立てた。傳統科學から近代科學への階梯は、「宗教から科學へ」「魔術から科學へ」といった發展史觀によって宗教と科學を對立的な圖式で捉え、合理主義的な立場から宗教的な迷信、俗信に依據する呪術、魔術の非科學性を體系的、組織的に排除する「呪術からの解放」という文脈において理解しているところがある。ところが、中國では、巫醫分業を、きわめて早期に唱えている。

醫者が宗教的な場所を離れて市井で醫業を營み、鍼灸、薬石を活用してシャーマン的な存在から自立し、呪術療法から距離を置くようになると、醫者と巫覡の間で何となく棲み分けがなされる。そして、扁鵲のような名醫が登場して醫術への社會的關心が高まると、巫醫分業がさらに加速していく。扁鵲の「六不治」で醫を信じない誤謬を掲げるのは、當時の醫者が巫術との差異化を圖るために、呪術的要素を薄めることで民間療法から醫術を純化させ、サイエンス（＝醫藥學）を志向し始めたことを反映している。その結果、扁鵲傳説が廣まった前漢までに、巫祝から醫藥へという方向性が強く打ち出され、名醫、良醫を目差す道標に掲げられたのである。

しかしながら、醫療の世界から巫覡がペテン師として社會から放逐され、醫藥に呪いの要素をすべて拂拭するわけではなかった。古代から中世、近世を通じて、加持祈禱、護符呪文、憑依降靈、蠱毒厭魅などが盛行しなかった時代はない。後漢の王符は、『潛夫論』浮侈篇において、家事や養蠶、機織りの仕事を放棄し、巫祝を學んで人々を欺き惑わす民間の巫女がいると批判する。そして、人々が醫藥を棄てることさらに鬼神を信じて死亡するはめになっているのに、巫女に騙されていることに氣づくどころか、かえって仕えるのが遲かったと悔やんでいる始末と嘆く。

この論説の社會的背景には、醫者による治療が一般化することで、巫祝の擔い手が特殊な職能者から一般民衆のなかに埋沒していく趨勢を感じさせる。そのような流れの反作用として、民間信仰の組織化を企てる宗教者が出て、道教が成立していく。また、佛教が傳來し、衆生の救濟を訴えて積極的に人々の治療を行うので、加持祈禱、辟邪招福の擔い手に僧侶、道士が加わり、しかも宗教的教義によって理論武裝されるようになる。したがって、王符が批判するように、醫よりも巫を信ずることの愚かさは、知識人の常識として認知されるようになるが、巫術的療法は醫術と雜居したまま並立する。醫學と宗教の間に境界線が引かれて、職業的には巫醫分業となっても、病人の側から見れば、社會生活では醫巫兼用というスタイルであった。

『黄帝內經』では、鍼療法を中心とするので、他の療法はあまり取り上げないが、巫術について移精變氣論篇に論及がある。すなわち、鳥獸のいる野や山で穴居していた往古の世では、素樸な世で惱み患うことがほとんどなかったので、邪氣は深くに入り込むことができずにいた。だから、精氣を本來のあるべき所に移し換えればよかったが、それができるのは祝由（呪禁）だけであり、呪文を唱えて神に告げると、病氣は立ち所に癒えた。ところが、當今では、精神的苦惱、肉體的疲勞が增大し、季節の巡りに變調が來して疫病の賊風、虛邪に侵害されることが頻繁になってきたので、內傷、外傷ともにひどくなり、小さな病氣でも必ず惡化し、大病だと必ず死ぬはめになる。だから、祝由では癒やすことができなくなり、毒藥（劇藥）や鍼石で內外を攻めないとなかなか直らない、とある。

上古、中古、暮世（現世）と時代が下るにつれて、自然界、人倫道德ともに秩序が亂れて衰亡し、惡いことばかり生起するという末世觀は、周文化の衰退を嘆く孔子の時代からすでに支配的であった。その時代認識を絡めながら、太古の理想社會から亂れた現世への社會的變化と對應させて、祝由から鍼石、毒藥への移行を說明する。病氣平癒のための祈禱や呪法を頭から完全否定するという態度ではなく、小さな效力しかないので、大病を發症する末世の醫療には不適應としたのである。醫療手段において巫鬼信仰から人々を遠ざける驅動力になるにはさらなる醫學の進化とともに尙古主義の意識改革が必要だった。

現代の先端醫學は、それまでの醫療をすべて時代遲れと切り捨てていくが、傳統的な手法にむしろ敬意を表しながら、現世の爲政や生活習慣のほうを批判の俎上に載せる。醫學の進步を誇るのではなく、逆說的に反省を促すところに、古代人のすぐれた批判精神を感じるべきであるかもしれない。その寬容さは、古いものを排除するより、殘存させることを選擇した。唐代の『千金方』『外臺祕要方』やそれ以降の經方書では、歷代の處方を集錄するが、呪術的療法も数多く附載し、科學的合理性が感じられない呪法、僞藥を除外したとは言い難い。ただし、病因不明で難治であるがゆえの窮餘の方策であって、本流ではない。現今においても、靈媒師が行う呪い、僞藥がまったく姿を消したわけではなく、神頼みの衆愚を標的にした靈感商法も横行する。そのような迷信、俗信に身を委ねて癒やしを求めることは捨て去りがたい人類の性癖なのかもしれない。

二　宋代の淫祀禁絶と醫學教育

「巫を信じて醫を信ぜず」が社會問題として大きくクローズアップされるのは、北宋に入ってからである。(2) 近世社會には、祠廟を立てて鬼神を祀り、辟邪、祈禱を行う民間巫術が流行した。とりわけ、疫病が蔓延する江南地域では、瘟神（逐疫の神）を大いに祀った。中央政府から派遣された官吏はその習俗に嫌惡感を抱き、「左道」「淫祀（祠）」「邪教」として大々的な宗教彈壓を行った。その摘發を實施した北宋の政治家に、夏竦（九八五〜一〇五一）がいる。

彼は洪州（今の江西省南昌市）の知事だった時に、數多くの民衆が醫藥を棄てて巫鬼に走る習俗を目の當たりにし、洪州の祅巫を斷つことを請願することを上奏した。その上奏文には、次のように言う。

人々が病氣になると、門に呪文を記した護符を貼り、出入りを禁止し、近親者を遠ざけ、差し入れの品物を排除する。家人が藥を準備すると、師巫が「神様が服用をお許しになりません」と言い、病人が何かを食べたがると、「神様がまだ食事をお許しになりません」と言い、おおむね疫病にかかった人々を飢え死にさせてしまう。逃げ出して藥を服用した場合には、「さらなる祟りが取り憑きますよ」と言うので、そこに留まることができなくなり、うまくそそのかされて自ら戻ってしまう。もし再々にも死なずに濟んでも、家の資産について、神の名を借りて言うので、師巫の要求するがままになる。その閒に孤兒、一人暮らし、美人、幼妻などがいたら、戸を閉ざして財産を奪おうと圖ったり、夫を殺害して妻を手に入れようとする。

淫祀にどっぽり浸かると、習熟して當たり前になり、人々は罪なき死を被っているのに、まったく不審に思わない。神への奉仕に謹み深くすればするほど、ますます深く信じ込んでしまう。巫覡の言に從うことは國家の法令よりも甚だしく、その威嚴を畏怖することは官吏よりも甚だしい。

この報告通りであれば、人の弱みに附け込んだ質の惡い宗敎的詐欺である。夏竦は、激しい性格の辣腕政治家であり、祈禱による治療行爲を禁止し、淫祀として民閒信仰的な宗敎行爲に彈壓を加えた。すなわち、師巫一九〇〇人を摘發して廢業して農民に戻り、鍼灸や內科療法をしっかり學習するように命じた。また神像、符籙、神杖、魂帽、鍾角、刀笏、沙羅など一萬一千餘に至る沒收品はすべて燒却した。その後、さらに他の地域を含めて取り締まりの強化を訴えたのである。その結果、天聖元年（一〇二三）十一月に、中國南部の諸地域に邪神信仰によって病人に害を及ぼし、人々を勸誘して妖法を授けて弟子にすることを禁止する旨の禁令が發布された。

疫病に感染して瘟神に救いを求めるのは、無知な衆愚ばかりではなく、知識人も含まれる。例えば、建昌南城（江西省東部）出身の李覯（一〇〇九～五九）は、「邵氏神祠記」において自分と家族の疫病に瘟神が大いに效驗を發揮した體驗談を告白する。その冒頭では、江南地域が一年中暑くて濕氣が多いために、疫病（「癘疾」）が流行りやすいが、罹患した病人は醫藥を飲むことを謝絕し、門を閉ざして親戚と交わりを絕ち、生死を神に委ねるとある。夏竦が報告した習俗と大差ない。

李覯が住んでいた建昌において、疫病に最も效力があって人々に崇められている神は「五通」と呼ばれており、治城の北に邵氏が代々奉祀する五通祠にあった。「五通」は山精の妖怪（木下三郎等の別稱がある）と佛敎の五通力が混合した民間神であり、「五顯」「五聖」などとも呼ばれた瘟神の代表格である。景祐元年（一〇三四）冬に疫病に襲われ、李覯の老母が意識不明となり、妻子や自分も感染して大いに困窮した。そこで、人を遣わして五通神に命乞いすることにした。神は自ら物を言うわけではないが、竹製の杯珓を用いて何をどのようにすればいいかを決定する。その結果、神のご加護で害なきを得、短期間で平服させることができた。そこで、彼は、由緒のない邪神淫祀には違いないが、自分にとってこれほどの效驗があったのだから、廢絶すべきではないのではないかと主張する。

疫病に罹患した患者の側から見た場合には、巫と醫の優位が逆轉する現象が生じているのである。その信仰心を誘發する要因が、李覯の正直な發言にはっきりと窺える。そのような觀點から醫よりも巫を信ずるに至る理由を詳論した學者に、龔鼎臣（一〇〇九～八六）がいる。

彼は、「述醫」（嘉祐四年〔一〇五九〕『宋文鑑』一二七）において、長江流域の巴楚地域では巫鬼信仰がずっと前から根深かったことについて論及し、民衆が死に至る病からの救濟を願って醫者よりも巫師を慕うことに、次のような考察を繰り廣げる。

當地は五行すべての氣が互いに侵し合う風土であるために、疫病に大いに苦しめられる。人々は、疫病の流行が天の時運がもたらす驚異であり、醫藥が無力であると考え、それに打ち克つには鬼神にすがるしかないと思い込む。病氣が癒えれば勤行に勵んだからとし、直らなくても信心が足りない自分のせいと咎める。その宗敎心が迷信、俗信への盲目的な信仰を生む構造になっている。また、疫病は感染力が強く、病人に近づくことを忌避する。そのために、金持ちの家では巫覡を雇って見守らせるだけであり、貧乏人になると孤獨に部屋で呻くしかないから、醫藥の服用どころか、飲食の供給もままならない。その結果、十中八九は死に至るので、最後まで人々は巫覡を信じることの愚かさを悟ることはない。

巫者が患者から人々を遠ざけたり、使用した調度品を別にしたりするのは、夏竦が言い立てたように財産を奪うためというわけではなく、疫病の感染を防ぐ目的がある。龔鼎臣は、そのことを前提に、宗教的俗信に嵌まり込む民衆の心理分析を試みている。官吏の目線によって民間信仰の實情を歪めて眺めていても、巫者を辯護することはしないが、それなりの理由があることは十分に察知しているのである。

現代の研究者ならば、最大の要因は醫藥が傳染病に無力だったとばっさり切り捨てるだろう。しかし、龔鼎臣にとって「覡師が醫師に勝る」ことは容認できることではない。そこで、醫術がいかに優れているかを力辯する。すなわち、疾病は體內を侵すものであるから、良藥によって內を治療しないで、神鬼にすがって外來の福を求めても仕方がない。陰陽の氣を冒されて癘疫に遭遇しているのだから、醫者にかかって聲、顏色、脈を診斷して藥を處方してもらう必要があり、邪氣を內臟から引き離すことによって、ようやく身體を平復させることができる。それは、穀物が害蟲に襲われ、財貨が泥棒に盜まれた場合、害蟲を驅除し、泥棒を捕まえないとどうしようもないのと同じである。

死に至る病に畏怖する人々がどれほどの說得力を感じるかは疑問だが、良藥による治療を勸めるのはもっともな意見である。最後の締めくくりに、太宗が『太平聖惠方』を編纂して天下に頒布したこと、慶曆年間に范仲淹が醫學教育の必要性を建言し、全國の醫學生を集めて醫學を講習させ、技能の向上を圖ったことを「治道の助」として高く評價する。そして、世俗が「朝廷仁愛の意」を理解せずにむやみに邪誕な妖術に惑い、夭逝するのは實に憫れむべきことであると述べる。

樞密院副史范仲淹の建言は、慶曆四年に「奏乞在京幷諸道醫學敎授生徒」を上奏したことを指す。その要旨は、次の通りである。首都の開封には人口が百萬人もいるのに醫者が千數百人しかおらず、しかも聞きかじりいい加減な知識で、師からの傳授を經ていないことが多く、日々誤って人命を傷つけている。だから、特別に敕命を下して、宣徽院に醫書を講說できる三人から五人の人物を選出させ、醫學生を召集し、彼らを醫師として武成王廟で『素問』『難經』等の醫書を講習させ、脈候や藥餌の修治を教えさせる。鍼灸については別科を立てて教授する。三年を經た後に試驗を實施し、成績優秀者を翰林院に學生祗應として入官させる。また在野に私習によって醫道に精通する者がいて、現役の官吏三人の推薦が得られたら、武成王廟に送り込み、試驗を受けさせる。祗應になった者は十年以上すぐれた治療の功績を重ねて、はじめて助教または殿侍の官位を授ける。

張方平の「乞比試醫人事」（『樂全集』巻二十五）によると、范仲淹の建議を受けて慶曆四年（一〇四四）に醫學教育が開始され、孫用和と趙從古が武成王廟で醫經を講說し、十數年間で講習を受けた者は三桁の大臺に達するに至った。ただし、考試の制は實施されず、張方平の批判するところとなった。當時には今日のような國家試驗による醫師免許制度があったわけではないので、北宋における醫師養成を目的とする醫學教育の開始として注目される。范仲淹は「良相と爲らずんば、願くは良醫となれ」という名言を吐いたことで知られているが（『能改齋漫錄』巻十三、文正公願爲良醫）、醫學教育の振興でも指導的役割を果たした。

『太平聖惠方』は、翰林醫官院の王懷隱、王祐らが太平興國三年（九七八）に太宗の敕命を奉じ、淳化三年（九九二）に完成した醫方書である。太宗の自序によれば、皇帝に即位する以前から醫術に關心を寄せ、「名方、異術、玄鍼」を探し求め、治驗があって規範となる「妙方千餘首」を入手していたので、醫官の家傳藥で效驗のあるものを加えた一萬種以上の藥方を集錄したとあり、歴代の主要な醫藥書や民間で活用されていた醫術と藥方を網羅的に集大成し、千六百七十門、一萬六千八百三十四首（『玉海』六十三）に分類した大部な醫學百科全書であった。完成後は全國の各州に頒布し、醫術に通じた者を一人選んで醫博士の補佐役としてその醫書を職掌させ、官吏や庶民が書寫することを許可した（『續資治通鑑長編』巻三十三）。

ところが、蔡襄（一〇一二～六七）は『太平聖惠方』が州郡に頒布されたものの、大切に保管されたまま人々の目に觸れないことを指摘する。彼は、知事として赴任した福州では、醫より巫を重んじる民俗があり、醫學の普及がますます狹小になっていることを嘆く。人々は、病氣を祟りによるものと考え、醫者の門をくぐるのは十人中わずかに二、三人しかすぎない有様である。そこで、下賜された『太平聖惠方』を箇條書きして人々に示した。すると、醫學に通じた何希彭という人物が出て、實用的な六千九十六方を拔粹し、一般向けの簡略版（『通志』藝文略、醫方上に『聖惠選方』六十卷）を作成したので、蔡襄はそれを木版に謄寫し、役所の門の左右に列べた（蔡襄「太平聖惠方」後序、慶歷六年〔一〇四六〕十二月八日）。『淳熙三山志』淳熙三山志、卷四によれば、蔡襄は虎節門の西總門の東に醫學（堂）を創立し、東總門の西に「聖惠（選）方」を掲示したとある。

歐陽脩が著した蔡襄の墓碑銘（「端明殿學士蔡公墓誌銘」）には、彼が巫覡が病氣を取り扱い、蠱毒で人を殺害するといった類には蔡襄が斷固とした態度で取り締まったが、その後に聰明な民を選んで醫藥を敎え、巫者に代わって疾病を治療させたと述べる。朱熹は、郭長陽（郭雍）の醫書（『傷寒補亡論』、一一八一序）の跋文において、歐陽脩が述べた蔡襄の醫藥敎育の事績を引用し、「仁人の心」と稱えている（『晦菴集』八十三「跋郭長陽醫書」、慶元元年〔一一九五〕五月二十二日）。

范仲淹の醫學敎育の提言は、裏を返せば、凡庸な醫者が世に蔓延っており、信頼される醫者になるために質的な向上が必要視されていたのである。その後を繼いだ龔鼎臣や蔡襄は、巫から醫へのパラダイム轉換を實現するには、特效藥の開發に加えて良醫養成と醫學知識の啓蒙が肝要であることを鋭く見拔いている。

政府による取り締まりによる禱祠の毀損、宗敎者の逮捕、還俗は、淸代までたびたび行われた。邪淫という表現には、國家公認の正統的な祭祀、信仰でないものを排斥する聖俗觀が存在するが、異端視する範圍は儒敎との思想的な對立關係にある佛教、道教の既存組織に及ぶものではなく、土着的な民間信仰を標的にしている。イエズス會宣教師がもたらしたキリスト教がそうだったように、新たな教團が臺頭し、反體制的な勢力として危險視された時に、寺院や道觀で行われている宗教儀禮が問題視されることがあるが、宗教彈壓の鋒先は地域共同體において民衆の救濟を擔う祠廟であった。大手の佛教、道教のように知識層に擴充させるために理論武裝するわけではなく、日本の神社における氏神、氏子のような關係を結んだ土地神というほど村落密着型の信仰ではない。今日の研究では「民衆道教」というカテゴリーで括られているが、世俗化した亞流の新興宗教というより、原始宗教としての性格が強く、巨視的な見地に立てば、祀られている神々の由來は案外古くまで遡る。そのために、醫藥を輕視し、巫鬼を信仰する風潮は、傳統社會に深く根ざしており、淫祀邪教としていくら彈壓を加えても民衆を巫術から解放させる效果はあまり發揮できなかった。しかしながら、禁絶政策は『太平聖惠方』等の編纂や古醫書の復刻とともに當時の士大夫に巫術から醫術への科學化に強い關心を持たせ、醫學教育を本格化させるうえで大いに貢獻した。さらに特筆すべきことに、朱熹を含む儒者との接近は、孟子が言い出した「醫は仁術」(梁惠王上)というコンセプトの形成という副產物をもたらした。

三　鍼術、脈診の醫意說

以上において、巫鬼から醫藥へという流れを考察し、民間巫術と對峙していた醫者が宗教的呪術から脫却し、疫病に苦鬪しながら學問的基盤を形成していく過程を窺った。傳染病の猛威に十分な效力を見出せないのは、十九世紀後半以降に病原菌を發見し、治療法、豫防法を確立できるようになるまではいたしかたがない。それでも、症狀を緩和できる對處療法が樣々に工夫されており、世界的な水準としては先進的なものであった。

そのような見地から注目されるのは、扁鵲の「六不治」において、治療しても助からない場合があるという認識が掲げられていることである。「病、膏肓に入る」（『春秋左氏傳』成公十年）とあるように、病が體內の深部に入り込んでしまうと、治療の施しようがなくなる。たとえ良醫でも醫藥の治療に限界がある。その前提に立って、治療できるか否かを判斷し、「死生を決する」識眼力が必要視された。

『千金要方』では、扁鵲の「六不治」をまるごと轉載し、その後に續けて次のように言う。

生の徵候がまだ存在し、容體、顏色がまだ改變しておらず、病が皮膚內の奥深く入り込んでいない狀態であれば、針藥はしかるべき時に至ると、身體を養い調え、正常な狀態に回復させることができる。したがって、良醫に委ねるなら癒えない病はない。

生の徵候（「生候」）があれば救えるが、「死候」「死徵」が出現すると、手の施しようがない。「死生を決する」ことを、助からない患者には手を出さないという名醫の保身術と理解する向きがあるが、そういう逃げ腰ではなく、もっと前向きの姿勢である。生死の分岐點をも見拔くことのできる診斷術があり、手遲れにならない限り、すべて治せるという自負心を讀み取るべきである。「死ぬ」という恆常的な生命現象を手を拱いて傍觀するのではない。死の徵候を豫見することができなければ、名醫とは言えない。

死の徵候の診斷法は、馬王堆出土醫書『陰陽脈死候』、張家山出土『脈書』にすでに語られている(3)。醫術が巫術との訣別によって見出した方向性は、患者に現れた様々な症狀に着眼して病因を早期に發見し、生死の見分ける診斷の技法である。そのような「術」「技」としての側面において、明確なコンセプトが見出せるのは郭玉である。彼の場合には、脈診と鍼術がセットになっていることも興味深い。

郭玉の「四難」を振り返ると、その發言を引き出した和帝の質問は、郭玉の見事な醫術の極意を具體的に種明かししてもらうことを意圖したものであった。ところが、郭玉の返答は患者として貴人の態度に問題があることを指摘するものであり、少しはぐらかしている。しかし、鍼術の核心に迫る見解が「四難」の前後にほのめかされている。

まず冒頭で「醫の言たるや意なり」という「醫」の定義を提示する。そして次のように續ける。「鍼を刺す腠理（肌膚のキメ）は極めて微細であり、氣の流れに從って鍼の技巧を發揮するので、刺した鍼の位置が少しでもずれるとうまくいかない。その神髓は心と手の閒に存在し、手の感觸によって把握できても言葉にして語ることはできない」。さらに、四難を述べた後で、貴人が高慢な態度で郭玉に接したために、恐れを抱き、失敗すると大變だとプレッシャーを感じたので、心意が安定せず、鍼を打つ手に狂いが生じたと釋明する。心意と手指の閒に言葉で表すことのできない數理が存在する。腠理にツボの在處を探り當て、鍼を刺して氣を整える施術は、そのように微妙な指先の感覺と操作を必要とする熟練技である。名醫は、そのことを踏まえて、驕慢で節度を守らないために病をこじらせている貴人の過ちをやんわりとたしなめたのである。

「醫の言たるや意なり」（醫之爲言、意也）は、「醫」を同音の「意」で言い換えた音訓である。心手の閒に存在する鍼術の數理は言葉によって傳授できるものでなく、臨床實踐によって感覺的に會得するしかないという考え方は、「書は言を盡くさず、言は意を盡くさず」という言語觀を踏まえる。

書物は言葉をすべて書き切れず、言葉は心意を言い盡くせない。孔子の言葉は『易』繫辭上傳に引くものである。『易』では、そのような書物、言語の限界性を認めながら、それを克服するための手段として心意と言辭の閒に「象數」を想定する。しかし、「言は意を盡くさず」という孔子の教えは、易學だけではなく、思想界全般に大きな命題を提示した。最もよく知られているのは、魏晉玄學における「言意論」もしくは「言意之辨」の哲學談義である。(4)すなわち、魏の王弼、荀粲、稽康、西晉の張韓、東晉の殷融、王導、歐陽建など多くの人物が言が意を盡くせるかいなかをめぐって大いに議論を取り交わした。それらの立論では、『易』のほかに『莊子』や『論語』を引用して、書物を通して語り得ない道理、言葉にしなくても明示される自然の攝理などに哲學的な考察を繰り廣げる。言語の表現力をどの範圍まで認めるかが各自で異なる理解を示すので、論争に決着がつくわけではなかったが、後世に大きな波紋を及ぼした。論點を端的に提示するのは、荀粲とその兄の荀俁との論争である。荀粲が言不盡意論をと主張する主たる論據は、『莊子』天道篇における輪扁の寓話にある。要約すると、次のようになる。

車輪作りの名人、輪扁は、堂上で讀書する桓公に向かって何を讀んでいるのかと尋ねる。聖人の言であると答えると、聖人がすでに死んでしまっているならば、酒の旨味が抜けてしまった搾りカス（「古人の糟魄（＝糟粕）」）にすぎないと批判する。その理由を語って、車輪を削る手加減のコツというのは、「手に得て心に應ずる」ものであり、數理は心手の間に確かに存在しているが、それを口で言うことはできず、自分の子供にも傳授しえないとする。桓公が讀んでいたのは、聖人の言を記載する書物、すなわち儒學者が信奉する六經である。治世の要諦を車輪作りのコツに喩え、言葉で傳えられないものとして、その聖經を「古人の糟粕」と論斷し、ばっさりと切り捨てる。政治思想における古法遵守の學問至上主義を徹底的に批判する老莊哲學の面目躍如たる大膽な發言である。この六經糟粕說は、老莊に傾倒する清談家に止まらず、曹端、陳獻章等の明代儒學者のなかにも經典解釋學からの脱却、逸脱を目差して唱える人物が出現した。

輪扁が讀書という營爲を否定するのに用いた經驗論は、學問的な探究を技術の修得と同次元で比較する論理のすり替えがある。したがって、その批判は經典解釋學に對する痛烈な皮肉という範圍を出ることはなく、學問、著述の放棄へと向かわせるわけではない。しかし、科學や技術において、今日のように、數學的な解析や要素に還元する分析的手法が未發達な段階では、現象把握の理論によって演繹的な説明を行うことは困難である。だから、「言葉にできない數理」の存在は、否定できない定理として認識された。天文曆學、數學、醫學といった自然科學分野の學問も、天文曆術、算術、醫術という呼稱の專門化した技藝であり、その傳授、學習は師匠と門弟、徒弟の閉じた空間で行われた。

自然探究を基軸にした廣義の「方伎」または「術數」において、依據する數理、經驗的な技能、得られた知見などを「言葉にできない」とする傾向は、著された科學書の數が他の分野に比べてずっと少ないことに現れている。しかも、數學の場合、『九章算術』劉徽注や祖沖之『綴術』（佚亡）を除くと、大部分が算術問題集であり、設問、解答と術文（最終的な解法公式）を掲載するだけであり、解法を導くに至る數理や論理的な證明はまったく記述されない。內容としては、高次數値方程式や多元不定方程式といった高度な水準の數學を扱っており、場當たり的な思いつきで發案されるものではあり得ないが、理論構築の過程や發展を裏附ける證據はまったく語られない。天文曆書の場合には、様々な言說によって思想的な潤色がなされているが、曆法の數理、天體觀測の定式化などに關しては數學と同様である。

ところが、醫卜（醫藥書、占術書）に關しては、それらと好對照に夥しい數の著作が存在する。しかも、祕傳、口傳を前提として明述しないことを意圖的に行っているところがある。兩者の違いに關しては、「老醫少卜」という俚諺がある。醫者にかかるなら年配者、占いをしてもらうなら若いのがいいと意味である。占いの豫言力は經驗よりも瞬時に閃く鋭い直感と瞬發力に依據するのに對して、醫者の診斷力は長年の臨床を經て得られた老練熟達した神手心眼が求められる。だから、理論と臨床、著述と技能の間の關係性が最も話題になったのは、醫藥の世界である。

脈診や鍼灸のツボの位置は、いくら圖解されたとしても實際に施術してはじめて會得されるものである。また、用藥の藥劑選びやさじ加減も書物の記載通りというわけにはいかず、病狀に卽應して勘案しないと效き目がない。だから、名醫の神技、妙薬の神效を一言で集約するならば、郭玉の言うように「醫意」ということになる。

郭玉以降の醫家も、張仲景をはじめとして「醫」を「意」と訓じて醫說を唱える者が数多く出た。郭玉と同じく鍼術の名人で、「醫は意なり」というコンセプトに依據して著述しないことを主張した人物には、許胤宗（五三六～六二六）がいる。彼は、武德年間（六一八～六二六）の初めに骨蒸の病（結核）が關中に流行した時、諸醫がお手上げであるのに何人もの治療に成功した。そこで、ある人が神業的な醫術を著書にして後世に殘してはどうかと尋ねたところ、著述しない理由を以下のように説明する。

醫は意なり。人（施術する醫者）においては思慮することである。脈の證候は幽微で辨別し難さに苦勞するので、心意で理解したことを口に出して述べることができない。（『新唐書』方伎傳）

「醫は意なり」（「醫特意耳」、『舊唐書』は「醫者意也」に作る）は、醫者が深く思慮する行爲と理解し、心得した醫術の極意は、「書は言を盡くさず、言は意を盡くさず」を踏まえて、書物を通して傳授しうるものではないとする。そして、最後に言う。

脈の奥深い趣意は、言葉にできないし、新たな「經方」（薬方）を虛しく立てて、古法に附け加える必要がどうしてあろうか。

「經方」とは、治驗が得られた規範となる藥方である。それについては、古法を遵守し、新たな說を唱えることはしない。つまり、「述べて語らず」（『論語』述而）という儒家的な學問觀に依據して、自己の醫說を著述することに消極的な態度を取る。郭玉や許胤宗に、技能の達人にありがちな職人氣質を讀み取り、經驗知を重視して鍼術や脈診の極意を默して語ろうとしない保守的な立場として「醫意」の言說を理解するかもしれない。しかし、「醫は意なり」に依據する言說が名人技の開陳を回避する方向性だけであったわけでも、革新性を持たなかったわけでもない。

許胤宗の想定する醫術は、脈診によって病因を特定し、適切な薬を處方することである。前掲の二言の間には、古今の醫者の技能を比較した意見を述べる。すなわち、古の名醫は正確な脈診によって病因を正しく把握することができたし、適切な藥劑を單用して直接に病源に働きかけるので立ち所に直った。ところが、今の醫者は脈を見分けることができず、憶測で多種類の藥劑を混ぜて處方するので、偶然に病に効く藥が一つ含まれていても、他の藥と打ち消し合うために、效力が行き渡らない。病が治りにくい理由は、醫術の技能が劣っているためであるとする。そこで、新說を唱える必要がなく、醫意だけを強調したである。

四　「醫は意なり」の近世的展開

ところで、「醫は意なり」は、郭玉の醫意說が許胤宗に受け繼がれ、二人の言としてだけで廣まったわけではない。(5) 例えば、張仲景にも理想とする醫者（「上工」）が諸病を治療する際の手順を詳述した後に「故に曰く、醫は意なり」（「醫者意也」）と締めくくる（『千金要方』卷一、論診候第四に引く）。その典據は明言せず、郭玉の名前は出てこない。そのために、古の名醫、良醫が遺した古訓として後世に理解された。

陶弘景（四五六〜五三六）は張仲景の議論を踏まえて、『本草經集注』序錄に言う。

醫は意なり。古代の所謂良醫は、思うに意をもって推し量って正しい攝理を得た。諺に言う、「世に良醫がなければ、患者の半分が枉死する」と。拙醫が病を治療するなら、治療しないほうがいい。……だから張仲景は常に「このような死者は、愚醫が殺しているのである」と述べている。

王燾は『外臺祕要方』卷十八の脚氣論中において、陶弘景の言を引用した後に、次のようにコメントする。

（陶弘景の）この言によって病を治療するには、意を出して現實に對處し、舊方を墨守して醫療を行うべきではないということが察知される。今の醫者はこれと異なり、病狀が藥方書の表題と少し似通っていると、すぐにそれと合致させ、病態のメカニズムを察知しないで、症候の診斷はそのように大同小異であると見なして、道に背き、間違った事態を招いてしまい、實に危殆に瀕するのはどうしようもない。また、（陶弘景が）「世に良醫がいなければ、患者の半分が枉死する」と言っているが、この一言は悲しむべきことである。

醫意を「意を以て推す」こととし、患者の病狀を直視し、意を盡くして病因、病理を洞察すべきであると解釋し、マニュアルに從っていい加減な判斷を下して致命的な醫療ミスを招く當今の醫者を批判する。

近世の醫家は、「醫は意なり」の古訓に依據して醫道に多様な方向性を見出している。最もオーソドックスな解釋では、意を用いる醫術とは、千差萬別の病變を精思熟慮して病因や治療法を推し量ることとする。例えば、周守忠撰『歴代名醫蒙求』（南宋嘉定十三年〔一二二〇〕臨安府太廟前尹家書籍舗刋本、天祿琳琅叢書第一集所收）の蘇霖序に、次のように言う。

昔人（陶弘景を指す）は『神農本草經』に序文を著し、「醫は意なり」（醫者意也）という言葉を殘しているが、その意味するところを考えるに、醫とは人の命を司っており、必ずその意を致して精微、蘊奧を發揮し、常ならぬ妙理を極めるならば、天下の疾で治せないものはないのである。まして醫の道には、神聖工巧の異なる診斷法があり、藥の性質には君臣佐使の區別があり、人が病にかかる原因は、寒熱燥濕、強弱盛衰など、その狀況は千變萬態で言い盡くせないほど多様だから、なおさら十分に醫意を盡くす必要がある。かりそめにも意を精しくして妙理に通じることができないなら、どうして人の病を治療し、醫者を自ら名乘って、千歳の後まで名聲を殘すことができるだろうか。

陶弘景『本草經集注』序文に言葉を補って精しくした論述である。「神聖工巧」は、『難經』六十一難に論述する望診（色診）・聞診・切診・知診（問診）という四診の巧みさを言い表したものである。また、「君臣佐使」は調合する藥劑の役割を想定したもので、『證類本草』巻一所引の陶弘景注に「大抵、養命の藥は多くが「君」であり、養性の藥は多くが「臣」であり、療病の藥は多くが「佐」（「臣」を含む）である」と說明する。いずれも、鍼灸醫術、本草學の基礎理論であり、周知の事柄であるが、理屈はわかっていても實踐することの困難さが伴うから意を盡くして妙理を心得する必要があるとする。

ところが、本書巻下の最末の條では、異なる方向の醫意說を掲載する。論題は「商人罌底　草澤筆鍼」であり、『朝野僉載』と『名醫錄』の逸話をそれぞれ引く。前者は、商州の人で大風を患った人物が山中の茅屋に隔離され、偶然に烏が酒罌に蛇を落とし、その酒を飲んでいるうちに治ってしまったという話。後者は、（西夏の）李王の娘、公主が喉の腫瘍を病み、飲食が通らなくなった時、民間醫が鍼を仕込んだ筆で治療した話。(6)

後者をもう少し詳しく紹介すると、公主が刺鍼を拒んで大聲で泣きわめくので、誰も手を出せないでいたところ、筆先に藥をつけてすぐに治せるという民間醫がいた。李王が治療に成功したら翰林院の醫官に取り立て、三百貫の報酬をやると約束し、治療を試みさせると、二回ほど藥を塗ると盃一杯餘りの膿血が出て、一日で全快した。そこで約束通りにした後で、その技法を供出させようとすると、その醫者は筆の芯に鍼を仕込んだことを告白し、罪の赦しを乞うたので赦免したという話の落ちになっている。そして、末尾に「言うこころは、醫は意なり、意を以て效を取るのみ」とコメントする。

この話と同様の鍼術は、范九思（北宋嘉祐年間〔一〇五六～六三〕に活躍）が用いたことが、金の何若愚「流注指微針賦」に見られる（金何若愚撰、閻明廣注『子午流注鍼經』上、及び『普濟方』四〇九掲載）。そこでは、鄂州江夏（今湖北武昌）に太守として住んでいた太傅程公の母が咽に腫瘍ができたのを、范九思が筆を用いて薬を塗り、見事に治療した。その神技が小鍼を筆先に仕込ませて膿血を出させるものであることを聞かされ、用薬だけで施鍼を拒んだ程公は自らの過ちを反省して次のように述べる。

針には病を劫かす功動があるとされるが、今日、その效驗があった。古人はかく言えり。將軍が兵卒の能力を察知できなければ絶對に勝てるとは限らず、醫者も藥性が主治する藥效を察知できなければすぐに癒やせるとは限らない。また將に「卒謀遠慮」（瞬時に謀略を思いつく卽斷力、遠い先の事態を見通す洞察力）がなければ必ずしも勝てるとは限らず、醫者に「卒機遠見」（緊急事態に對處できる判斷力、遠い先の病變を見拔く豫見力）がなければ必ずしも治療の効果が得られるとは限らない。

古人の言として程公が引いた「藥性の主治」を察し、「卒機遠見」を具有する醫術を統言すると、「醫は意なり」ということになるのである。

言不盡意論では、六經糟粕説を代表として學問輕視の風潮を生んだが、醫意説によって同様の弊害をもたらしたことを、六朝時代の陳延之（五世紀に活躍）がすでに指摘している。すなわち、『小品方』巻一、述增損舊方用藥犯禁決では、藥劑の調合に禁忌があることを知らず、意を以て增減した合藥が副作用を引き起こす危險性を問題視する。その議論において、その危險性に氣づかない要因に輕微な病が自然に治ったことから有害な藥が效いたと錯覺し、それを神驗のある處方として受け繼ぎ、「舊方」としてしまうことにあると述べた後に、當時における脈診の輕視や恣意的な用藥の誤謬に言及する。

……同時に、命を輕視する者の多くは、脈を信じない。また、診脈は精妙の術であり、博識でない者が理解できるところではなく、辨別に長けていない人物が究めることのできるものではない。また、受け繼いできた經方（效験が認められた薬方）を見て、これは醫官の典醫が執り行い、傳えていくものであるとし、この道は卑賤で、君子が關與するものではないと考えて、典醫に委囑する。また、「醫は意なり」と言い、宮中にある相傳の用薬について、本草の藥性を明察せず、かえって自分の意の欲するところで判斷してそれを増減し、醫は意であると言うではないかとする。あれこれ穿鑿する人は、憶測で物の道理を理解し、意をもって醫療行爲を行うので、悪を善としてしまい、必ずしも病を治療するとは限らないのである。

言葉で傳えることのできない脈診や藥理の難解さを學ぼうとせずに、醫意説を楯にして妄りに憶測することの錯誤を批判する。それに加えて、醫術を卑近な行爲として敬遠する技術者への蔑視が語られているのも興味深い。常法からの逸脱は、ますますと古典の輕視や恣意的な解釋に陥りやすい。「醫は意なり」を論據として醫經、經方書に記載のない療方を強調すると、憶測による施術が正當化される。そのような醫意説を口實として誤診を冒すことへの批判は、日本の吉益東洞が力辯したところである（『醫斷』）。中國近世において、最も茶化したエピソードを語ったのは、蘇東坡である。

元祐六年（一〇九一）閏八月十七日に蘇軾は船旅で穎州に入ろうした時、二十年前に歐陽脩と同行してそこを通過した時のことを思い出した。道中、船醉いの急患が出た。その時に二人が交わした談話を記録したものである。

歐陽脩が語ったところによると、（船旅の道中で）急患が出た。醫者が疾病の原因を尋ねると、患者は「船に乘っていると風が吹いてきて、驚いていると調子が惡くなった」と答えた。すると、醫者は長年使用した舵の船頭を手にして、手汗が染み込んだ箇所を削って粉末にし、丹砂、茯神の類に混ぜ合わせ、それを飲ませると治った。今日の本草書の注に引く『藥性論』には「止汗には、麻黄の根節や使い古しの竹扇の粉末を用いて服用する」という記載がある。

歐陽脩はそこで「醫者は意をもって藥を用いるのに、このような場合が多々ある。はじめはまるで子供の遊びのように見える。しかし、時には效驗がある。その道理を突き詰めて考えることはまったく容易ではない」とコメントした。それを聞いた私（蘇軾）は言い返して「筆墨を燒いた灰を學問を志す者に飮ませたら、怠け癖が治るでしょうかね。さらに推し廣めるなら、（清廉で有名な）伯夷が手を洗ったタライの水を飮んだら貪欲さを治せるし、（殷の紂王に命をかけて諫言をした）比干の食べ殘しを食べたら媚びへつらう佞心を治せるし、（勇猛果敢な）樊噲の盾を舐めたら臆病が治せるし、（絶世の美女である）西施の耳飾りをつければ、醜い容姿を治せますよね」とイタズラっぽく語ると、歐陽脩の大笑いを誘った。（『東坡志林』、記與歐公語）

鍼術、灸法は、個人の技能に依據していて、常軌外の施術であっても治療の効果を上げることがある。近世の知識人は、刺鍼や艾灸を用いた常軌外の施術に關する體驗談や見聞録を數多く殘しており、鍼灸の自在性を「醫は意なり」によって根據づける立論が散見する。理論と實踐の閒を繫ぐ「數」（數理）と「術」（醫術）を「醫意」によって一括する思考様式が定着したことを物語る。やがて、近世醫學の革新を創出するパラダイムに活用されるようになる。その突破口を切り開いたのは、元の朱丹溪（名は震亨、一二八一～一三五八）である。

朱丹溪は、『和劑局方』に準據して出來合いの製劑に賴る醫療に異議を唱えて『局方發揮』を著し、醫者の技能を再認識すべきであると主張した。冒頭の總論では、「神聖工巧」の四診法を「醫」とし、「醫は意なり」とする古訓を引き、醫者を敵軍に對する軍將、舟を操つる船頭に喩えて、臨機應變に對處するところに醫術の本質があるとする。技能や知識の傳授が的確になされ、どんなに學問的な造詣が深くても、臨床の場で型に嵌まった治療を行うだけで、病狀に卽應した自在性を發揮しなければ、十分な治療效果は得られないと言うのである。また、過去に治驗のあった藥方を集めて、現代の無數の病に對應しようとするのは、「刻舟求劍」（進む船の手すりに印をつけて落とした劍を探し求める、典據：『呂氏春秋』愼大覽察今）「按圖索駿」（實際の馬を知らず、圖の描かれた知識だけで名馬を探し求める、典據：『漢書』梅福傳）といった故事と同樣に役に立たないやり方であり、偶然に適中することを切望しても困難であると批判する。

醫者の巧拙を問わないマニュアル化した醫療は、現代の醫學的方法論になっているが、診斷の適否や藥劑の選定、調合のさじ加減は醫者、藥劑師の技能に左右されるのだから、その責任は大きい。朱丹溪の意見は、「神聖工巧」「醫意」によって指し示された「術」を再認識し、「醫」の原點に戻れという論である。興味深いのは、そのような醫術の實踐は、「君子、隨時取中（時に隨いて中を取る）の妙」を盡くすことであるとし、それができないなら、醫において恥を免れないとしていることである。「隨時取中」は、宋學で議論の對象になった『中庸』「君子而時中」の「時中」（時宜に隨い、偏りのない中庸の道を實踐すること）及び『孟子』盡心上篇「子莫執中無權」の「權」（臨機應變に對處すること）を踏まえた發言であり、舊法に固執しない臨機應變の醫術を朱子學的な格物窮理の方法論と類比させて位置づける。そのような革新的な試みは、近世に儒家的教養を身につけた儒醫が臺頭するうえで、大きな影響力を發揮した。

朱丹溪の醫術は、南宋末から元初に活躍した羅知悌より授かったものである。羅知悌は、弟子を執らない偏屈な性格だったが、劉完素の門人である荊山浮屠に師事し、張子和・李東垣の說に通じており、晩年に朱丹溪に入門を許し、劉、張、李三家による北方の醫學を江南に傳播させる大きな役割を果たした。彼らの學說を折衷的に取り込んだ朱丹溪が唱えた醫說で、最も特異であるのは、人體の生成構造は陽が常に餘りぎみで、陰が常に不足しがちになると考えて、「補陰抑陽」（後に「補陰降火」「滋陰降火」と呼ばれる、陰の不足を滋養し、亢進狀態の陽（虛火）を降下させる）の藥劑を活用する療法を提起したことである。

明末になると、朱丹溪流の醫說は張介賓等の批判に晒される。王文祿は、『醫先』（一五五〇年序）において、朱丹溪の涼藥を批判する理由に、時代による體質の變化を指摘する。すなわち、羅知悌が朱丹溪に「清金降火の法」を傳授したのは、元代の風俗は贅澤で滋味を豊富に取り過ぎて、濕熱、痰火の體質になっていることから病を致す傾向が強いことを見抜いたからだとし、『和劑局方』の溫補の法が役に立たない誤謬を切り開いたが矯正しすぎであると考える。というのは、當世の人々は體內の元氣が耗弱してしまっているおり、朱丹溪の涼藥を多用する方法だと強すぎてしばしば脾胃を壞してしまう。痰が生ずると脾が濕になり，熱が生ずると脾が虛になるので、必ずや李東垣の補脾法（溫補脾胃法）を用いるのが最上であると結論づける。

この立論の冒頭では、「醫は意なり」を掲げ、それを釋義して、

時代を經て病を致す場合には、意を起こして處方を立てて醫を行う。天の時や聖教が時代ごとに變わるのと同じである。

と言い、末尾では、

だから、醫は、氣運（自然の巡り、時代の變化）を審らかにし、人情（人々の實情）を察し、病を致す根源に及ぶことを貴ぶ。

と締めくくる。

體質や環境の變化によって既往の治驗による處方が現在の病氣に效くとは限らない。そのような考え方は、朱丹溪の『格致餘論』にも見ることができる。朱丹溪は、局方醫學の批判から出發し、醫意説に依據して技能者としての醫者の役割を高めるとともに、軍將や船頭の技術操作性を認識しながら、宋元の新儒教による理論武裝を試みる。同時に『素問』『靈樞』や『傷寒論』への遡及的な考察も唱える。王文祿は、朱丹溪の所説を踏まえながらも、「醫意」というコンセプトを盾にして、權威ある舊説からのパラダイム・シフトを主張した。いずれの場合にも、「醫は意なり」が醫道革新への挑戰を表明する決めゼリフになっている。彼らの醫意説のベクトルには、學問的遡及（復古）と創意工

夫（革新）の兩面がある。劉完素から羅知悌を經て朱丹溪に至る金元醫學の新たな潮流は、朝鮮、日本にも波及し、東アジア世界の近世醫療文化を大きく開花させたが、その考究姿勢の中心的課題は、「醫は意なり」が指標として提示した復古と革新にあったのである。

終章　醫術と占術、仙術の術數學的考察

以上の考察では、扁鵲や郭玉が唱えた「巫を信じて醫を信ぜず」「醫は意なり」をめぐる中世、近世での史的展開を檢討し、巫術から醫術への流れにおいて醫家が儒者を中心とする知識人層との間で知的ネットワークを構築したこと、そして醫意説を大きなコンセプトとして朱丹溪を革命の旗手として近世醫療の革新が興起したことについて、具體的様相を探った。その二つの論題に共通するのは、中國醫學の「術」としての要素である。方伎、方術または術數という視座から「醫術」を議論するのであれば、巫術と醫術の二分論では不十分である。

というのは、郭玉の發言中には、醫意や四難とは異なる方向性の言説を見出すことができる。すなわち、「鍼には分寸有り、時には破漏有り」と言う。鍼を刺すのに適度の深淺の度合いがあるから、時にはミスをして漏れ出すことがあるという文意に取れそうである。しかし、李賢注には「破漏」を「衝破」と解釋する。「衝破」は、占術において、歲神、斗神、日支等と對立關係になる組み合わせを指し、日選び、方位占での惡日、凶方に當たる。ここでは、血忌日のように鍼灸を行うべきでない禁忌があることである。「醫は意なり」と言っても、好き勝手にやっていいわけではない。刺鍼の施術には、深さの度合いや日時において、定まった規則や制約がある。人にも禮節が有り、醫者と患者の間にも信賴關係を生み出す敬意や誠意が必要である。貴人にはそれが缺如していると暗に批判する。

唐代の注釋者には、醫術と占術を同じレベルで扱うことに違和感はない。當時に醫卜兼修という側面があったからだ。醫術は、巫覡の呪術とは一線を畫しているが、占術的要素をすべて切り捨てたわけではない。方術傳で占術師と醫者がともに扱われているように、廣義には方伎、方術であり、科學と擬似科學を峻別するというより、相補的なパートナーとして雜居する。

『後漢書』方術傳は、總論として、數術、方伎の特色を簡潔にまとめる。最も興味深いのは、次の論說である。物事が偏りすぎると弊害なしではすまされない。それは大道といえども同じであり、その缺點は『詩』では愚（愚鈍）、『書』では誣（虛僞）である。數術の場合には、「詭俗」（奇異な風俗）をもたらすということになる。數理を極めて來たるべき變化を察知することができて、世の風俗を欺き惑わすようなことをしないのが、數術に長けた者である。豫見、豫知の洞察力に聖人の道に通ずる價値を見出し、まったくの虛誕妄說と言い過ぎるのも正しくないとする。

近世に民間巫術を彈壓する際にも、詐欺行爲による「詭俗」への糺彈があった。醫術にも人物次第でその危惧はある。例えば、宋の方勺『泊宅編』巻下に、「古の賢人は、朝廷に在らず、必ず醫卜の中に在り」という格言を引いた後、現今の醫者が金儲けに忙しく、詭道（邪惡な道）をもって社會の風俗を脅かしており、ほとんど竊盜、恐喝の徒と變わりがないとし、彼が目擊した二つの出來事を記して世に警告を發する。一つ目は痔を患った男が治療の途中で法外な料金を吹っかけられた話。二つ目は膀胱の氣を患い、睾丸の片方が腫れて肥大化した男が一鍼で治療してもらい大金を支拂ったが、半月後に元に戻ってしまって再訪したら姿をくらましていた話。いつの時代でもありそうな話である。

したがって、聖と俗、正統と異端は、醫と巫にあるだけではなく、醫者としての心構えにも左右される。だから、今日に至るまで醫療倫理の中心的標語に「醫は仁術」がもてはやされるわけである。醫術は、詭道に陷ることは戒めなくてはならない。そうではあるが、正道に準據した正攻法が必ずしも良策というわけではない。その點は、兵法が詭道を重んじるところと相通じる側面がある。實のところ、「醫は意なり」の教えには、そのようなことも含意する。したがって、巫術、占術、仙術の區別やそれらと醫術との關連性をもう少し明確にしておく必要がある。

『千金要方』巻一、「大醫習業」には、大醫になるために暗誦すべき習學對象として、『素問』『甲乙經』『黄帝鍼經』『明堂流注』の古典、十二經脈・三部九候・五臟六腑・表裏孔穴の醫説、『本草經』『藥對』の本草書、張仲景・王叔和・阮河南・范東陽・張苗・靳邵等が著した經方書を列擧する。そして、

陰陽・祿命・諸家相法に精通し、また灼龜・五兆・周易（易占）・六壬に熟達すべきである。目のない狀態で夜に出歩くと、ややもすれば轉倒して氣絶するはめに陥るが、それら（『素問』以下六壬まで）を學ばなければ、それと同じである。その次に、本書を熟讀し、神妙な道理を考察し、研鑽に心掛けることで、はじめてともに醫の道を語り合うことができる。

と述べる。灼龜・五兆・周易・六壬とは、『大唐六典』に言う太卜の掌る「卜筮四法」（龜・兆・易・式）である。五兆は、易占の筮竹數四十九本に對して、算木三十六本を用いる。また、「陰陽」は日月五星や雲氣、風雨等の天文氣象に關する占候、「祿命」は生年月日の干支等を用いた算命術である。醫藥の基礎理論や處方集に加えて中國占術の主要な諸技法にも習熟する必要性を説く。まさに醫卜兼修である。

ここに言う「卜筮」とは、龜甲を灼いて神意を問う龜卜、筮竹を用いる易占といった由緒のある占術とそこから派生すると見なされた六壬、九宮、太一、遁甲等々諸技法を統言したものであり、扁鵲の批判した巫術とは一線を畫している。「醫卜」は、しばしば併稱される。例えば、『史記』日者列傳では、賈誼が宋忠に「古代の聖人は朝廷にいない時には必ず卜醫のなかにいると私は聞いている」と語り、長安の東市で占いをやっていた司馬季主に逢いに行く話がある。卜筮の名人となると、名醫、良醫と同等に知惠ある在野の知識人として尊敬を集めていたのである。また、

『論語』子張篇に、子夏が「小道と雖も必ず観るべきものがある」と述べるが、その「小道」に對して朱熹が「農圃、醫卜の類」（農圃は農業）と解釋する。國家の爲政、祭祀等の「大道」に對する他の諸事の「小道」、または「經術」「道術」に對する「方伎」「術數」のなかで、醫卜は農業とともに社會生活上の有用性を最も認められた存在だった。疾病や悩みを豫見し、治療や行動指針の提示を行うことができる先見性に、それなりの價値を見出しているのである。

したがって、醫卜兼修を主張しているからと言って、巫覡の迷信的要素を切り捨てられない傳統醫學の前近代性と卽斷するのは早計である。醫術に卜筮星相を應用すると言っても、診斷法に相術を活用するとか、性格判斷は心理療法に使えるとか、そのようなレベルの話ではない。『千金要方』では、次條の「大醫精誠」に「醫方と卜筮は技藝のなかで精通するのが最も困難なもの」という認識が示されており、「神授の才能がなければその蘊奥を究めることができない」と述べる。醫卜に學問的要素より技術操作的な性格が強いと考えているのである。その共通點は、自然と人倫の感應を陰陽五行說で定式化することで變化の徵候を解讀する手法にある。また、律令の規定でも「占候醫卜」が併稱され、その評價ポイントは效驗の多さにあり、十回で七回以上に的中させないとダメ出しを食らう。醫卜の技能が特異であるのは、どんなに學識の深さがあり、理屈が通っていても、運用の成否が歴然と示され、結果がすべてという世界である。口から出任せ、當てずっぽうの妄言で金儲けするだけなら無能、無知でいいが、國家の存亡、人間の生死の命運を握っていることを眞摯に捉えれば、當然のことながら人並み外れた洞察力、直感力が求められる。そのうえ、規範書によって理論と處方の知識を詰め込むだけでは技能的な上達は望めない。だから、そのトレーニングに、醫卜兼修を唱えているのである。

醫術と占術の相補的關係は、俗流空間に形成された術數學の學問的體質を特色づけている。さらに、術數學と道教文化との強い連關性を考慮に入れるならば、醫術、占術、巫術に加えて、仙術をも議論の俎上に載せなくてはならない。

醫術に對して仙術と巫術とを最も明解に區別立てするのは、『抱朴子』である。著者の葛洪は、神仙の道術とともに醫術にも精通していた。內篇の雜應篇には、昔の道士は、醫術を兼修し、修行の途中で病にかかることから身を遠ざけることができたとし、自らの醫學研究の步みを述べる。

私が見た醫藥書には、戴霸・華他（華佗）が編集した『金匱綠囊』、崔中書の『黃素方』及び百家の雜多な藥方五百卷ばかりがある。また、甘胡・呂傅・周始・甘唐通・阮南河（王明校釋によれば阮河南の誤り）等がそれぞれ撰述した「暴卒備急方」（突然の急病に對處し、緊急を要する病に備えた藥方書）があり、それぞれ卷數は一百十卷、九十四卷，八十五卷、四十六卷とまちまちであるが、世の人々はみな「詳細を究めていて、附け加える必要がない」と稱えていた。ところが、私が考究して檢討してみると、不備な點が多々ある。種々の急病ですら十分に論じ盡くされておらず、また全體的な構成が雜然としていて錯綜しており、一貫性に缺けて條理がない。調べようとしても、すぐに見つけることができない。さらに、急變の證候を治療するのに、いずれも高貴な藥劑を用いており、ますますると數十種類にも達するので、富裕でかつ都に住む者でないと平素から蓄えることができず、急場の間に合わせもままならない。また、又鍼を用いた治療を多用させようとするが、灸法に關しては据えるべき場所や寸法を明らかにしていない。ただ身體の孔穴、榮輸の名を說くだけなので、ベテランの醫者で「明堂流注偃側圖」（人體孔穴圖）を詳しく見ることができる者でなければ、どうして理解できようか。

私が撰述した醫書百卷は、名附けて『玉函方』と言うが、病名をすべて類別し、關連するものを連續させて配列し、相互に混じり合わないように工夫した。『救卒』三卷は、いずれも一人で利用でき、簡便である。村里の垣根や田畑の周邊であたりを見回すとすぐに得られる藥材ばかりで、衆多な急病にことごとく備えることができる。

家にそれらの方剤を置いておけば、醫者を用いなくても濟む。

醫者は多くが家業を世襲しており、有名無實であり、ただ空虛な名聲を守って金儲けを企むだけである。貧窮な暮らしの隱遁者は、賴みがたいところがあり、診てもらったところで、しばしば誤診を犯す。自分でしっかりその要訣を覚えるほうがましであり、無知な醫者を呼び寄せるより勝っている。醫者はすぐには見つからず、見つかってもすぐに診察してくれるとは限らない。(手遅れになって)腠理の輕微な疾患を膏肓の深い病禍にして、かえって救いようのない事態を招くことになり、かつ突然の急病で、遠方に出向いてどうしたらいいかを尋ねているうちに、多くの場合には横死してしまうのである。

長々と原文を引用したが、自信に滿ちた論述を見れば、葛洪が醫術に精通していたことは論證するまでもないだろう。自著である『玉函方』百卷は後に傳わらないが、『救卒』三卷は陶弘景によって增補されたものが『肘後備急方』(別名:「肘後救卒方」「肘後百一方」)として傳存する。六朝時代には、國家の名醫が學ぶ醫學理論ではなく、葛洪が不備を指摘した甘胡以下の「暴卒備急方」のように、一般民衆が緊急の應急處置として簡便に利用できる藥方書(「經方書」)が多數著された。葛洪の醫書も醫藥學の知識を世俗に啓蒙し、實用に供する生活ハンドブックであり、常備できる民間藥を普及させることを意圖するものであった。

『抱朴子』内篇では、不老延壽を達成できる道術、仙藥の實在を強調するが、醫術への論及もある。至理篇では、名醫の蘇生術や外科手術と神仙道を比べて言う。

越人(扁鵲)が絕命の虢國の太子を救い(『史記』扁鵲傳)、胡醫(匈奴の醫者)が息絕えた蘇武を蘇生し(『漢書』蘇武傳)、淳于意が頭蓋骨を切開して腦を治療し(未詳)、華佗が腹を割いて胃を洗淨し(『後漢書』方術傳)、文摯が故意に約束の期日を間違えて齊王を怒らせることで危篤狀態から回復させ(『論衡』道虛篇)、張仲景は胸に穴を開けて赤い餅を詰め込んだ（未詳）。これらは醫家の淺薄な技術であるが、それでもこのような效驗がある。まして、神仙の道ならなおさらのこと、どのようなことでもできるにちがいない。

また、通明腎氣丸、內補五絡散、骨塡苟杞煎、黃蓍建中湯といった醫家が活用する藥が身體を太らせて元氣にすること、華佗の弟子である樊阿や吳普が、漆葉、靑蓁の服用や五禽戲の導引術によって長壽を得たこと（『後漢書』方術傳）を取り上げ、ありきたりの藥草や淺はかな方術でも、長壽が達成できるのだから、靈妙な仙藥、ハイレベルの道術を活用するならばなおさらの延壽の靈驗が得られるとする。さらに、霍亂に效く理中四順丸をはじめとする諸藥を列擧し、それらの效能を俗人に敎えても聞く耳を持たないことを嘆いて次のように述べる。

俗人は藥が效くはずがないと思い、神に犧牲を供えて吉福を願い、易者に蓍を立ててもらってどんな祟りかを尋ねる。良醫の治療を信用しようとせず、かえって巫史（巫覡・神官や占い師）に足繁く通う（「用史巫之紛若」は『易』巽卦、九二爻辭の言を踏まえる）。まして、かれらに告げて金丹を用いれば昇仙でき、靈芝・石英で壽命が延ばせると言っても無駄である。

『抱朴子』では、醫術に對して俗信、虛妄として巫術があり、さらに醫術の上位に仙術があるという圖式である。ここで問題にしないといけないのは、巫醫同源から醫術と巫術に分化し、學問と宗敎に分岐するというストーリーではない。先秦の自然探究が民間信仰を取り込む形で理論化し、方術、方伎が發展し、それが漢代思想革命を經て、方術から術數學が形成される。その流れにおいて、鍼灸醫術、藥學（本草學）と道敎的な仙藥、養生術が發展する。したがって、學問と宗敎の兩域に跨がる形で醫療文化が存在し、しかも「方伎」としての傳統醫療の研究の場は在野の俗流空間にあったことである。そこには、醫者と巫者が職掌を棲み分けながら雜居しており、世俗を惑わす詐術、妖術も橫行していたのである。つまり、當時の醫療文化の全體像を考えれば、醫學と民間巫術には大きな隔たりはあっても、その間にいくつかの階層があり、養生法、健康術から擬似科學、僞薬にすぎないと斷罪される様々なレベルの治療が存在したと考えたほうがいい。

ということは、巫術から醫術へという大きな流れにかき消されているが、仙術、養生術というもう一つの水源があり、巫術や醫術に合流したり、分岐したりする傍流の離合を探る必要がある。とりわけ道敎研究では、外丹から內丹へという煉丹術の變容が強調されている。不死長生の祕薬ともてはやされた丹薬が有害な金屬化合物による強い副作用によって死をもたらすことが次第に自覺されるようになり、唐宋の際に瞑想や呼吸法を取り入れた身體技法によって體內で金丹を合成しようとする新展開があった。しかし、丹薬、仙薬が世に出回らなくなるわけではない。金屬化合物には、激痛緩和、鎭靜作用等の目覺ましい效能があり、今日でも副作用の危險性を十分に認めた上で重篤の患者に處方しているように、當時の萬能薬、特效薬に不可缺な「劇薬」「毒薬」だった。だから、むしろ逆に宗敎的祕儀から解き放たれ、毒性を薄める工夫を凝らして世俗に流通する。

宋代以降の薬劑開發を概觀すると、仙薬、蠱毒の類に近似した種々の金石薬が薬方に用いられ、特效薬、萬能薬として珍重されるようになる。しかも、それを傳える人物を探っていくと、もちろん巫蠱の術士も顔を出すが、そのような怪しげな存在ではない一般的な市井の賣薬人が活動しており、さらにその薬の傳播には道士、僧侶や政治家、文人等も關與していることが確認できる。そのような様々な階層、職種の交叉する場が、特效薬、萬能薬や健康術の周邊にあることが發見できる。それは、近世社會における醫術の動向とリンクしていることは言うまでもない。また、明代の養生書では、醫薬と仙術が意圖的に折衷されて啓蒙され、近世的な健康ブームが生起する。そこに近世醫療文化の多様性をもたらす複合的、横斷的な研究の場が存在する。それが俗流空間に生息する術數學の構造的な一つの核をなしている。そのことを詳しく檢討するのは、紙面も盡きたので、今後の課題としておきたい。

註

（1）術數學の學問的輪郭や中國科學史研究における研究の視座に關しては、拙稿「東アジア科學史研究の新展開――術數學研究プロジェクト」（『術數學の射程―東アジアの「知」の傳統』掲載（武田時昌編、京都大學人文科學研究所、二〇一四）參照。

（2）巫術と醫療に關する考察には、林富士『中國中古時期的宗教與醫療』（聯經出版公司、二〇〇八、簡體字版：中華書局〔北京〕、二〇一二）、同上編『中國史新論 宗教史分册』（中央研究院、聯經出版公司、二〇一〇）、同上編『宗教與醫療』（生命醫療史系列、聯經出版公司、二〇一一）、范家偉『北宋校正醫書局新探――以國家與醫學爲中心――』（中華文史專刊一五、中華書局〔香港〕、二〇一四）を參照した。

（3）拙論「灸經から鍼經へ――黎明期の中國醫學とその史的展開」（田中淡編『中國技術史の研究』京都大學人文科學研究所、一九九八）參照。

（4）蜂屋邦夫「言盡意論と言不盡意論」（「東洋文化研究所紀要」八六、一九八一）參照。

（5）「醫は意なり」の考察に際して、廖育群『醫者意也――認識中國傳統醫學』（臺灣東大出版公司、二〇〇三、後に「醫者意也――認識中醫」と改題して廣西師範大學出版社より出版、二〇〇六）を參照した。

（6）『醫說』卷二、筆鍼破癰、『天中記』卷四十、筆頭蘸藥、『續名醫類案』卷二十三、喉に同類文。ともに『名醫錄』（唐甘伯宗『歷代名醫錄』）を典據とするが、李王の約束を述べた部分は省略されている。また、『續名醫類案』には、「醫者意也」以下はなく、「此與舊案范九思法同。凡喉病當用針者、此法甚妙。故首錄之」（此れ舊案の范九思法と同じ。凡そ喉病に當に針を用うべき者は、此の法甚妙なり。故に首に之を錄す）と注記する。

術数三論——朱子學は術數學か——

川原秀城

朱子學を根底でささえたのは、自然と心性を說く理氣論すなわち理と氣の哲學ということができるであろう。だが朱子の理氣論は自然の理について說明するとき概略、言語を連ねて哲學的に說明するが、現行の自然科學は類似の事項、自然法則について說明するとき通常、一連の數式を使用する。この事實は理が法則を意味するかぎり、過去の理であれ、本質的に數との關係を無視することができないことを示している。理とは一面、數に置換可能な概念だからである。一方、中國硏究者は「性卽理」と聞けば、ただちに數の哲學すなわち術數學を想起する者も少なくないであろう。性卽理すなわち、人のもつ本性、ミクロコスモスがただちに天理——マクロコスモスであるとは一面、術數性に富む漢代天人相關說の哲學的な言い換えにすぎないからである。

一見したところ、朱子學と術數學は密接な關係にあり、あたかも朱子學は術數學の一つのバリエーションのごとくである。今回の論文の課題は、術數學の視點から朱子學のもつ濃厚な術數性について分析するところにある。

一、術數原論

朱子學の術數性について分析考察するには、それに先だって術數學の定義や性格など基本事項を明白にしておかねばならない。基礎作業こそが分析の質を決定し、基本命題こそが考察の前提を構成し結論を左右するからである。今回は議論の質を保證すべく、最初に議論の前提として、術數學にかんする筆者の過去の分析結果を命題化して呈示する。

術數一論……科學思想の視點からの分析

筆者の最初の分析は「術數學――中國の「計量的」科學」（『中國―社會と文化』第八號、一九九三年）である[1]。現時點でも分析結果に別段、異論はないので、ただちに命題化の作業を試みることにする[2]。

定義

「術數學とは、廣義の數の學問（數の哲學）のこと。自然をみる一つの視點／方法である」。

(a)自然界や人間界に對して、數（廣義）が本質的に機能していると把握。このことは數がなければ調和や統一は存在しない、あるいは數學的調和が確實に存在すると考えたことを意味している。

(b)獨特な數概念を構築しては、數には純抽象的な理數と神祕的な命數・卜數があるとする。

(c)數の二面性／二義性に着目して、理數の計量的客觀的な性格を重んじる一方で、それと同等に、命數卜數の神祕的人間的な側面に注意を怠らず、數の語る祕密の情報を解讀し應用しようとする。

命題1・1

「術數學は大きく、(1)理數を說く數理科學と、(2)神祕數にもとづく占術と、(3)科學と占術が完全に一體化した計量的かつ祕數的な知の技法にわけることができる」。

術數學の主流を形成したのは間違いなく、(1)精密科學の曆譜（曆數・算術）と(2)易學支流の天文（星占）・蓍龜・五行・雜占（夢占など）・形法（地理占・觀相など）であるが、術數學をより特徵づけているのは(3)の科學的命題と非科學的命題（人文的命題）の混淆である。たとえば「天圓地方說」は、天地の形狀を說く科學命題であると同時に天德は圓、地德は方という道德命題／非科學的命題を意味している。また秦九韶『數書九章』（一二四七年）の大衍術は、連立一次合同式の解法（現在、Chinese Remainder Theorem という）でありながら同時に獨自の筮法の一擧一動を示している。

命題1・2

「術數學は、經學＝儒學（天人の學）をささえる不可缺の學術部門の一つである」。

東アジアの思想のばあい、いつどこにあっても經學は天人の學であり、天人の辯が論爭の主要課題である。だが經學が天人の學であれば、陰陽五行を介する天人合一（天人の同質性）を根據として、自然と人爲を一律に論じる必要がある。その天人合一の證明は、數や象のアナロジー（數の哲學）によるほかない。

術數學は兩漢の際すでに一つのジャンルとして獨立し、經學を根底からささえる重要な學術部門であったが、劉歆は經學（六藝）をもって諸學の源流である不易の學術と位置づけ、術數學／數術を經學の下部におき、經學に對する不可缺の部門として位置づけた（次頁參照）。この分析はおおむね『漢書』藝文志すなわち『七略』の六分分類構造の分析にもとづいている。

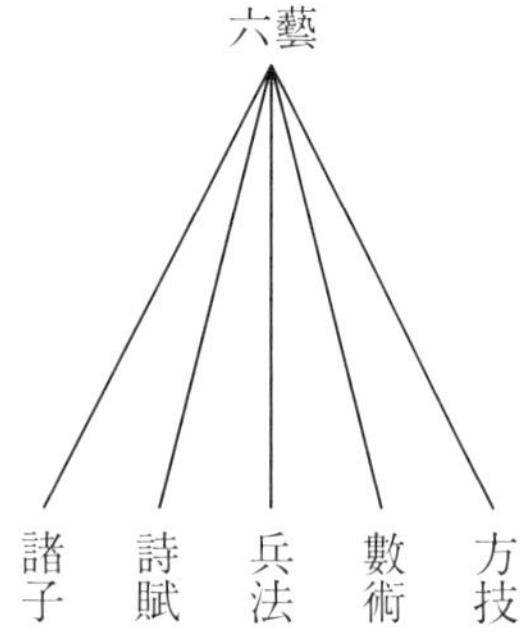

定義および命題1・1からすれば、術數學を數の命題の集合とみたとき、最も術數學的ないし術數性が高いのは、數が理數かつ神祕數として働く(3)の技法、理數と神祕數が一體に機能する(3)の論理ということができるであろう。筆者は現在のところ、術數學を解明する最大の鍵は、その科學的命題と人文的命題の併存や合理的思考と神祕的思考の混淆にあると考えている。

術數二論……歷史的な分析

術數學にかんする筆者の考察／研究に轉機が生じたのは、二〇〇五年の國際シンポジウム「易と術數研究の現段階」における研究發表のときである。發表原稿を作成すべく、一論とは視點を換えて歷史的に分析を行った結果、筆者の術數理解にもいくぶん進展がみられた。「術數學——中國の數術」（渡邉義浩編『兩漢における易と三禮』、汲古書院、二〇〇六年）がそれである。一論と同様に、命題化の作業を行えば、つぎのとおりである。

定義（再考察）

「術數學とは、數術（數の哲學）、すなわち廣義の「數」についてその構造を研究する學問のこと。數理科學（精密科學）と數の神祕術（百僞一眞の知識）を主な内容とする」。

『漢書』藝文志によれば、術數概念は内包が「數」と「象」に關係し、その數と象が不可分である。また術數大序は術數六術をくくって「數術」とよんでいる。そのことからすれば、術數概念の内包は數術、すなわち數の術（數の哲學）であり、術數の定義としては、廣義の數についてその構造を研究する學問のことと考えざるをえない。

命題2・1

「中國の數術は、漢代にそのフレイムワークを完成し、漢代以降、隣接分野の知識を吸收し內容を深化しながら、多方面の發展をとげた。南宋ごろと淸の中ごろ、時代の要請に應じて意味內容を大きく變えた。漢學と宋學と淸學の相違がそれである」(3)。

『四庫全書總目提要』術數類數學屬に收められた術數書をみるかぎり、漢唐術數家および邵雍の精神と蔡元定以降の術數家のそれには、大きな相違がある。漢唐術數家や邵雍のばあい、あくまで數をもって宗とするのに對して、蔡元定以降のばあい、數の展開以前にすでに先天易の論理が存在している。南宋ごろ、數術は數理の自律から易理との同化へと基本性格を大きく變化させたといわねばならない。

漢唐から淸初にかけては、術數學は經學をささえる一部門として、占卜を主要な分野としながら、あわせて精密科學に屬する曆學・算學・地學などを內に含む廣義の數の學術を意味した。だが淸の中葉、『四庫全書』の編纂(一七八二年)にいたって、その意味內容を大きく變えた。西歐の學問観の影響をうけて、天文算法類(算書・推步)が術數類から獨立したからである。今日、術數といえば、普通には占卜や數の神祕術をさしており、算學・曆學を意味しない。

命題2・2

「漢から北宋の數術は徹底して象數に拘泥し、論理を易外に展開することも多い。數理は自律し易理より重く、本質は「物理」の學である」。

『太玄』『潛虛』などは『易』を模倣したものであるが、程頤『易傳』のように象數を廢して義理をのべてはいない。むしろ徹底して象數の論理に拘泥する。すなわち、易理をささえる易數や易象を介して抽象的な數概念に近づき、數自體の論理の影響をうけ、それを根據として易說の不足を補っている。いずれの數の論理も易のシステムに啓發されてはいるが、易外の論理であり、數理の援用にもとづく易學の再構築（數→易）の性格がきわめて強い。

邵雍『皇極經世書』觀物篇の數表（歷年表と聲音表）のシステムは數自體の論理にしたがっており、易の理論を根據としてはいない。また觀物外篇の先天易學の最大の特徵は、易卦が太極→兩儀→四象→八卦→十六→三十二→六十四卦と發展するところ、すなわち二の等比數列にあるが、それは數自體の自律的展開にすぎず、易法則には直接もとづいていない。邵雍の數術も漢唐の數術と同じく、數理の援用にもとづく易學の再構築（數→易）とのべなければならない。

命題２・３

「南宋から四庫全書編纂以前の術數學は朱子學の影響のもと、數理を易理に變換し、數學を易學に隷屬させた。「卜筮」學の性格がきわめて強い」。

皇極經世學は邵雍の沒後、理數による神祕數の合理化（數→易）から易說にもとづく數の統一的な解釋（易→數）へと、研究方向を大きく轉換した。朱熹などによる邵雍の先天易說の顯彰が逆に、易と數のあいだに存在するベクトルを逆轉させたのである。邵雍の子の伯溫は十二消息卦と一元十二會を一對一に對應させることによって、易學の基礎のもと數論を展開した（『皇極經世內外篇解』）。蔡元定は朱熹の思想的影響をうけながら邵伯溫の解釋をより深化し、先天易學にもとづいて邵雍の術數理論すべてを位置づけた（『皇極經世指要』）。朱熹・蔡元定の後をついで道學公認の數解釋を完成させたのが、明の『性理大全』（一四一五年）である。

以上が筆者の考える術數學の定義と基本命題である。定義や基本命題は以下の朱子學の術數性を論じる際の論理的

根據となるであろう。(4)

二、問題の所在

術數學について論じる際の最大の難問といえば、易と數、すなわち易學と數術の關係であろう。先の術數一論と術數二論を通して易と數の關係にかんする言及／分析が頻出するのはまさにそのことと關連している。だが易學は、目錄學ないし古典期東アジア知識人の意識に即していえば、經學に屬し、術數學レベルの雜學ではないが、本質や內容に即すれば、卦爻が象數の一種であり、間違いなく術數學の一部門である。易と數には、矛盾する二種の學問地圖が併存するのである。前者によれば、術數學は易外別傳ないし易學支流にすぎないが、後者によれば、術數學は易學を內に含んでいる。

易と數にかんする二種の學問地圖は、別次元のカテゴリーとして時を同じくして併存するが、また時代の要請に應じて特定期間、一方に強く偏って出現することもある。漢唐北宋の術數學は理數の援用にもとづく易數の再構築(數→易)を特徵とし、術數學のカバーする學的範圍は易學のそれより廣い。二種の學問地圖のうち、明らかに非目錄學的な後者に近づいている。他方、南宋元明の術數學は朱子哲學の影響をうけて易學に收斂し、その範疇を超えようとしない。易數は義理の名目のもと、徹頭徹尾、經學(易學)すなわち二種の學問地圖の前者を志向し、理數の自由な活動を束縛する。易外別傳に終始したとのべることができるゆえんである。

南宋元明の術數學は、朱子學の影響をうけて易外別傳の傾向が強いということができるが、同じく南宋元明の經學＝儒學も、易學ないし易學支流が哲學の基礎命題を構成したといわねばならない。周知のごとく、南宋元明の經學＝

儒學は朱子學を中心とし、結局のところ朱子學も天人の學である。朱子學が天人の學であれば、上記命題1・2をもって、それに見合う術數學ないし術數的思考が朱子學とその論理を根底からささえるであろう。中國の文化傳統にあっては氣ないし陰陽五行の自然學がなければ天人の學を完成することができないからである。くわえて命題1・2による「術數學は朱子學をささえる不可缺の學術部門の一つである」に對して、命題2・3による「當時の術數學は易學に隷屬した」歴史的事實をあわせ考えれば、朱子學の基礎理論に易學の影響が深いことは自明であろう。單純にいえば、術數性の強い易說が朱子哲學を構築するのに大きな働きをしたのである。

だが朱子學と術數學の關係はわずかそれにとどまらない。朱子學は周知のごとく、哲學的體系性に富む、理氣心性論を論理の基礎におく修己治人の學である。その哲學體系の基礎理論、理氣心性論の第一命題を構成したのは、易學（本質的には術數學）にもとづく獨特の自然學、宇宙生成論——『太極圖說』や『周易』繫辭上傳などの言說にほかならない。だが朱子學が理と氣の哲學であり、理と氣の哲學の根底に易說をおくとすれば、體系的性格ゆえ、それはただちに基本論理を易學に委ねて術數的命題を自らの第一命題とすることを意味するであろう。朱子學が哲學體系であり、術數的命題が第一命題であれば、論理的必然として、朱子學自體が本質的に術數學である可能性も排除できなくなるにちがいない。

本發表の問題とするところはまさにその點である。朱子學の本質すなわち理論基層は術數學にあるか否か、時間の許すかぎりこの點について考えてみたい。

三、朱子學に對する術數學的な評價

中國歴代の圖書目錄すなわち書籍分類は、經學とそれ以外の史部子部集部の學術に對して分類や評價の基準ないし基本原理を異にしている。經部書籍は時間軸——聖王の遺訓や文明の古典か否かを基準とするが、史部子部集部の分類はまったくそれに反して、各書の說く主題・內容自體にもとづいている。たとえば經部春秋類所收書は歴史書の古典であるが史部には收められず、經部詩類所收書は文學書の古典であるが集部には收められない。また經部易類は實質的には術數學の古典であるけれども、中國の讀書人は術數學との關連を強く意識せず、易學を術數學と同範疇の學術とは考えようとしない。經部分類の特殊性については特別の注意が必要である。

朱子學ないし性理學のばあいも同樣である。歴代の圖書目錄によれば、朱子の『周易本義』『四書章句集注』などは經部に分類され、『朱子語類』『近思錄』などは子部儒家類に分類される。だが上にのべたごとく朱子書が經部書籍であり、哲學體系自體が術數的な易說を第一命題とするからには、經部分類の特殊性のため、過去の圖書目錄にしたがってその學問地圖を一義的に確定することはできない。主題・內容がさほど勘案されていないからである。一方、朱子學體系が術數學と關係が深いこと自體は歴代の圖書目錄によっても否定することはできない。たとえば『宋史』藝文志は『性理大全』所收の『皇極經世書』を經類易類に分類するが、『四庫全書總目』は同じ書を子部術數類に收めている。本發表が問題にするのは朱子學の本質が術數學にあるか否かであり、表面的な目錄學上の分類ではない。古典期東アジア知識人の意識や評價ではなく、朱子學の主題や思考法それ自體の性格分析、いいかえれば朱子學に對する實質的な學問地圖の作成をその課題としている。

朱子學に對する非目錄學的な解釋・評價の歴史上の實例を紹介することから、實質的な學問地圖の作成を目的とする、今回の考察を始めたい。歴代目錄にもとづく學問地圖はおおむね道統の傳の集大成者として朱子を位置づけており、當時の朱子學者の高い自己評價を彷彿とすることができても學術自體の實質を明らかにすることはできないからである。

黄胤錫の理藪新編

黄胤錫（一七二九～九一）は朝鮮朝後期の朱子學者。『理藪新編』二三巻（一七四四年自序）はその代表作である。『理藪新編』は「群書を博援」した性理學の入門書であり、『性理大全』七〇巻の補完本ということができる。『理藪新編』巻一「太極圖」は『性理大全』巻一にみえる宋元儒者の太極圖說の重要部分を轉寫し、補遺をつけくわえたものであり、『理藪新編』巻二「理氣」は『性理大全』巻二六「理氣一」に基本的にもとづいている。以上のように各巻とも『性理大全』からの轉寫が多く、案文なども附されているが自說の提示は總じて控えめである。『理藪新編』と『性理大全』の對應關係を示せば、左圖のとおりになるであろう。

二書の對應關係をみれば明らかなごとく、『理藪新編』は『性理大全』にみえる術數性に富む『太極圖說』『易學啓蒙』『皇極經世書』『洪範皇極內篇』『律呂新書』などを引用し、理氣・性理・學・君道・治道などに言及してはいるけれども、表面上、術數學的性格の乏しい家禮・鬼神・道統・諸儒・諸子・歴代については收錄していない。逆に『性理大全』にはない「漢書」（巻八）と「韻學」（巻二〇）と「算學」（巻二一～二三）の項目をたて、『性理大全』の說く性理學の不足を補っている。「漢書」は術數學に屬する律曆志と天文志と五行志からの轉寫である。「韻學」は等韻を說く李世澤の「韻法橫圖」と梅膺祚の「韻法直圖」を描き、つぎに『訓民正音』の音韻システムを說き、雜錄におわっている。『皇極經世書』聲音表のことを想起するとき、韻學の術數學的性格は顯著であろう。「算學」は傳統算術、すなわち術數學の理數の側面を分析している。

黄胤錫の性理學はその社會思想の側面を重んぜず、術數學的な傾向を顯著に示していたとのべることができるであ

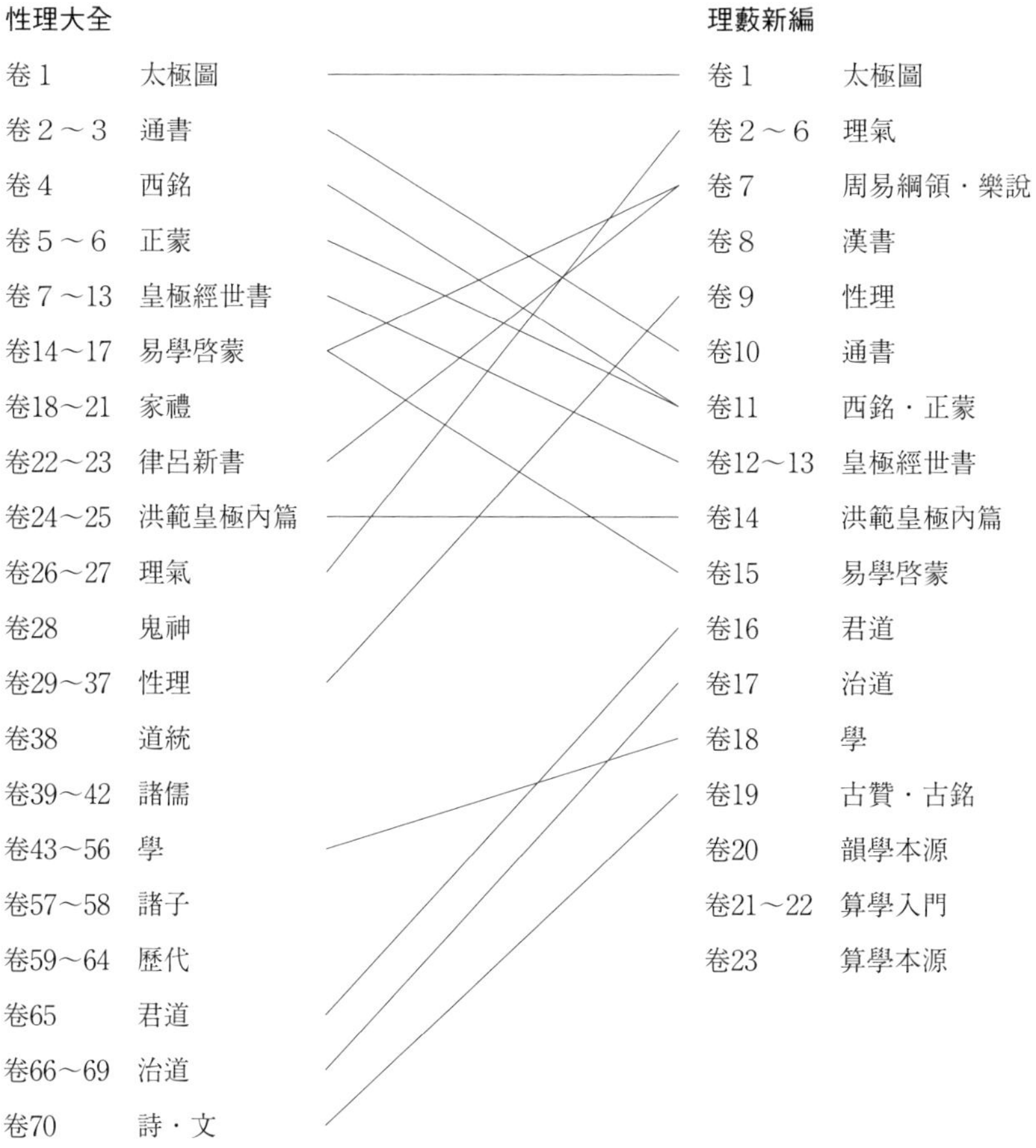
性理大全
卷１ 太極圖
卷２～３ 通書
卷４ 西銘
卷５～６ 正蒙
卷７～13 皇極經世書
卷14～17 易學啓蒙
卷18～21 家禮
卷22～23 律呂新書
卷24～25 洪範皇極內篇
卷26～27 理氣
卷28 鬼神
卷29～37 性理
卷38 道統
卷39～42 諸儒
卷43～56 學
卷57～58 諸子
卷59～64 歷代
卷65 君道
卷66～69 治道
卷70 詩・文
理藪新編
卷１ 太極圖
卷２～６ 理氣
卷７ 周易綱領・樂說
卷８ 漢書
卷９ 性理
卷10 通書
卷11 西銘・正蒙
卷12～13 皇極經世書
卷14 洪範皇極內篇
卷15 易學啓蒙
卷16 君道
卷17 治道
卷18 學
卷19 古贊・古銘
卷20 韻學本源
卷21～22 算學入門
卷23 算學本源

ろう。事實、理藪新編序は性理學の總體を説明して、⑴「天地の萬理を總べる」太極理氣の説と、⑵「河洛の妙機を括る」洪範經世の學と、⑶「古人知來の學」の啓蒙曆閏の法をあげている。また朱子の「易の象數は、初めははなはだ簡易であった。今人はその意味するところを悟らず、反って淫巫瞽史の學と誹るが、それもまた誤りである（易之象數、初甚簡易。今人不得其説、反遂詆以爲淫巫瞽史之學、其亦誤矣）」（朱熹別集・巻六）を引いて、自らが性理學書にもとづいて理數書を編纂した理由を説明している。

以上からみて、黄胤錫のばあい性理學と術數學の學的距離は非常に近い。黄胤錫が性理學を術數學として理解しようとしていたことは疑えないであろう。

阮元の疇人傳序

阮元（一七六四〜一八四九）は乾嘉期を代表する清學者。『疇人傳』四六巻（一七九九年刊）は「阮元撰」になる歴代の天文・數學者の列傳であり、「象數の學」をもって「儒流實事求是の學」「儒者のまさに務むべきところ」ととらえ、黄帝より當時にいたる疇人（曆算學者）二四三人と「西洋三十七人」について立傳している。

『疇人傳』の特徴の一つは曆算學の進歩史觀、すなわち「推步の法は疎より密に漸《すす》み、國朝に至り大いに備わる」（凡例）を前提として中國術數學史をあとづけるところにある。阮元の疇人傳序をみれば、その個性的な曆算學の進歩史觀がただちに經學の歴史的發展を説明し意味していることは疑えないであろう。

むかし、「黄帝は日を迎え策を推し」（『史記』五帝本紀）、かくして推步の術――曆算の學が起こった。そののち、「堯帝は義和に命じ（天象觀測や頒曆を實施し）」（『書經』堯典）、「舜帝は璿璣をみ（日月五星の運行を齊え）た」（『書經』舜典）。夏殷周になると帝王がつぎつぎに入れ替わり、正朔もそれに應じて改まった。それは乾象――天にのっとって百般の功績をあげることが、帝王の要道——重要な職務にほかならないためである。それゆえ、周公は禮を制定し、（天文暦數のことを管轄する）馮相の官を設け（『周禮』春官）、孔子は『春秋』を編み、書中、天文官の過失をとがめた。古の聖人たちはみな天文暦算のことをきわめて重視したのである。

兩漢になると、通才大儒の劉向・劉歆・張衡・鄭玄たちが、前聖の微言を繼承し、その典籍を考察した。かれらはみな象數に通曉し、周天の星官にも詳しかった。ある者は暦法を定めて三光を秩序づけ、別の者は暦論をたてて五紀を明らかにした。かくして數術は天地を極め盡くし、その制作は天地の造化にも肩を並べた。「儒者の學」は漢代、大いに奮ったのである。

だが漢以降、世風はしだいに降り、末學は支離した。俗儒どもは「九九の術」を賤しみて講じない。觀臺を履み司天を領する者はみな舊聞を株守し、法意を知ることもなく、演譔算造の家はただ法數の子母を換易するのみであり、精密に圭表によりて天象を觀測しようとはしない。驗天はこれを失することがいよいよ遠い。步算の道はこれによりて日々衰え、臺官の選も前にもまして輕い。「六藝の道」はかくして湮沒した。まことに嘆くべきである。甚だしきは、あるいは内學を高言して、妄りに星氣（老人の星など）を占い、圖緯の小言をとりて、淵微の天象（發斂の節など）を測る。……あるいは思いのまま空談し、虛誕をなしてはばからない。「河圖洛書の數」や「元會運世の篇」などは眞實に反し根據もなく、實に「數學の異端」「藝術の楊墨」といわざるをえない、云々。

疇人傳序で特に重視すべきは、第三段落の主張である。阮元は「稱意空談、流爲虛誕。河圖洛書之數、傳者非眞。元會運世之篇、言之無據。此皆數學之異端、藝術之楊墨也」とのべて、六藝の道を逸脱した俗儒の虛誕の學說を痛罵している。

阮元が嫌惡し排斥するのは儒學＝經學の傳統における、理數を賤しみト筮や占候をほしいままにした流れのことである。その流れは天地人に通じる漢代經學が「數術は天地を窮め、制作は造化に侔しい」のとまさに逆のベクトルをもっている。阮元によれば、追求すべき數術すなわち天文算法の衰微はとりもなおさず經學の湮滅を意味し、「良に嗟歎すべき」經學の危機以外の何物でもない。「河圖洛書の數」や「元會運世の篇」などはその經學の衰微をよく象徵し、經學の衰微をもたらした者の主張や對象をよく暗示している。

だが「河圖洛書の數」は朱熹『易學啓蒙』が詳論し、「元會運世の篇」は性理學が重んじた『皇極經世書』觀物內篇のことである。特に元會運世のばあい、皇極經世學の歷年記載を特徵づける個性的な用語法にほかならない。くわえて朱子學が「玩物喪志」と天文算法を賤しみ、『易學啓蒙』『皇極經世書』『洪範皇極內篇』などを重んじて好んで卜筮や占候に從事したことは史實として間違いないところである（命題２・３）。阮元が「儒者の學」「六藝の道」に背く「數學の異端」「藝術の楊墨」というのは、直接に朱子學／性理學のことをさすと解さなければならない。

『疇人傳』は『四庫全書』が漢以來千數百年繼續した傳統の分類法を改變し、「天文算法類」を「術數類」から獨立させて一個の領域とした（一七九三年、『總目提要』印行）以降の著述であり、反神祕や反術數の性格を強くもっている。阮元が「數學の異端」「藝術の楊墨」とよぶのは、數の神祕術すなわち天文算法類をのぞく『四庫全書』の術數類のことである。直裁にいえば、阮元や清儒にとって朱子學は數の神祕術、あるいはそれに限りなく近い術數的な學術にすぎなかったのである。

四、朱子哲學に現れる術數的思考

朱子學／性理學は、獨特の『周易』にもとづく命題を第一原理として理氣の哲學體系を構築したものである。理氣の哲學命題が朱子學のすべてを理論的に貫通する。命題化していえば、朱子學の論理の特徴は⑴易説にもとづき、⑵體系性をもつところにある。一方、『周易』がいかに悠久の歴史を誇り形而上學的テーマに富んでいようとも、實質は卜筮書であり術數學である。易説が基礎理論として朱子哲學體系のフレイムワークを定め、神祕數を重んずる術數的思考が朱子學の論理のあちこちに現れざるをえないことは明らかであろう。朱子學の理氣論が術數學であること自體は改めて説明するまでもないからには、朱子學に現れた術數學的性格について以下、體系的特徴をのぞいて重要なところをいくつか指摘する。(5)

形而上學と自然學の混淆

『宋史』道學傳の序言は、朱子學の源流の一つが周敦頤のテーゼ「陰陽五行之理、命於天而性於人者」にあることを明言している。(6)朱子理氣哲學における「天理の根源を明らかにし、萬物の終始を究める」周子の術數的な命題設定の意義は明らかであろう。また周敦頤が自己のテーゼを全面的に展開したのがほかならぬ『太極圖説』である。『太極圖説』は朱子による修改と注釋を經て、朱子理氣哲學の基本命題として東アジアに大きな思想的な影響をおよぼした。

『太極圖説』は簡潔に、宇宙萬物の生成と道德の淵源を説いた哲學書とのべることができるが、そのうち宇宙生成論はもともと術數學の範疇に屬し、術數類天文の屬が專門的に研究してきたテーマである。(7)だが『太極圖説』の論理といえば、むしろ徹頭徹尾、易學の用語／思考に固執し、それにもとづいて道德の根本におよぶ天地萬物の生成をのべきるところにある。すなわち、個別の解釋自體にはやや變化がみられるが、『周易』繫辭上傳の「易有太極、是生兩儀。兩儀生四象、四象生八卦」（十一章）や「一陰一陽之謂道、繼之者善也、成之者性也。仁者見之謂之仁、知者見之謂之知。百姓日用而不知、故君子之道鮮矣」（五章）、「是故形而上者謂之道、形而下者謂之器。化而裁之謂之變、推而行之謂之通。擧而錯之、天下之民謂之事業」（十二章）などと基本的な發想とターミノロジィを同じくしている。『太極圖說』の事例は兩宋期における術數學の數から易への重點の變化を顯著に示しているといってよいであろう（命題2・3參照）。

『太極圖說』は朱子學の理論基礎を構築した重要な論文であり、その易學的な宇宙生成論の內容自體が術數學であることには疑問の餘地がない。宋元思想史を論じる際、當然として最初にその術數性を批判の俎上に載せるべきであろう。だが朱子學の專門研究者にもあまり知られていないが、『太極圖說』はそれ以外にも哲學體系上、重大な論理的缺點を內包する。命題1・1の指摘するごとく、術數命題においては、形而上學的命題（人文的命題）と自然學的命題（科學的命題）が奇妙に／不自然に混淆するからである。簡潔に說明すれば、朱子學（『性理大全』）は『太極圖說』の易學的宇宙生成論を以下のように展開している。

(a)無極而太極。太極動而生陽、動極而靜。靜而生陰、靜極復動。一動一靜、互爲其根。分陰分陽、兩儀立焉。

(b)陽變陰合而生水火木金土。五氣順布、四時行焉。五行、一陰陽也。陰陽、一太極也。太極、本無極也。五行之生也、各一其性。無極之眞、二五之精、妙合而凝。乾道成男、坤道成女。二氣交感、化生萬物。萬物生生而變化無窮焉。惟人也、得其秀而最靈。形既生矣、神發知矣。五性感動而善惡分、萬事出矣。

だが段落(a)と段落(b)は明らかに論理や意味を異にしており、前者は形而上學的命題、後者は自然學的命題といわねばならない。段落(a)の形而上學的な「太極動而生陽」「靜而生陰」であるが、假に自然學的命題として、太極が獨り陰陽に先んじて存在し、太極が動いたのち陽が生まれ、太極が靜かになったのち陰が生まれることを意味するとすれば、物理現象として陰陽は無から生じ、程子の「道靜無端、陰陽無始」の基本原則（『易說』繫辭）と矛盾をいたすからである。かならず形而上學的命題として讀み、概念上のことと解さなければならない。

李珥（一五三六〜八四）は正確にそのことを理解し、

臣按、動靜之機、非有以使之也。理氣、亦非有先後之可言也。第以氣之動靜也、須是理爲根柢。故曰「太極動而生陽、靜而生陰」。若執此言、以爲太極獨立於陰陽之前、陰陽自無而有、則非所謂「陰陽無始」也。最宜活看而深玩也。

とのべている（『聖學輯要』修己第二・窮理章第四）。だが活看深玩しなければ意味が通じないのであれば、それは考察の不足や表現の不備のためであり、論理展開上、大きな缺點があることを意味している。『太極圖說』ひいては理氣說のばあい、論理上の缺點は結局のところ、易學に起因する術數的思考がそれをもたらしたと解すべきであろう。

倫理と卜筮の併存

『四庫全書總目提要』經部易類大序は歴代の易學を大きく「兩派六宗」に分類して、それらが相互に攻駁したことを傳えている。「兩派」とは象數派と義理派のこと。その內容を稱しては象數易・義理易という。象數易は①「古を去ることいまだ遠からざる」經古文學派の易學、②「禨祥に入り」、災異學的傾向を示す京房や焦延壽の易學、③圖書の學を創始し、天地萬物の造化を究明せんとする陳摶や邵雍の易學を代表とする。一方、義理易は④「象數を盡黜し、說くに老莊を以てする」王弼の易學、⑤「始めて儒理を闡明する」胡援や程頤の易學、⑥「また史事に參證する」李光や楊萬里の易學を代表とする。「六宗」である。『總目提要』の兩派六宗說はよく易學の發展を總括しているということができるであろう。

特に兩派易學の學說上の特徵を簡單にまとめれば、象數易は第一に卦爻の象數を重んじ、象數固有の論理をもって卦辭爻辭などの意味を說明しようとする。象數固有の論理すなわち象數の相互關係性は易內の數構造——應・正・中・當・反などにもとづき升降・消息・互體・旁通などによって說明されるほか、易外の數學定理や天文定數なども字句の解釋に頻繁に利用される。一方、義理易は最も卦爻の義理を重んじ、義理固有の論理をもって卦辭爻辭などの意味を説明せんとする。義理固有の論理すなわち易哲學や自然觀は易內の卦辭爻辭や十翼の語句を組み合わせることによって説明されるほか、易外の道德律・心性論による解釋もよくみられるところである。

そもそも象數易のばあい、術數學の範疇に分類されることは上記の説明によるまでもなく自明である。ことさら議論すべきところはないであろう。既述した周敦頤『太極圖説』や邵雍『皇極經世書』などに明らかなごとく、象數が主旋律を構成しありのままに機能しているからである。だが義理易については、象數を盡黜する、云々というゆえ術數學のカテゴリーに屬さない、あるいは義理をことのほか重んじるため術數性はきわめて低いなどと單純にいうことができるかといえば、そうではない。一面において、術數性はより高まっているというべきであろう。

以下、朱子哲學體系の易研究の代表として程頤『易傳』をとりあげ、義理易の術數性について考えてみたい。朱子『周易本義』は義理易と象數易の折衷であり術數性が確實に認められ、義理易としての分析には適さないからである。

程頤『易傳』は一見したところ、性理學風の道德教訓に溢れ、あたかも倫理學書のようである。易傳自序はそれについて、「易は變易なり、時に隨いて變易して以て道に從うなり。その書たるや、廣大にして悉く備わる。將に以て性命の理に順い、幽明の故に通じ、事物の情を盡くして、開物成務の道を示さんとす」という。また『四庫全書總目提要』は「程子は邵子の數を信ぜず。故に邵子は數を以て易を言うも、程子の此の傳は則ち理を言い、あるいは天道を闡《あらわ》し、あるいは人事を切る」とのべている。引用中の理や道は人に固有の道德性を意味するにちがいない。

程頤『易傳』の倫理的性格については、それを明らかにすることはさほど難しいことではない。今回は艮卦卦辭に對する鄭玄注(①の解釋)と程頤注(⑤の解釋)の比較を通して、それを試みたい。艮卦は艮下艮上の純卦、上卦も下卦も一陽爻が二陰爻の上にある。その卦辭は「艮其背、不獲其身」云々という。鄭玄は艮卦卦辭に對して、「艮之言很也」

(見釋文)「艮爲山。山立峙、各於其所、无相順之時。猶君在上臣在下、恩敬不相與通。故謂之艮也」(見集解)と注する(『通徳遺書諸見錄』)。訓讀は「その背にさからいて、その身をえず」と讀むべきであろう。その意味するところは、君(一陽爻)と臣(二陰爻)が對峙して恩敬が通じあわないことである。倫理命題というより冷徹な社會描寫といってよいであろう。一方、程頤は「人之所以不能安於止者、動於欲也。欲牽於前而求其止、不可得也。故艮之道、當〝艮其背〟。所見者在前、而背乃背之、是所不見也。止於其所不見、則无欲以亂其心、而止乃安。〝不獲其身〟、不見其身也、謂忘我也。无我則止矣。不能无我、无可止之道。……在背、則雖至近不見、謂不交於物也。外物不接、内欲不萌、如是而止、乃得止之道、於止爲無咎也」と注する。訓讀は「その背にとどまりて、その身をえず」と讀む。卦辭が明らかにするごとく、無欲に徹して物と交わらず、止まるべきところに止まれば、無我の境地にいたり、咎はないと解する。艮卦は程頤によれば、天理と人欲の關係を說き、『大學』の三綱領の一つ「至善に止まる」をもとづいて止の道を說いたものにほかならない。鄭玄の解釋と比較すれば、程頤の倫理志向すなわち動機主義／心情倫理に向かって人を誘掖しようとする傾向性は隱しようがないであろう[8]。

だが程頤『易傳』は總じて倫理學書的であるが、倫理を說くと同時に卜筮のことに言及することも忘れない。易傳自序にいわゆる「易に聖人の徳四あり。以て言う者はその辭を尙び、以て動く者はその變を尙び、以て器を制する者はその象を尙び、以て卜筮する者はその占を尙ぶ」、「吉凶消長の理、進退存亡の道、辭に備わる」、「君子、居れば則ちその象を觀てその辭を玩び、動けば則ちその變を觀てその占を玩ぶ」などがそれである。程頤『易傳』にあっては卜筮が倫理と併存し、倫理學以上の意味(天道の祕密を知ること)も含んでいるのである。

倫理と卜筮の併存すなわち「天道を推して以て人事を明らかにする」、この性格は、義理易であれ象數易であれ、易學書であればどうしても免れないところである。「聖人は世を覺《さと》し民を牖《みちび》くに、大抵、事に因りて以て教えを寓し」、易は「卜筮に寓する」からである（『四庫全書總目提要』經部易類大序）。だが術數學の思考構造すなわち術數性に注目すれば、義理易は象數易に比して要求する倫理の質が高く、したがって倫理と卜筮の矛盾がより顯在化している。いくら死を賭して倫理に固執しようとも、事件に先んじて嚴密かつ廣範に運命ないし事件の結末を知れば、行爲の選擇ひいては道德的行爲自體の意味するところは大きく變化する。後世からみた犬死、無駄死に倫理的意味があるのは、人は前もって未來がわからないからである。倫理と卜筮は本來、當爲として兩立すべくもなく、兩者が本質的に矛盾することは自明である。だが義理易のごとく倫理への要求が高まれば、卜筮との矛盾（倫理と卜筮の原理的な齟齬）すなわち人文學的命題と自然學的命題の混淆（命題1・1）に生じる矛盾は前にも增して增大するにちがいない。併存する倫理と卜筮の學的距離が離れ矛盾をはらむ以上、義理易のほうが象數易より優れて術數的であるといわざるをえないであろう。

義理易であれ象數易であれ、易學を根幹におく哲學は術數學的である。朱子哲學もその例外ではない。朱子學のばあいも、第一命題の卜筮ないし術數學の性格が大きく哲學としての發展の方向性を規定したのである。

律呂本原と候氣の矛盾

中國の音律理論は、蔡元定（一一三五～九八）の十八律のシステムにいたって一應の安定をみた。十八律とは蔡元定『律呂新書』にみえる、三分損益律（ピタゴラス律）と旋宮（轉調）の妥協のシステムのこと。旋宮を十一均に限定し、十二正律に六變律をくわえた。音響學的な考察はいまだ十分でないが、理論上次善を重んじる合理性がある。また朱子とそのエピゴーネンたちがそれを顯彰して音律理論の正統の地位にかつぎあげた。後世の朱子學の音律研究が『律呂新書』を中心とするゆえんである。

『律呂新書』は南宋以降の音律研究のフレイムワークを決定したということができるが、その内容上の最大の特徴といえば、「聲氣の元を求め」「律呂本原」を定めるところである。朱子自身も蔡元定法が「一字も古人已に試みるの成法に本づかざるなし」とのべながら、斬新な點として「先に聲氣の元を求め、律に因りて以て尺を生じるに至りては、則ち尤も所謂卓然たる者なり」と絶賛している（律呂新書序）。元の彭絲のいう蔡氏多截管候氣の說がそれである。

蔡氏多截管候氣の說とは、「聲の淸濁・氣の先後を以て黃鐘（の規格）を求める者」のことである（『律呂新書』律呂證辯・造律第一）。彭絲によれば、⑴黃鐘管の候補の作成――黃鐘管を作るべく、多數、竹を截る。選擇候補の竹管は長短が同じでないが、管ごとの長短の差は纖微である。⑵黃鐘管の決定――諸管をみな地中に埋め、冬至時を俟ってこれを驗する。候補の諸管のなかで氣の應ずる者があれば、「この管、造化自然に合い、人力の爲すべきにあらざる」ため、取って眞正の黃鐘管とする。⑶度量衡の決定――眞正と認定された黃鐘管を計り、長さを九寸、空圍を九分、積を八百一十分として、度量衡を定める、という。第⑴のステップが截管、第⑵のステップが候氣である。

蔡元定や朱子は「律呂本原」が截管→候氣による黃鐘管の作成にあると考えたようであるが、李瀷（一六八一～一七六三）の樂律跋や跋樂律書が指摘するごとく、「古今律を言う者、畢竟合わざれば、則ちこれを竹管候氣に諉《わずら》わす。殊に候氣にもまた符せざるところあるを知らず」、あるいは「候氣の論のごときは」「いまだかつて經驗してその合否を知らず」――經驗則に反するところがある（『星湖全集』卷五四）。また『四庫全書總目提要』律呂新書提要も、蔡氏多截管候氣の說は候氣を基本原理とし、「候氣の說は最も荒渺となす」と批判してやまない。

候氣の論とは、太陽が黃經二七〇度に達した瞬間、冬至の氣が（世界中のすべての地點に）いたり、氣が（黃鐘の）灰を動かす、すなわち玄室（實驗室）の諸管のうち、黃鐘管内につめた灰のみが飛び散る、というものである。源流は京房（前七七～前三七）にあり、その占候理論にもとづいている。(9) 改めて強調するまでもなく、候氣說は術數性に富み、經驗則に反し、實際に起こるべくもない。蔡元定は「律は陽氣の動、陽聲の始なり。かならず聲和し氣應じ、しかるのち以て天地の心を見るべし」という（『律呂新書』律呂證辨・候氣第九・按語）が、その朱子學的な主張はよく天人の際を論じみごとに術數學の特徴を示している。

『四庫全書總目提要』經部樂類・著錄案語によれば、「天文樂律は、みな積數の學なり」。だが「宋儒」は樂律のばあい、「樂理」を論じ「樂本」に言及して自らを正當化するが、それは結局のところ、理數に徹するあたわざることを糊塗する遁辭にすぎない。[10] 四庫全書館員は樂理・樂本を明らめたと自畫自贊する『律呂新書』ひいては朱子學に對して、內在する本質的な術數性を根據にその論理の不合理を指摘し批判するのである。

小　結

朱子哲學が體系性に富み、易學を根幹におく論理構造をもち、術數性の濃厚な論理展開を好むこと（四節）からいえば、一つの評價として、朱子學の本質を數の哲學、術數學と規定することができないことはないであろう。[11] その性格に言及した讀書人が實際に存在する（三節）だけでなく、體系全體を貫く理氣論にくわえて個別の理論もあまりに術數的だからである。

今回の朱子學卽術數學と斷ずる分析にかかりに論理上の問題點ないし弱點があるとすれば、[12] それは朱子學を哲學體系として議論を展開したところであろう。そもそも嚴格な意味における體系的な哲學は、普遍的な原理を示す少數の基本命題／第一原理とその結合である論理的秩序の明白な思想命題群から構成されなければならない。知識は強くシステム化され、體系內の個々の命題は有機的に結びつく。一個の基本命題の否認／不成立は、ただちに哲學體系の破綻を意味し、些少な命題の改變も、全體の結論に影響する。哲學體系にあっては各命題の反證可能性が不可缺であり、命題相互は強固な論理的な整合性を有さなければならない。だが朱子學のばあい、哲學内部の矛盾も多く、いまだ未完成の體系の印象が強い。今回は朱子學を體系的哲學として論を立てたが、嚴密にいえば、その體系性自體が一種の假說にすぎない。たとえ假說であろうとも、大きな思想上の傾向性を否定することはできないとはいえ、そこから導き出される結論に一抹の不安がのこることも否めない。假說が證明されない以上、嚴格には蓋然的な命題だからである。そのことからすれば、朱子學の體系性に對する評價自體が術數學か否かをわける分水嶺になるというのが、齒切れが悪いが今回の論文の結論ということができるであろう。

また朱子學の術數性をめぐっては、四庫全書館員が經部樂類についてのべたことが示唆に富んでいる。先に引いた「宋儒はその器を得ざる」ため、樂理・樂本の分析に終始したというのがそれである。清朝經學は朱子學の饒舌を嫌い、新たな學術の方法論を呈示することを通して、朱子學の術數性を否定し、術數學を單なる百僞一眞の數の神祕術に貶め、それと同時に術數學から理數の天文數學を救い出し、天文數學の古典を經書として重んじた。宋學から清學へのパラダイム・シフトは、術數をどうとらえそれにどう對處したかにも大きく關係している。

術數學研究は重要である。研究の目的は、わずか文化史や科學史上の解明にとどまらない。思想史上、術數學が重要な研究テーマの一つであることも、これまた間違いない。術數學研究の一層の發展を心から冀うゆえんである。

註

（1）川原秀城『中國の科學思想——兩漢天學考』（創文社、一九九六年）に轉載した。

（2）以下、論述の内容にはまったく變化はないが、表現や用語には改善したところがないわけではない。

（3）安大玉「蔡元定と西學――『性理精義』における風水と蔡元定に對する評價をめぐって――」（『術數學の射程――東アジア世界の「知」の傳統――』武田時昌編、京都大學人文科學研究所、二〇一四年）によれば、『四庫全書』期における變化に先んじて、術數學は一度、漢北宋の數→易の性格に戻り、しかるのち神祕術を全面的に否定したという。明末の朱載堉や清初の梅文鼎のことを考えれば、正しい史的解釋というべきであろう。

（4）本稿の術數學にかんする定義と基本命題はだからといって、自己の朱子學論を有利に導くための道具立てではない。筆者によれば、あくまで術數學に對する客觀的かつ合理的な説明を意圖したものである。

（5）朱子學の理氣論が術數學であること自體は重ねてのべるまでもない。易學にもとづき、天人合一を理論根據としているからである。また理氣論が朱子學の基層から表層まですべてを貫通している（理氣論がなければ朱子學は成立しない）以上、術數學が朱子學を基礎づけていることを否定することはできない。朱子學中には一見、術數學と整合的でない命題もあるようにみえるが、根本的には理氣論や易説を介して術數學と深く關係している。伊川易傳などがその典型的な例である。

（6）筆者のいわゆる朱子の哲學體系の基礎理論、理氣心性論の第一命題を構成したのは、易學（本質的には術數學）にもとづく獨特の自然學、宇宙生成論であるとは、まさにこのことにほかならない。

（7）先行する宇宙生成論の代表著作としては、『晉書』天文志や張衡『靈憲』などをあげることができるであろう。

（8）本田濟『易學――成立と展開――』（平樂寺書店、一九六〇年）第二章・第四節を參照。

（9）京房の候氣については、川原秀城『中國の科學思想――兩漢天學考』（前揭）Ⅵ章・二節を參照。

（10）原文「遁辭於言樂理、又遁辭於言樂本」。

（11）優れて術數學でありながら、理數を輕視し、「玩物喪志」と精密科學の研究を退けるところなどは、朱子學的術數學の前近代性をよく示している。清學者が朱子學を忌み嫌うゆえんである。

（12）論理的要請にもとづく假定的言辭である。筆者自身は今回の論理に弱點があると思っているわけではない。

明清時代の風水文獻に現れる「水質」論について

水口拓壽

第一節　問題の所在と研究の方法

『尙書』禹貢篇、『管子』地員篇・水地篇、『呂氏春秋』盡數篇、『淮南子』墜形訓などに見られるように、中國では古くから各地方の土壤や用水に着目し、それによって農耕の適性や住民の性質を論じることが行われてきた。やがてそうした背景のもと、居住地や埋葬地の吉凶に關わる風水說においても、術數的な關心と基準に卽して「土質」や「水質」を吟味することが爲されるようになる。(1)

風水說における「土質」論の目的は、「龍脈（地氣の流れる脈）を求める」という觀點から山々の連なりを檢討する際、また「穴（地氣が龍脈から噴出する地點）に臨む場所を求める」という觀點から居住地や埋葬地の立地條件を檢討する際に、地質組成や地表の色・質感・乾濕などの分析を通して、龍脈の力量や穴の良否を判別することにあった。例えば、傳統的に〔晉〕郭璞（二七六～三二四）撰とされ、風水文獻中の經典的存在として扱われた『葬書』（別稱『葬經』『錦囊經』）(2)に、次のような記述がある。

氣因土行、而石山不可葬也。（內篇）

夫土欲細而堅、潤而不澤、裁肪切玉、備具五色。夫乾如聚粟、濕如刲肉、水泉砂礫、皆爲凶宅。（外篇）

「水質」論はこれを輔弼する役割を擔うものであり、その目的は、河川・泉池などを龍脈から地氣が分かれ出る經路だと認識した上で、色、味、匂い、水面から立ち上る氣、溫度、水音などの分析を通して、龍脈本體の良否や、そうした龍脈に附屬する穴に臨んで居住や埋葬を行うことの可否を判別することにあった。

風水說が「土質」論と「水質」論を組み込むにあたって影響を與えた學藝分野や具體的文獻を指摘することは、現時點において筆者の手に餘るが、右に擧げた漢代以前の文獻の他には、〔梁〕陶弘景（四五六～五三六）撰『眞誥』の稽神樞第一で、金陵の地を讃える記述の中に、土壤が「堅實」であることと水の味・色に關する言及が見られる。同書に示された上清派道敎思想と風水思想との閒には、三浦國雄により構造的な相同性が指摘されているから、[3] 風水說における「土質」論や「水質」論が（直接に、或いは閒接に）同書に由來する蓋然性はあると言えよう。同じく陶弘景が手がけた『名醫別錄』以來、歷代本草書には各種の天水・地水が項目として立てられ、それぞれの「氣味」や藥效などが記載された。〔明〕李時珍（一五一八～九三）撰『本草綱目』は、明らかに風水的「水質」論の成立以後に著されたものだが、從來「玉石部」にあった天水・地水を「水部」として獨立させ、かつ「井泉水」項目では、〔明〕汪穎撰『食物本草』の說を踏まえながら、凡そ井泉は「地脈（から湧いたもの）」であると述べている。同書が明代後期以後の風水的「水質」論を後押しした可能性も想定される一方、むしろ當時の風水說における「水質」論の隆盛が、同書に影響した可能性も想定されるだろう。また唐代以後には、〔唐〕陸羽（七三三～八〇四）撰『茶經』や〔唐〕張又新撰『煎茶水記』などの茶書に、茶を點てるに適した水の條件や、名水を產する水環境や具體的地點を擧げるものが少なくない。この分野と風水的「水質」論の關係も、或いは今後の考察に値するかもしれない。

現存風水文獻中に「水質」への言及を確認できる早い例として、A傳〔五代〕黄妙應撰『博山篇』とB傳〔北宋〕張洞玄撰『玉髓眞經』を擧げることができるが、[4] ①〔明〕徐善繼・徐善述兄弟撰『人子須知資孝地理心學統宗』（別稱

『地理人子須知』、嘉靖四十三年〈一五六四〉自序）の出現以後、「水質」に紙數を費やす風水文獻が増加し、それに伴って議論が活發と詳細の度を高めた。本稿では、同書及び②〔明〕李國木輯『地理大全』（崇禎四年〈一六三一〉序か）、③〔明〕徐世彦撰『新著地理獨啓玄關』（崇禎五年〈一六三二〉序）、④〔清〕葉泰輯『山法全書』（康熙三十五年〈一六九六〉自序）、⑤〔清〕沈鎬撰『地學』（康熙五十一年〈一七一二〉自序）、⑥〔清〕陸應穀撰『地理或問』（道光二十八年〈一八四八〉自序）という六種の風水文獻を取り上げ、[5]先行するA『博山篇』及びB『玉髓眞經』との關係に注意しながら、約二八〇年間に及ぶ「水質」論の展開とその收斂について檢討する。

第二節　『博山篇』と『玉髓眞經』――「水質」論の二つの原形――

まずA『博山篇』は、傳統的に〔五代〕黄妙應撰とされた風水理論書である。現存刊本として國家圖書館（臺灣・臺北市）所藏の明代刊本（一卷）、及び〔明〕李思聰輯『堪輿十一種』（天啓二年〈一六二二〉序）や〔明〕傅振商輯『地理醒心錄』（天啓五年〈一六二五〉）に採錄されたものがある。[6]また、清代の『古今圖書集成』博物彙編藝術典堪輿部（雍正三年〈一七二五〉成立）にも同書が採錄されている。その「論水」章に、次のように連續する二つの條がある。

> 尋龍認氣、認氣嘗水。其色碧、其味甘、其氣香、主上貴。其色白、其味清、其氣溫、主中貴。其色淡、其味辛、其氣烈、主下貴。若酸澀、若發餿、不足論。【全文】
>
> 水爲朱雀、亦是貴局、有聲爲凶、無聲爲吉。蓼蓼可取、最忌悲泣。【全文】

これらの條では、色・味・氣（ここでは匂いを指す）及び聲（水音）という四つの分析項目が呈示された上で、それらに對應するものとして「水質」が評價され、等級を與えられる。複數の項目が一組を成して評價對象とされる場合もあれば、個々の項目が獨立して「水質」評價に結び附けられる場合もある。聲（水音）が聞こえることを原則的に凶とする一方で、「蓼蓼《とうとう》」という聲（水音）を「可取」と評價する言説は、傳統的に〔唐〕卜則巍撰とされた風水理論書『雪心賦』の次のような一節を明らかに踏まえている（傍線部分を參照）。

危樓寺觀、忌聞鐘鼓之聲。古木壇場、驚見雷霆之擊。怪石若居前案、必有凶災。吉星旣坐後龍、豈無厚福。忽覩山裂者、橫事必生。常聞水泣者、喪禍頻見。其或聲響如環珮、進祿進財。若然滴漏注銅壺、守州守郡。蓼蓼洞洞、響而亮者爲貴。凄凄切切、悲而泣者爲災。然而有聲不如無聲、明拱不如暗拱。

この一節には、水の色・味・匂いなどに關して全く言及がない。故にこれ自體は、風水理論書における「水質」論の先蹤と呼ぶべきものではなかろうが、同書は『雪心賦』に開陳された「音の吉凶論」から一部を切り出して、「水質」論の構築に利用したのである。同書は抽象的かつ普遍的なものとして「水質」を論じ、河川・泉池など具體的な水環境の類別や樣態は問題とならない。本稿ではこれを、風水説における「水質」論の第一の原形と見なすことにする。

次にB『玉髓眞經』は、傳統的に〔北宋〕張洞玄撰とされた風水理論書である。現存刊本として明代嘉靖二十九年（一五五〇）福州府刻本（三十卷）、同天啓七年（一六二七）閩徐氏刊本（龍虎山藏板、二十八卷）、やはり明代の書林陳孫賢刻本（二十八卷）などがあり、それらは全て〔北宋〕劉允中名義の注を附し、前二者には更に〔南宋〕蔡元定（一一三五～九八）名義の發揮を附す。(7) 筆者の實見した明代嘉靖刊本に掲載される蔡元定名義の「玉髓經發揮序」は、『全宋文』にも蔡元定の文章として採錄されているが、(8) 假にこれが彼の眞筆であれば、同書の成立時期は十二世紀以前に求められる。さて、同書の「穴髓摘玄第十九」に次のような記述がある。

溫泉・醴泉則旺氣已鍾於泉、不復成地。若泉淸、可掬、可澣、可濯、澄之愈淸、淆之難濁、春夏不盈、秋冬不涸、此泉水之美者也。穴適值此、則爲佳脈。瞰泉竅上弦以治穴納棺、則此泉必縮爲養尸之氣、不復流注、是眞爲龍漏之穴。若夫得雨卽盈、雨霽卽涸、望之以可揚塵、踐之或至沒脛、此不豬之地、地脈疎漏、最爲下下。或春夏有泉、秋冬乾竭、或雨則泉迸、晴則泉乾、皆不足用。故穴逢龍漏、又須論泉而後論地、泉吉而穴吉也。

ここでは泉（穴に近接する泉）という水環境の一類に限って筆が進められ、「溫泉」「醴泉」など個別の下位分類や樣態に卽して、それぞれの吉凶が判別される。そして、「泉水之美者」と形容される一つの樣態について、そうあるために具備するべき要素が列擧される中で、初めて「淸（澄之愈淸、淆之難濁）」という「水質」が問題とされるのである。撰者の關心は、樣々な自然現象を展現する具體的な水環境に向けられており、言及される全ての水環境に關して「水質」が評價されるわけではない。本稿ではこれを、風水說における「水質」論の第二の原形と見なすことにする。

第三節　『人子須知資孝地理心學統宗』
——『玉髓眞經』型の水環境論と「水質」論——

①『人子須知資孝地理心學統宗』三十九卷（嘉靖四十三年〈一五六四〉自序）は、（明）徐善繼・徐善述兄弟撰の風水理論書である。明代後期から清代にかけて、既存風水文獻の引用や摘錄を多量に含む、大規模で百科全書的（中國式の文獻分類で言えば「類書」的）な風水文獻が陸續と執筆されたが、同書は恐らく、そうした動向における最初の本格的成就である。[9] その「水法」を扱う部分の一環を成す卷之二十五に、「論諸水」及び「論諸泉」と題して連續する二つの章があり、前者では「海潮水・黃河水・江水・湖水・溪澗水・平田水・溝洫水・池塘水・天池水・注脈水・源頭水・沮洳水・臭穢水・泥漿水・送龍水・乾流水・合襟水・極暈水・元辰水・天心水・眞應水・祿儲水」[10] という一連の具體的水環境について、後者では「嘉泉・冷漿泉・醴泉・湯泉・礦泉・銅泉・湧泉・濺泉・沒泉・黃泉・漏泉・冷泉・龍湫泉・[11]

瀑布泉」という一連の具體的水環境について、部分的に「水質」の評價を交えながら吉凶が論じられる。

兩章の名稱と構成を一見するのみでも、同書に現れる「水質」論はB『玉髓眞經』の型に屬することが明らかだが、實際に同書卷之一の「引用諸名家堪輿書目」にはB『玉髓眞經』（劉允中名義の注と蔡元定名義の發揮を備えたもの）が擧がっており、その影響下に成立したことは確實視できよう。B『玉髓眞經』の影響は水環境に對する評語や、これらの章に言及される水環境の選擇自體にも及んでいる。例えば「論諸泉」章では、「嘉泉」條と「冷漿泉」條で次のように述べられるが、いずれもB『玉髓眞經』との閒で評價基準が共通する（傍線部分を參照）。

嘉泉者、其味甘、其色瑩、其氣香也。亦曰「甘泉」。澄之愈淸、混之難濁、春夏不盈、秋冬不涸、暑涼寒煖、四時瑩徹。此泉至美、陰穴近之、乃龍氣之旺、迸裂不禁者。大富貴地、方有此應、亦名「眞應水」。陽宅有此嘉泉、居民飲之、富貴長壽、一方多慶。【全文】

冷漿泉者、其味淡、其色渾、其氣腥也。亦曰「泥水泉」。不可灌漑、不堪盥頮、不宜炊飲。或滋滋浸漬、淸不能澄、濁不能混、或得雨則盈、雨霽則涸、或春夏溢流、秋冬枯竭、皆爲不吉。是乃龍氣萎弱、地脈疏漏。陰穴近此最凶、不可誤爲眞應水而攙塟也。陽宅飲之、非但此方無有富貴、仍主瘟疫長病、廣腫憔悴、久而絕滅。【全文】

また「論諸泉」章に列擧される水環境の內では、醴泉と湯泉（別稱「溫泉」）がB『玉髓眞經』と重複するが、それらに關して章末で次のように記述される內容も、「地氣の多くが龍脈から分かれ出て、泉の方に集まってしまう（穴を通じて居住地や埋葬地にもたらされる地氣が不足する）」故に不吉とされる點において、B『玉髓眞經』と全く一致している（傍線部分を參照）。

已上諸泉、惟嘉泉爲吉、餘皆非宜。醴泉・湯泉・銅泉・龍湫泉、則氣鍾於泉。紅泉、氣鍾於鑛。冷漿泉、氣之萎弱。沒泉・黃泉・漏泉、氣之虛陷。湧泉・濺泉、氣之發泄。冷泉、氣之陰殺。瀑布、氣之陽慘。皆無融結、不必追尋。

更に踏み込んで指摘するなら、同書は二つの方面において[B]『玉髓眞經』の水環境論を擴大したと言うことができる。第一の方面は、吉凶判別の對象となる具體的水環境の下位分類や樣態を、『玉髓眞經』から大幅に増やしたことであり、第二の方面は、この揭出箇所が正にそうであるように、水環境の樣々な特徵やそれらが吉或いは凶と判別される理由を、「氣鍾於○」や「氣之○○」という形式を用いて、[B]『玉髓眞經』よりも包括的かつ統一的に説明してみせたことである。

一方で、兩章を合わせて三十六種類の水環境が擧げられる內で、色・味・氣（匂い）・溫度・聲（水音）といった「水質」分析項目が問題とされるのは、前揭の嘉泉・冷漿泉を含めて下記の計十一種類に止まる。なおかつ嘉泉・冷漿泉以外の大半は、それぞれ一つの分析項目に關して言及が爲されるのみであり、各種水環境の閒において「水質」が網羅的に比較檢討されているとは見なし難い。同書は「水質」に論及する紙幅の絕對的分量についても、先行風水文獻に幾倍する擴大を遂げたとはいえ、畢竟こうした方面からも、同書の議論は[B]『玉髓眞經』を踏襲して、「水質」の分析よりも具體的水環境の辨別が主眼となっていることが分かる。

「論諸水」章

臭穢水　＝　攪動腥穢、氣不可聞。　（氣〈匂い〉）

眞應水(12)　＝　澄淸、甘美。靜而無聲。　（味・色〈透明感を含む〉・聲〈水音〉）

「論諸泉」章

嘉泉　＝　其味甘、其色瑩、其氣香。澄之愈淸、混之難濁。　（味・色〈透明感を含む〉・氣〈匂い〉）

冷漿泉　＝　其味淡、其色渾、其氣腥。（味・色・氣〈匂い〉・溫度）
醴泉　＝　味甘如醴。（味）
湯泉　＝　沸熱。（溫度）
礦泉　＝　其色紅。（色）
銅泉　＝　其色類膽汁。（色）
濺泉　＝　冷冽殊常。（溫度）
冷泉　＝　清流冷冽。（色〈透明感を含む〉・溫度）
瀑布泉　＝　或有聲、如轟雷、如搥鼓、如泣哭、如悲訴、尤爲不祥。（聲〈水音〉）

なお同書による「水質」の評價內容には、一方でⒶ『博山篇』と共通する部分もある。嘉泉（「論諸泉」章の中で、吉とされる唯一の水環境）の「水質」は、Ⓐ『博山篇』に述べられた、人に「上貴」な前途を與えるという「水質」と、味・氣（匂い）の二項目において一致するし、瀑布泉に關して、幾種類かの聲（水音）を發するものが「尤爲不祥」とされる點も、やはりⒶ『博山篇』及びそれに影響を與えた『雪心賦』と同樣である。

第四節　『地理大全』――『博山篇』型の「水質」論――

②〔明〕李國木輯『地理大全』の一集『形勢眞訣』三十卷は、前半と後半で形態が大きく分かれる風水文獻である。同書の前半（十六卷分）は、既存の風水理論書を注釋入りで集成した叢書的部分だが、所收文獻全ての注釋が李國木によるわけではない。後半（十四卷分）は彼自身の著作として構成されており、①『人子須知資孝地理心學統宗』のよう

に百科全書的（類書的）な風水理論書の姿を呈する。現存刋本として崇禎年間刋行の三多齋刻本があるが、[13]「西吳友人韓敬」[14]の序に記された「辛未」年が崇禎年間に含まれる場合には、同四年（一六三一）に相當する。

同書後半の風水理論書的部分で「水法」を扱う卷二十七・卷二十八の內、前者には①『人子須知資孝地理心學統宗』から「論諸水」章の一部が、後者には「論諸泉」章の一部が、それぞれ出典を記さずに摘錄されている。同書卷首の「凡例」には①『人子須知資孝地理心學統宗』に對する評語があるから、[15]それらが①『人子須知資孝地理心學統宗』に直接由來すること（他文獻を介した孫引きではないこと）は確實視できよう。同書はまず、B『玉髓眞經』型の水環境論を踏襲し、その範圍內で限定的に「水質」に關わる文獻として位置附けられるわけだが、同書におけるこうした型の議論は、當然ながら①『人子須知資孝地理心學統宗』に比べて半歩の前進すら示すことがない。これと對照的に、「粹言」と題する卷二十九には「嘗水味」「相水色」「聽水聲」という連續する三章があり、そこではむしろA『博山篇』型の議論形式によって「水質」論が開陳される。

「嘗水味」章では最初に、水の味が土地の吉凶を反映する原理について説明が爲された後、水を口に含んで吟味する際の技法が示される。

水根氣兮氣根土、土有氣兮水味美。潤處井泉通地脈、深山潤水分鱔鯉。夫水旺在子。夜半子時、先以別水淨口、隨四時吸四方炁。先吹八水、再嘗入口。試之久矣、嗞味能辨。須定自己精神、爽快方可。若口苦舌酸、不準。

水は地氣を源とし、地氣は土を源とする。そして、土中に地氣があれば水の味が良くなるのだという。水の吟味は深夜子時に行うべきで、口を清めるなど一連の作法を濟ませた後で、ようやく正式に水を口に入れることができる。揭出箇所の末尾には、吟味する者に然るべき身心狀態を求める言說も見えるが、これは傳統的に〔宋〕廖瑀撰とされた歌訣「嘗水法」の次のような一節に由來することが、出典不記載ながらも明白である（傍線部分を參照）。

不是淡蕩盈齒酸、君如抱病莫嘗水。口苦舌酸不可湌、若能識氣知水味。

「嘗水法」の最も早い現存テクストは、管見の限り〔明〕顧乃德彙集、徐之鏌重編の叢書型風水文獻『地理天機會元』に採録されたものである。筆者の實見した重編版（萬曆四十二年〈一六一四〉自序、三十五卷）では卷之二十六に含まれるが、同版の目録に據れば、これは顧乃德の版（嘉靖三十二年〈一五五三〉頃成立）で既に採録されていたという。筆者は重編版を清代光緒六年（一八八〇）刋本に依って實見したが、そこでは「嘗水法」掲載部分の版心に「泄天機水城」と記されている。「泄天機」の文字は「嘗水法」の出典を示すものと考えられるが、それは①『人子須知資孝地理心學統宗』の「引用諸名家堪輿書目」に擧げられた、廖瑀撰『泄天機』なる風水文獻を指すのだろう。李國木も、『泄天機』に收められた形で「嘗水法」を知った可能性があると言える。

この章では引き續き、感受された味のいろいろに關して、そうした「水質」を擁する土地が人に與える具體的影響や、土地に推奬される具體的用途などが述べられる。嚴密に言えば、ここでは狹義の味と氣（匂い）を合わせたものが、廣義の「水味」として認識されるようである。

初飲香、再飲甜 ＝ 必有大地。[16]（味・氣〈匂い〉）
初飲甜、再飲淡 ＝ 大地恐人葬了。[17]（味）
含唇似辣 ＝ 主出武貴。（味）
閉口似苦 ＝ 豈有賢豪。（味）
吐出酸鹹及澀 ＝ 定爲神廟。（味）
有腥氣在牙 ＝ 爲鐵礦・銅山。（氣〈匂い〉）

こうした「水味」評價の言說も、やはり「嘗水法」の次のような一節に基づくものである（傍線部分を參照[18]）。

山間須試城門水、清徹好色還馨香。水碧香甜定出貴、便有大地居此處。初口甜時吸口淡、貴氣已過何足疑。大地終被人葬了、陰陽山水倶相應。初飲香時再飲甜、富貴他年當有應。初喫甜時開口呑、含唇似辣爲君分。先出武臣後出富、武藝人精皆高門。人曰（入口）旋含閉口苦、豈有賢家（豪）居此土。含呑香甜吐酸澀、一去一程神廟主。……水若冷時醒（腥）在手、鐵鑛銅山燃不朽。六月淡時發氣鏤、其鄕富貴那能久。

※丸括弧内は瑞成書局影印本（出版年不明の石印本を影印）に據る。「嘗水法」についても以下同じ。

この章に列擧された「水味」の内で最も評價が高いらしい「初飲香、再飲甜」という「水質」は、[A]『博山篇』に述べられた「主上貴」の「水質」とも、また①『人子須知資孝地理心學統宗』に述べられた嘉泉の「水質」とも、味・氣（匂い）の二項目において一致する。[19] 一方で、酸味や澀味を帶びた水が[A]『博山篇』では「不足論」と唾棄されるのに對し、ここでは神廟用地の特徵として（居住・埋葬の好適地とは別の尺度における）尊重對象となっている。[20] この章では更に、水の味が河川・泉池などの存在する方位にも關係附けて論じられる。五種類の味（甘・酸・淡・鹹・苦）が五行に配當された上で、方位と五行の對應關係、及び五行相剋の論理を介し、それぞれの味を帶びた水について「不宜」の方位が導き出されるのである。

水甘	＝	屬土	＝	不宜東方水來去。		（東＝木、木剋土）
水酸	＝	屬木	＝	不宜西方水來去。		（西＝金、金剋木）
水淡	＝	屬金	＝	不宜南方水來去。		（南＝火、火剋金）
水[鹹]	＝	[屬水]	＝	[不]宜辰・戌・丑・未水來去。		（辰・戌・丑・未＝土、土剋水）
水苦	＝	屬火	＝	不宜北方水來去。		（北＝水、水剋火）

※版面不明瞭部分を文意に據って補い、四角枠で圍った。

續く「相水色」章でも、水の色に分類が施された上で、そうした「水質」を擁する土地が人に與える具體的影響や、土地に推奨される具體的用途などが述べられるが、この章でも水自體の色と氣（ここでは、水から發するとされる可視的な氣を指す）の色を合わせたものが、廣義の「水色」として認識されるようであり、章の前半では水自體の色（複數色の交錯を含む）が、後半では氣の色が問題とされる。

高山碧水神仙地、平洋碧水王侯位、白水流時寺觀靈、青白交流文兼武、井水紫白生文儒、水浮紫氣王侯居、白炁起時生孝子、黄氣爲忠臣烈士。（二字分不明）井水辨之、溪頭恐是霧氣。【全文】

※版面不明瞭部分を「嘗水法」の後掲箇所に據って補い、四角枠で圍った。

この章に列擧された「水色」の内に、神仙の地や佛寺・道觀が建てられるべき地という意味において、居住や埋葬に適さないことを示す「水色」ならば含まれているけれども、しかし絶對的に不可とされるものはない。ここでは、碧水が「高山」と「平洋」の場合に分けて評價對象となり、また氣の色の觀察は、井水の場合には有效ながら溪水の場合には無效とされるようである。このように具體的な水環境の違いに對しても注意が向けられるわけだが、しかしA『博山篇』と同じく、議論の主眼は抽象的・普遍的な「水質」にこそあり、その上で「『水質』評價の可能な水環境と、不可能な水環境」及び「同じ『水質』が山中に見出された場合と、平地に見出された場合の風水的解釋」といった區別が設けられるに過ぎない。なお、こうした「水色」評價の言説は、またしても「嘗水法」の次のような一節に基づくものである（傍線部分を參照）。

天陰雨溫（濕）無眞味、水凝雪凍唇齒虛。壠畝耕夫田水濁、牛羊鵝鴨來混雜。君如看水流洋洋、水性不定口難嘗。闊處井泉通地脈、深山澗水爲斟量。……山高水碧神仙處、平洋碧水公侯居。自（白）水流時寺觀臨、淸白交流文兼武。井水紫白生文儒、水浮紫氣公侯位。白氣起時生孝子、忠臣烈士一同推。水浮黄氣風吹寒、紫炁横波堆蒲瀾。

及其貴氣橫其閒、三年此閒生將相。富貴金銀推（堆）如山、良辰莫認溪頭氣。亦恐溫（濕）霧浮其閒、教君請把茶飄試。

「聽水聲」章では、A『博山篇』よりも強く『雪心賦』に依存しながら、樣々な聲（水音）を擁する土地が人にもたらす具體的影響が述べられる（傍線部分を參照）。

水急如弦、其聲如怨、如哀慕、哭泣、悲鳴者、孤寡貧苦之象也。如環珮、如更鼓、劍履、雜遝、數錢之聲者、富貴公卿之象也。故卜氏曰「蓼蓼洞洞、響而喨者爲貴。凄凄切切、悲而泣者爲災」。【全文】

「孤寡貧苦之象」たる聲（水音）の比喩として「哭泣、悲鳴」が擧げられることも、「富貴公卿之象」たる聲（水音）の比喩として「環珮」が擧げられることも、『雪心賦』と共通するし（前者はA『博山篇』とも共通する）、更には『雪心賦』の一部が、「卜氏」（卜則巍）という出典表示を添えてそのまま引用される。但しA『博山篇』と異なって、聲（水音）の存在自體を原則的に凶とする言說は『雪心賦』から受け繼がれず、むしろこの章には、吉であるような聲（水音）の方が、凶であるような聲（水音）よりも一つ多く擧げられるのである。[21]

同書は①『人子須知資孝地理心學統宗』の摘錄という實態において、B『玉髓眞經』型の「水質」論を踏襲した一方で、以上三つの章を通して、A『博山篇』型の「水質」論に擴大を施すことになったと言える。同書が達成した擴大の第一として、水の味・色・聲（水音）がそれぞれ個別の章で專論されることにより、これらの「水質」分析項目は、互いに完全獨立なパラメーターとして扱われるに至った。但し、狹義の味と氣（匂い）の辨別や、水自體の色と氣（水面から立ち上る氣）の色の辨別が明確を缺くことは、パラメーター內部の純粹性がまだ不十分であることを意味する。第二としては、味や色を識別する「目盛」が「嘗水法」から、聲（水音）を識別する「目盛」が『雪心賦』からそれぞれ攝取されることにより精密の度を增し、その他の先行風水文獻に比べて多樣多彩な「水質」に對應することが可能になった。第三としては、聲（水音）という「水質」分析項目が從來の凶的バイアスから離脱し、吉なる土地・凶なる土地どちらの證ともなり得るものとして、中立的に評價されるようになった。第四としては、これも「嘗水法」に由來する特徴ではあるが、あくまで抽象的・普遍的な「水質」を問題としつつ、その上で「具體的水環境の違い」という問題も視野に入れ、土地の吉凶判別をより柔軟に行ったり、水環境によっては「水質」評價に困難が伴うことを理解したりできるようになった。第五としては、「水質」の評價に依る土地の吉凶判別が五行理論と結合されることにより、風水的世界觀の構成要素として術數的な思辨性を強めた。

第五節　『新著地理獨啓玄關』と『山法全書』

――「水質」と水環境に基づく歴史や風土の解釋――

③〔明〕徐世彥撰『新著地理獨啓玄關』十卷（崇禎五年〈一六三二〉序）[22]及び④〔清〕葉泰輯『山法全書』十九卷（康熙三十五年〈一六九六〉自序）も、②『地理大全』と同じく叢書的要素を持った風水文獻である。③『新著地理獨啓玄關』の主體（七卷分）は徐世彥自身の執筆になる風水理論書的部分だが、末尾（三卷分）を中心として既存風水理論書が集成されている。④『山法全書』は全體として、「龍法」「穴法」「砂法」「水法」などの部門から成る風水理論書という體裁を取るが、コンテンツの大半は撰者の書き下ろしではなく、それぞれの部門や細目に從って既存風水理論書を配列したものとなっており、所收文獻の一部には葉泰自身の注が伴う。これは、風水理論書的性格と叢書的性格が融合した著作だと言うべきだろうか。なお、葉泰の風水關係著作には他に、六つの既存風水理論書に自ら注釋を施した『地理六經註』（④『山法全書』所收文獻との間に重複はない）などがある。

③『新著地理獨啓玄關』では、巻之三に「嘗水法」と題する章（傳〔宋〕廖瑀撰の歌訣と同題）があり、④『山法全書』では、巻之十六「水法部」に「泉水論」と題する章がある。前者は、撰者自身の次のような言葉で始まり、

造化之樞機、無非一氣之循環。故顯而著于外者、而爲山川之形勢。默而蘊于內者、而爲山川之眞氣。發而注于川流者、而爲山川之血氣。故彎環曲直、血氣之流行者、然也。海鹹河淡、眞氣之露于氣味者、然也。

ここでは②『地理大全』にも類例が見られたように、風水的世界觀における「水質」の意義が、地氣・大地（山）・水（川）の關係論において定位される。そしてその上で、土地の吉凶判別に「水質」評價が不可缺であることが說かれるのだが、しかし同章の紙幅の大部分は、「先師有嘗水之訣曰」と稱して、傳〔宋〕廖瑀撰「嘗水法」をほぼ丸ごと揭載したものに他ならない。後者の場合も、まず葉泰自身の執筆になると思われる短い本文（或いは、これも導入部に過ぎないか）があり、その末尾で、

凡近穴之水、不論泉水・澗水・田溝水、倶要嘗其氣味、可以辨龍穴之美惡也。

このように具體的水環境の違いに關わらず、「水質」評價を通して土地の吉凶を判別できることが述べられるが、その後には、廖瑀の著作からの摘錄とされるものが計七條並ぶ。そして「嘗水歌」という題のもとに七番目に置かれ、摘錄の羅列から成る紙幅の過半を占めるのが、やはり「嘗水法」の全文なのである。(23) ③『新著地理獨啓玄關』では、巻首の「集採群書紀實」に『洩《ママ》天機』という書題が含まれ、なおかつ直後の「附、古哲著述姓氏」に廖金精（廖瑀）の名があるし、また④『山法全書』冒頭（「巻之首上」に先立つ領域）の「凡例」でも、採錄された風水文獻として『泄天機』が擧がっているから、兩書は②『地理大全』と同じく、廖瑀撰『泄天機』なる風水文獻から「嘗水法」を得た可能性がある。要するに、兩書はいずれも「嘗水法」という既存の歌訣に相當程度まで依存したコンテンツによって、[A]『博山篇』型の「水質」論に參加したことになるわけだが、おのずからその內容は「嘗水法」自體と比較しても新味に乏

しいし、まして②『地理大全』の到達點から振り返るならば、兩書の「水質」論は「嘗水法」に向かっての退歩という狀態を呈している。

しかし一方で、兩書は「嘗水法」という歌訣の全體（或いはほぼ全體）を掲載することを通じて、それが②『地理大全』に影響を與えなかった要素までをも攝取する結果となった。「嘗水法」の後半三分の一程度を占める、比較的長い部分に盛り込まれた言說である。

砂水龍神只一般、敎君都郡尋水法。不比山源是等閑、黄河在此（北）四時濁。急風翻浪泥沙灣、五百年間清一遍。此乃南朝帝子家、半清半濁分兩邊。南此（北）華夷旺氣偏、秦皇唯恐黄河濁。萬里長城防未然、兩川巫峽水如滴。洞庭月海波濤碧、洶湧潮高百尺頭。初一十五上嚴灘、海水逆潮人愛惜。江右英雄田（由）此出、十五不潮人嘆息。郭璞漏泄南方事、望湖擧手攔捲（阡）陌。成都碧水生花苔、不及咸陽水縈廻。崑崙山腳水清淺、急處瀉千聲轟雷。遼陽水城眾山小、燕冀土深掘池沼。卽是水泉通地脈、土厚水深人難曉。此地中華愛水深、中華水深多秀岑。東土水泉歸於海、海水何曾更清澄。江右秀氣在潮水、潮水曰（白）時人富貴。

言わんとする意味が必ずしも瞭然としないが、ここでは「水質」や具體的水環境の通時的變動や共時的差異に基づいて、過去における政權の興亡や、各地における住民の性質が解釋されるように見受けられる。④『山法全書』の「泉水論」章は、「嘗水法」を全文掲載したところで終わってしまうけれども、これに對して③『新著地理獨啓玄關』の「嘗水法」章は、末尾に置かれた案語の中で、こうした言說に次のような反應を示し、

故黄河清而知爲聖皇之應、醴泉出而知爲群賢之兆、翰墨香而預占爲道學之徵。此皆旺氣現于水、而爲吉兆者也。苟黄河濁而醴泉塞、幹《ママ》墨無香、則水之吉氣盡矣。縱然澄徹停滀、何益哉。此水之氣味有關于國家文運之盛衰、然也。

特に「水質」の良否を「國家文運之盛衰」を察知するための指標として重視する。同書はそれのみに止まらず、巻之四の「山川之氣能使人吉凶論」に、本稿第一節で言及した『呂氏春秋』盡數篇から、次のような記述を「古云」の名義で引用するし、

輕水所、多禿與癭人。重水所、多尰與躄人。甘水所、多好與美人。辛水所、多疽與痤人。苦水所、多尪與傴人。

同巻では更に「管子論水章」と題する章を設けて、やはり本稿第一節で言及した『管子』水地篇から、次のような記述を摘録する。

故曰、水者何也。萬物之本原也、諸生之宗室也、美・惡・賢・不肖・愚・俊之所産也。何以知其然也。夫齊之水、道躁而復、故其民貪麤而好勇。楚之水、淖弱而清、故其民輕果而賊。越之水、濁重而洎、故其民愚疾而垢。秦之水、泔最而稽、埗滯而雜、故其民貪戾、罔而好事。齊・晉之水、枯旱而運、埗墆而雜、故其民諂諛葆詐、巧佞而好利。燕之水、萃下而弱、沈滯而雜、故其民愚戇而好貞、輕疾而易死。宋之水、輕勁而清、故其民閒易而好正。[24]

『管子』水地篇では、これに「是以聖人之化世也、其解在水」という文が續くのだが、[25]この章はそれを「是以善觀地理[26]者、其解在水」と改變して書き附ける。同書の撰者である徐世彥がそのように措置したことや、「山川之氣」と「人吉凶」の關係を論じる章に『呂氏春秋』の文言を組み込んだことの意圖は明白だろう。彼は「嘗水法」という歌訣に示された、「水質」や具體的水環境が各地住民の性質を規定するという風土論的言説にも賛同していたのであり、更には『管子』及び『呂氏春秋』という「水質」論・水環境論（中でも「水質」と水環境に基づく風土論）の一般的古典を、そのまま「風水説における『水質』論・水環境論の古典」として取り入れようと圖ったのである。

第六節　『地學』――『博山篇』型と『玉髓眞經』型の集大成――

⑤『地學』二巻（康熙五十一年〈一七一二〉自序）は、〔清〕沈鎬撰の風水理論書である。本稿に取り上げた風水文獻の內では初めて、進士に擧げられた者の著作である。[27] 卷二に「水法」と題する章があり、その內部は事實上、前半七條（「水性」「水質」「水色」「水味」「水氣」「水聲」「水光」）と後半十三條（「乾流」「瀑布」「乾濕水」「騰沸水」「伏流」「交爭水」「供給水」「坑窟瑣碎水」「天陷水」「毒水」「水物」「水怪」「水神」）に大きく分かれる。

この章の前半七條は、Ａ『博山篇』型の「水質」論に充てられる。但し冒頭の「水性」條は、動靜・剛柔という觀點から水の本性を考察する文章であり、「水質」論とは直接關係しない。次の「水質」條[28]では、「水質」に清濁・厚薄の區別があること、及びそれを色（透明感を含む）・味・聲（水音）・氣（ここでは匂いと可視的な氣の兩方を指す）という評價項目に卽して把握するべきことが宣言される。そして引き續く五つの條において、各項目（上述四項目に光〈水面の輝き〉を加える）に關する專論が爲されるのである。

「水色」條の內容は、次のように整理することができる。

澄清　＝　正[29]　＝　此水最貴、出人清秀、福祿綿長。

紫　＝　異[30]　＝　微紫、出美女・名賢。深紫大貴、女爲后、男爲相。望之騰騰有紫氣、貴不可言。（多是眞泉井窟。）

碧　＝　異　＝　眞正碧、如畫家所用「大青」者、必出高科顯第、名士良臣。望之融融青碧、正當發越時也。（多是泉窟、亦有大澤・長流。）

白　＝　平常　＝　凡水。穴必平常、無大福澤。（若泉窟之水白、如米泔、味甘則吉、所忌味酸。）
黄　＝　頗劣　＝　黄泉最劣、濁氣難除。貧者下賤、富者庸愚。
紅　＝　多凶　＝　紅泉、銅礦之應也。有礦、則無穴矣。若無礦、則龍之病憊也。
黑　＝　下下　＝　龍之惡氣。（西北邊多有之。中原山澗亦往往而有。）

同書には參照文獻や引用文獻の一覧が附されないのだが、ここで紫色や碧色の水が貴ばれることは[A]『博山篇』や、傳〔宋〕廖瑀撰「嘗水法」及びその影響を受けた②『地理大全』・③『新著地理獨啓玄關』・④『山法全書』と共通する。しかし一方ではそれらの文獻と異なり、白色の水には「平常」「凡水」という評價しか與えられない。また「澄清」が最も高く評價されることは、むしろ[B]『玉髓眞經』や①『人子須知資孝地理心學統宗』の側と共通點を持っている。水が紅色を帯びる理由が地下の鑛物に歸されることも、やはり①『人子須知資孝地理心學統宗』と一致するが、但し①『人子須知資孝地理心學統宗』は紅泉の原因となる鑛物の種類に言及せず、銅泉についてはむしろ「其色類膽汁」と述べていた[31]。この條では抽象的・普遍的な「水質」を議論の主眼とした上で、紫色・碧色・白色・黒色の水をそれぞれ生じるような具體的水環境や、中國における水環境の地方的特徴にも注意が向けられるが、このようにあくまで[A]『博山篇』型に立脚した水環境への眼差しは、再び「嘗水法」・②『地理大全』・③『新著地理獨啓玄關』・④『山法全書』と共通するものである。

「水味」條の内容は、次のように整理することができる。

甘如蔗漿　＝　必有貴氣。大甘、卽秀鍾于水、穴反無靈。
平　＝　吉。
淡　＝　平常。

酸泉　＝　鐵鑛之應也。必無穴。若無鑛作穴、出人迂腐、少智慧。
澀水　＝　人困。
苦水　＝　人貧。
辛泉　＝　主兵。
鹹　＝　汚下。必無吉穴。
鹹而辛　＝　必有硝、或有鹵、有鹻。如更不毛、不堪葬骨、斷不福人。

ここで最高の評價を受けるのが甘味であることは、實にⒶ『博山篇』型とⒷ『玉髓眞經』型を問わず、本稿でこれまでに檢討した全ての「水質」論と一致するが、中でも「大甘」が却って低く評價されることは、その理由が「地氣が水の方に集まり過ぎてしまうこと」に歸せられる點まで含めて、①『人子須知資孝地理心學統宗』が醴泉を評した言葉と高度に符合する。「淡」と表現される味が必ずしも積極的に評價されないことは、Ⓐ『博山篇』や①『人子須知資孝地理心學統宗』と共通する。酸味や澀味に對して評價が嚴しいこともⒶ『博山篇』と共通するが、一方で「嘗水法」・②『地理大全』・③『新著地理獨啓玄關』・④『山法全書』は、既述のように、酸味・澀味を神廟用地の特徴と見なして尊重した。この條の言說がこれら四つの文獻と符合するのは、苦味に對する評價が低いことである。

「水氣」條では、水の匂い（氣）と水から發する可視的な氣が、別個に評價對象とされる。匂い（氣）に關する評語は、次のように整理することができる。

香　＝　第一　＝　翰墨香、出大儒。脂粉香、出美女。粳稻香、出富翁。
平　＝　安穩
腥　＝　賤　＝　或作土腥、亦凡水之常。若作魚腥・蛇腥、不吉。

臭惡、不堪入鼻　＝　死水

翰墨香という「水質」を擁する土地から、大儒が生まれるとして高く評價することは、③『新著地理獨啓玄關』と符合するところがある。腥さを帯びた水の評價が低いことは、①『人子須知資孝地理心學統宗』が冷漿泉を評した言葉と共通する。「嘗水法」・②『地理大全』・③『新著地理獨啓玄關』・④『山法全書』も、腥さに積極的な評價を與えることがなかったようだが、但しこれらの文獻に言及されたのは、專ら「鐵礦・銅山」の影響による鑛物的な腥さであるのに對し、この條では「土腥」に加えて「魚腥・蛇腥」といった類の腥さも數えられている。水から發する可視的な氣に關しては、先に「水色」條でも言われていたように、紫色や碧色の氣が「貴氣」と認められ、これは「嘗水法」・②『地理大全』・③『新著地理獨啓玄關』・④『山法全書』が紫氣を貴んだことと共通する。但し常に氣が立ち上るという狀態や、煙塵のように水面を覆うことが頻繁であるという狀態に對しては、それぞれ「山虛澤應（地氣が山〈龍脈〉から拔けて水に集まってしまう）」「吉氣未至、秀氣未開」であると釘が刺される。なおこの條の末尾では、冷漿泉が「四時氣冷」の故に「不發」と見なされ、また溫泉が「四時氣熱」の故に地氣を泉に集め過ぎると見なされるが、これら冷熱二種類の泉水を取り上げて否定的見解を述べることは、再び①『人子須知資孝地理心學統宗』との間に共通性が現れている。

「水聲」條では、樣々な聲（水音）を擁する土地が人にもたらす具體的影響が列擧される。

銅鼓聲　＝　出武貴。
環珮聲　＝　出朝貴或后妃。
琴瑟聲　＝　淸高。
啾啾如悲泣聲　＝　孤窮寂寞、不堪久住。

北風震撼聲、兵戈擾攘聲、人眾喧爭聲 ＝ 大凶、不必尋穴。

このように、吉であるような聲（水音）の方が一組多く擧げられるが、しかしあくまで、水が聲（水音）を發することは「水病」なのだという。聲（水音）が聞こえることを原則的に凶とする言説は、『雪心賦』及びその影響を受けたⒶ『博山篇』と一致する。「悲泣聲」が意識的に忌まれることも、やはり『雪心賦』及びⒶ『博山篇』と共通しており、更に、貴顯（文官）や后妃が出現するというイメージのもとで「環珮聲」が高く評價される點では、『雪心賦』のみと共通する（傍線部分を參照）。これらの文獻と異なって、②『地理大全』は聲（水音）の存在に對して中立的立場を取ったわけだが、この條と②『地理大全』の間にも共通點を求めるならば、それは「悲泣聲」と「環珮聲」をめぐる『雪心賦』以來の言説に加えて、貴顯の出現というイメージのもと、廣い意味で「鼓のような聲（水音）」を吉としたことだろうか（傍線部分を參照）。

「水光」條では、まず「大水（大いに吉なる水）には光（水面の輝き）がある」という言説が示され、次に具體的な光（水面の輝き）に對して評價が述べられる。但し水が山に勝つことは許されないので、もし穴に座って水面の搖らめきを眺めた際に、日光の反射があたかも人の目を射貫くようで、注視することが難しいならば、そのような水は却って「少福多禍」なのだという。ここで用いられる「水が山に勝つ」という比喩は、やはり地氣が山（龍脈）から抜けて、水の方に集まり過ぎることを指すのだろう。

大水乃有光。如鏡光者、貴。天光發新者、大貴。要之、水不可勝山。如坐穴中、見水光動盪、迎日射人、難以注視者、少福多禍也。【全文】

この章の後半十三條は、Ⓑ『玉髓眞經』型の水環境論に充てられる。ここでは專ら具體的な水環境をめぐって議論が進められ、抽象的・普遍的な「水質」に言及されることは全くない。嚴密に言えば、「水物」「水怪」「水神」という連續する三條では、地形的・景觀的などの要素よりも「そこに棲む者」に卽して個々の水環境が論じられるが、こうした問題の立て方は、①『人子須知資孝地理心學統宗』が「論諸泉」章に「龍湫泉」條を設けたことと同一である。「水物」條では、鮒や蝦などが棲む水（秀氣所鍾）を求め、水蛭や馬蝗（螞蝗＝水蛭の別稱か）の棲む水（毒が人を害する）を避けるべきことが述べられる。「水怪」條では、龍や蛟の棲む水はそれら「水怪」たちに「山川靈氣」が集中しているため、人には吉福をもたらさないことが述べられる。「水神」條では、神の棲む水環境（龍脈の特別な一枝に屬し、山は荒々しく、石は怪異で、水は清冽である）を人が占用してはならず、そうした場所は壇や廟にこそ相應しいことが述べられる。

同書は、Ａ『博山篇』型の「水質」論とＢ『玉髓眞經』型の水環境論（「水質」論を含まない形の）を截然と辨別した上で、「水法」章の前半七條と後半十三條に分かち收めた。特に「水質」論部分の特徴を列擧するなら、第一に同書は、「水質」の評價項目として色（透明感を含む）・味・聲（水音）・氣（水の匂いと水面から立ち上る氣）・光（水面の輝き）の五つを設け、それぞれを個別の條で專論することにより、互いに完全獨立なパラメーターとして扱った。このような「水質」評價の組み立て方自體は、一部のパラメーターが純粹性不十分であることまで含めて、②『地理大全』と軌を一にすると言えるけれども、五つという評價項目數は、本稿に取り上げた風水文獻中の最大であり、また光（水面の輝き）という項目が立てられたのは、本稿に取り上げた風水文獻では最初にして最後である。第二に、これは「水色」「水味」「水氣」の三條に對して指摘できることだが、例えば微紫と深紫の差に敏感であるように、色・味・氣（匂い）を識別するための「目盛」が細密であるのみならず、「目盛」の分布が廣範かつ網羅的であることにおいても先行風水文獻を凌駕している。また「嘗水法」及び②『地理大全』・③『新著地理獨啓玄關』・④『山法全書』と同じように、あくまで抽象的・普遍的な「水質」を問題としながら、その上で「水質」と共にある具體的な水環境や、水環境の地方的特徵にも注意が向けられた。第三に、個々の先行風水文獻との影響關係を確實には把捉できないながらも、「水色」「水味」「水氣」「水聲」の四條では、先行風水文獻と共通或いは一致するような言説を随所に見出すことができる。なおかつ、これら四條と共通點や一致點を持つような先行風水文獻中の言説として、[A]『博山篇』型の議論に由來するものと[B]『玉髓眞經』型の議論に由來するものの兩方が錯綜している。以上をまとめるに、同書は「水質」及び水環境に關する[A]『博山篇』型と[B]『玉髓眞經』型の議論を、清代康熙年間という時點において集積し、それらを一つの集大成に導いた著作として（撰者自身にそうした意識があったとは限らないが）、本稿の中に位置を占めると言うことができよう。

第七節 『地理或問』――『博山篇』型と『玉髓眞經』型それぞれの收斂――

⑥『地理或問』（道光二十八年〈一八四八〉自序）二巻は、（清）陸應穀（生年未詳～一八五七）撰の風水理論書である。本稿に取り上げた風水文獻の內では⑤『地學』に引き續き、進士に擧げられた者の著作であり、撰者は本文執筆時（道光十七年〈一八三七〉）に散館編修、自序執筆時に順天府府尹の地位にあった。[32]「朱子『或問』之例」に倣って執筆されたという同書は、約一五〇條にわたって一問一答が爲されるという形式を取り、巻下の「水法」章に、次のように連續する二つの條がある。

或問水味之辨。曰「味以甘者爲上、辛・鹹者次之、酸・苦者下。然辨味實難、世俗所謂『甘水』、多淡水。所謂『苦水』、多鹹水也。夫水無味、因土而變味。土有燥溼・剛柔、由氣有陰陽・盛衰。氣以變土、土以變味。地有氣而後、水有味。故鹽池、皆龍氣所鍾。其餘州・郡之大者、城內必多鹹水。鄉村有鹹水者、必多富貴。此亦可以卜地氣矣」。

【全文】

或問「水之生人、若何」。曰「砂水之人、細而白。林水之人、瘠而黑。泥水之人、濁。石水之人、淸。澗水、生癭。井水、伏毒。[33]南條之水、輕淸、其人美麗而多文。北條之水、重濁、其人沈潛而好義」[34]。【全文】

假稱「水味之辨」條の方はA『博山篇』型の「水質」論に屬し、假稱「水之生人」條の方はB『玉髓眞經』型の水環境論に屬して、その範圍內で「水質」にも筆が及んでいる。「水味之辨」條の言說的特徵として最も顯著なものは、「水質」評價のパラメーターとして味のみが論じられ、色、匂い、水面から立ち上る氣、溫度、水音などに關しては言及が省かれたことである。更に踏み込んで檢討するなら、味を識別する「目盛」は典型的な「五味」（酸・苦・甘・辛・鹹）に過不足なく一致するし、評價も「上・中・下」という三段階制で、いずれも簡潔でありつつ整然としている。そもそも「水質」評價のパラメーターを一つに限定したことに始まって、この條はA『博山篇』型の「水質」論に大幅な收斂を施し、それによって簡明性に優れた體系を提出したのだと言えよう。先行風水文獻が複數のパラメーターを用い、綺羅星の如き「目盛」を設けて「水質」を論じたことを、撰者が單純に「知らなかった」わけではない。同書卷上の「原始」章には「近時編輯地理諸家、亦有可採者乎」という問いに答える一條があるが、そこには「可採」な風水文獻として、①『人子須知資孝地理心學統宗』や②『地理大全』や『地理大成』（④『山法全書』・『地理六經註』などから構成される葉泰の風水著作集）が擧がっている。卽ち、撰者は少なくともこれらの風水文獻を通して、彼に先行する「水質」論を把握していたのである。水の味が土地の吉凶を反映する理由を述べる部分も、基本的な道具立てを②『地理大全』や③『新著地理獨啓玄關』と共有するとはいえ、しかし地氣の「陰陽・盛衰」が土の「燥溼・剛柔」を左右し、それが本來無味である水に味を賦與するという因果關係の說明は、描き出された世界觀の明確さにおいて兩書に勝る。但し、各種の味に對する評價內容までも、先行風水文獻との間に悉く一線を畫するというわけではない。甘味を最も貴ぶという點は、先の⑤『地學』を含めて、本稿で扱った風水文獻に現れる全ての「水質」論と一致する。また、苦味に對する評價が低いことは「嘗水法」・②『地理大全』・③『新著地理獨啓玄關』・④『山法全書』・⑤『地學』と共通する。鹹味という「水質」を「龍氣所鍾」と肯定的に解釋した上で、「城內」及び「鄕村」という具體的水環境中の鹹水が人に與える影響の異同（前者は恐らく「都市としての總合的な繁榮」、後者は「富貴」のみ）を述べることは、「嘗水法」・②『地理大全』・③『新著地理獨啓玄關』・④『山法全書』・⑤『地學』と同様の（あくまで🄰『博山篇』型を守った）議論方法である。

「水之生人」條では、🄱『玉髓眞經』型の水環境論と「水質」論が、專ら風土論（各地住民の性質を論じる）のために用いられる。即ちここでは、具體的な水環境やそれに附隨する「水質」が、居住や埋葬の適否という文脈では論じられなくなったのである。こうした特徴は、今度は🄱『玉髓眞經』型の議論に（その使用目的に關して）收斂が施されたという意義のもと、本稿の中に位置附けられるだろう。この條ではまた、具體的水環境や「水質」に基づいた風土論的記述が、文體面でも內容面でも規則正しく二句一組を成しており、「砂水／林水」「泥水／石水」「澗水／井水」「南條／北條」という水環境の違いに起因する各地の「水質」や住民の性質（及び住民が被る健康上のリスク）が、それぞれ對照的な言葉で擧げられてゆく。なおかつ、一口に「具體的水環境」と言っても、ここでは先行風水文獻のように個別特殊的な水環境が延々と羅列されるのではなく、一定程度に類型化されたものが上述のように對照的な組を成して呈示されるのである。こうした特徴の中にも、撰者の「簡明な體系」に對する欲求を見出すことが可能ではないか。また、そこには「術數的な思辨性を備えた體系」に對する志向を見出すこともできるだろう。實のところ、撰者には對の構造に依って世界を把握しようとする傾向があり、そのような言說が同書の隨所に置かれている。

第八節　術數的思考としての「水質」論

ここまでの検討結果を整理すると、明清時代の風水文獻に現れる「水質」論には、それぞれＡ『博山篇』型及びＢ『玉髓眞經』型と名附けるべき二つの議論形式がある。前者は抽象的・普遍的な問題として「水質」を論じるもので、後者は具體的な水環境を論じることを主眼とし、その範圍内で「水質」にも論及するものである。「水質」評價に用いられる複數の項目は、②『地理大全』以後パラメーターとして相互に獨立した。評價項目の數は⑤『地學』で最多となったが、最も新しい⑥『地理或問』では味のみが選び取られた。水環境論においては多項目（多種の具體的水環境）を羅列する風水文獻が續いたが、⑥『地理或問』に至って少項目の對比的組み合わせに轉じた。「水質」論や水環境論に基づく歴史論・風土論は、③『新著地理獨啓玄關』・④『山法全書』・⑥『地理或問』に出現した。特に⑥『地理或問』では、水環境論が専ら風土論に供せられるようになり、「水質」論との間に明確な役割分擔が設けられた。

さて、風水説における「土質」論と「水質」論はこれまで、近代自然科學の知見と結果的に符合する部分があるとして、自然科學史研究の方面から顯彰されることがあった（『尙書』『管子』『呂氏春秋』『淮南子』などの「土質」論や「水質」論も、やはりそうであった）[35]。一例を擧げるならば、現在の水環境工學において、水質は「外觀および固形物質などにかかわる指標」「無機イオンにかかわる指標」「溶存酸素・有機物質・榮養物質にかかわる指標」「微生物にかかわる指標」によって把握されるというが[36]、地學史・地理學史を専門とする楊文衡は、水中の鑛物質・雜質・化合物の違いによって、水に各種の色や味が生じることを説明した上で、⑥『地理或問』が水の五種類の味に與えた優劣の順位を「正確であり、人類の長期にわたる生活經驗の結晶である」と高く評價した[37]。本稿に取り上げた風水文獻では、味は⑥『地理或問』を含めて）例外なく甘味・甜味を最上としており、また苦味を下等に列する傾向がある。色については「澄」「清」であることや碧色・紫色を貴び、白色を中等或いはそれ以上に列する傾向がある。また、匂いについては腥さを下等に列する傾向がある。辛味・辣味や鹹味のように、文獻間で評價が一定しない場合もあるとはいえ、このように或る程度まで共通性が見出されるという現象によっても、風水說の「水質」論に自然科學史的意義を認めるような立場は支持されるのかもしれない。

ともあれ、何らかの言說が「近代科學の知見に符合すること」と「術數的思考に基づいて構築されていること」は、命題として同義ではないし、一方のみが排他的に眞であるような關係にもないのである。本稿ではあくまで術數的思考の足跡として、風水家たちが「水質」を論じた言說に向き合ってみることにしたい。筆者の關心が赴くところは、風水理論の內では比較的後發であろう「水質」論という一要素が、その內部に術數的思考を育みながら展開と收斂を遂げていった過程である。本稿に取り上げた風水文獻の中では、術數的な思辨に基づき「水質」論に法則性・體系性を與えようとする試みとして、以下の四點を擧げることができるだろう。

それは第一に、①『人子須知資孝地理心學統宗』が『玉髓眞經』の議論を擴張し、個々の具體的水環境が吉或いは凶とされる理由を、「氣鍾於〇」や「氣之〇〇」という形式を用いて包括的・統一的に說明したことである。第二に、②『地理大全』・③『新著地理獨啓玄關』・⑥『地理或問』が、そもそも水の味が土地の吉凶を反映する原理を、地氣と大地と水の關係論として風水的世界觀の中で說明したことである。第三に、②『地理大全』が水の味を五行に配當し、それぞれの味を帶びた水について「不宜」の方位を述べたことである。水の味を五種類に分ける（「淡」と表現される味を除いて典型的な「五味」と一致する）という段階までに限って言えば、同書は⑥『地理或問』（五種類の味が「五味」と完全一致する）に影響を與えた可能性もあろう。そして第四に、⑥『地理或問』が具體的水環境を二種ずつ對比的に組み合わせ、かつ「水質」や住民の性質を、それぞれ對比的な内容で記述したことである。②『地理大全』が水の味と方位の吉凶を結び附けたことや、⑥『地理或問』が「水質」論や水環境論に與えた收斂のありかたは、自然科學史の尺度からは退歩として評價される部分があるかもしれない。しかし術數史の尺度から見れば、それらはむしろ大膽な前進の試みであった。

本書に取り上げた風水文獻の中では、一方で「水質」論に關して法則性・體系性の形成が立ち遲れた局面もある。まず、「水質」評價項目として「氣」の意味する所や、「水質」論における「氣」の位置附けが、文獻間で一定するには至らなかった。また、複數の評價項目（互いに獨立なパラメーター）に關する言説を踏まえて、「水質」を最終的に總合評價するような方法が提出されることもなかったのである。

註

（1）近代自然科學で問題にされる土質・水質とは概念が異なる故に、本稿ではこれらの語に鉤括弧を附す。

（2）『四庫全書總目提要』巻一百九「子部十九・術數類二」相宅相墓之屬に設けられた同書の解題は、同書の成立時期を宋代とする。宮崎順子も北宋代に成立した蓋然性が高いと述べるが、一方で張齊明は、同書の理論體系が基本的には六朝時代までに形成されていたと推定する。宮崎順子「傳郭璞『葬書』の成立と變容」（『日本中國學會報』五十八集、日本中國學會、二〇〇七）一一八～一二三頁、張齊明『亦術亦俗——漢魏六朝風水信仰研究』（中國人民大學出版社〈北京〉、二〇一一）一〇九～一一四頁。

（3）三浦國雄「『眞誥』と風水地理說」（吉川忠夫編『六朝道教の研究』（春秋社、一九九八）。

（4）識別の便を圖るため、以後これらの書名にはアルファベットを附す。

（5）識別の便を圖るため、以後これらの書名には番號を附す。

（6）錢文選編著『錢氏所藏堪輿書提要』（商務印書館〈上海〉、一九四二）本文一葉表、宮崎順子「風水書解題」（三浦國雄編『術

數書の基礎的文獻學的研究―主要術數文獻解題―』、平成十七・十八年度科學研究費補助金基盤研究〈C〉研究成果報告書、二〇〇七）九七頁、及び中國古籍善本書目編輯委員會編『中國古籍善本書目』子部（上海古籍出版社〈上海〉、一九九四）三五七頁。王玉德は『神祕的風水―傳統相地術研究』（廣西人民出版社〈南寧〉、一九九一）一四六頁と同氏編著『古代風水術注評』（北京師範大學出版社〈北京〉・廣西師範大學出版社〈南寧〉、一九九二）九二頁で、それぞれ同書について「舊題五代黃妙應撰」「舊題宋黃妙應撰」と述べ、矛盾を呈しているように見える。また『中華堪輿術』（文津出版社〈臺北〉、一九九四）一七七頁では、撰者について「おおよそ五代・宋初の人物」と述べるのだが、いずれも典據は示されない。なお後著では、宋代に活動したという風水家・厲伯韶を眞の撰者として擧げるが、考證は脆弱である。

（7）宮崎順子前掲「風水書解題」九二頁、中國古籍善本書目編輯委員會編前掲『中國古籍善本書目』子部三五二頁、「東京大學東洋文化研究所所藏漢籍目錄資料庫」（http://www3.ioc.u-tokyo.ac.jp/kandb.html）。

（8）曾棗莊・劉琳主編『全宋文』二五八册（上海辭書出版社〈上海〉・安徽教育出版社〈合肥〉、二〇〇六）四〇一頁。

（9）王玉德、何曉昕・羅雋、漢寶德も、明清時代に風水文獻が大型化して「叢書の面目」や「集大成の路線」を呈したことを指摘する。王玉德前掲『神祕的風水』一二〇頁、何曉昕・羅雋『風水史』（上海文藝出版社〈上海〉、一九九五）一四二頁、漢寶德『風水與環境』（天津古籍出版社〈天津〉、二〇〇三、原刊は聯經出版〈臺北〉、一九九八）三二一～三二三頁。筆者は「風水文獻の大型化」という事實認識を彼らと共有しつつ、彼らが同書のように百科全書的（類書的）な風水文獻と、既存風水理論書を集成した叢書的な風水文獻を十分に區別しないことに疑問を抱く。

（10）同書の說明に據れば、文字通りの「黃色い泉」ではない。雨水が跡形もなく地中に沁み入ることが、あたかも地下の世界（「黃泉」）へ沈んでゆくようだという發想から生じた名稱である。

（11）同書の說明に據れば、蛟龍を孕育する洞窟（にある泉）。

（12）同章の說明によれば、これも泉の一種である。「論諸泉」章には、嘉泉の別稱として「眞應水」が擧げられていたが（前掲「嘉泉」條）、これと同じものであるかもしれない。

（13）同書の影印が『四庫全書存目叢書』に採錄されているが、そこに示された底本情報に據る。四庫全書存目叢書編纂委員會編

『四庫全書存目叢書』子部六十三册（莊嚴文化事業〈臺南〉、一九九五）五三頁。
(14) 浙江歸安人で、萬曆三十八年（一六一〇）に狀元となった韓敬か。
(15) 但し、その內容は必ずしも肯定的ではないのだが。
(16)「大いに吉なる地が必ず得られる」の意。
(17)「大いに吉なる地だが、既に埋葬地として用いられた」の意。
(18) 楊文衡『中國風水十講』（華夏出版社〈北京〉、二〇〇七）一六〇頁は、風水文獻に現れた水質（その語義は特に定義されない）論の例として、この章に示された「水味」評價に言及するが、その內容が「嘗水法」に基づくことは指摘されない。
(19) さしあたり「甜」と「甘」の異同を追究しない限りにおいて。以下同じ。
(20) この章では、水の味の一種類として「辣」が擧がっているし、Ⓐ『博山篇』では「辛」が擧げられている。假に「淡」と表現される味を採らず、辛味或いは辣味（さしあたり兩者の異同を追究しないことにする。以下同じ）を加えれば、五種類の味が典型的な「五味」に完全一致するし、味と五行の配當關係において「金に屬する」のは、一般的には辛味である。但し、中國傳統醫學で「五味」が論じられる際には、第六の味として「淡」に言及される場合がある。
(21) 但し、同書巻二十八で①『人子須知資孝地理心學統宗』の「論諸水」章が摘錄される箇所には、瀑布泉に關して「有聲」であることを「不祥」と見なす言說（前揭）が、削除されずに含み込まれている。
(22) 本稿で取り上げる風水文獻の內で、管見の限り同書のみは現代の影印本や點校本が全く存在しない。また同書は、錢文選編著前揭『錢氏所藏堪輿書提要』にも著錄されていない。筆者が同書に關心を持つことになったのは、同書に關する最初の本格的研究であろう上田信『風水という名の環境學─氣の流れる大地』（農山漁村文化協會、二〇〇七）のおかげであることを、特に附記しておく。
(23) 同書の「書目」に據れば、引用の六番目までは「廖公泉水說五段」及び「堪輿雜著穴中有水說一段」だということである。
(24) 摘錄に當たっては注釋も附されたが、その內容は傳（唐）房玄齡注の影響下にある。
(25) 蜂屋邦夫は『管子』水地篇について、「人は水であるという原理に據って、河川の形狀とその地方の氣風とを結合し、人々がその環境から影響を受けることを述べており、風土論の先驅と言ってもよい」と述べる一方で、「たんに風土論の興味から述べられたものではなく、『聖人の政治の仕方は水（河川）を手本とする』として、治世の原理を提出するところにあった」と注意を喚起する。蜂屋邦夫「中國古代の水の思想（Ⅳ）―『管子』を中心として―」（『季刊河川レビュー』三十三巻二號、新公論社、二〇〇四）五五頁。

（26）ここでは風水說の別稱として用いられている。「地理」という語は傳統的に、近代的な學藝分類における〝geography〟（地の記述＝地理學）と〝geomancy〟（地の術數＝風水）を包含するものだった。

（27）沈鎬の傳記的情報は、『（乾隆）望江縣志』卷七上「人物」儒林に據る。劉祥光は、科擧合格を果たせなかった宋代の士人が、風水家などに「轉業」した事例を多く擧げるが（『宋代日常生活中的卜算與鬼怪』、政大出版社〈臺北〉、二〇一三、一五〇〜一五三頁）、實際に宋代以後の風水文獻には、撰者が儒敎知識人を自稱するものが枚擧に遑ない。①『人子須知資孝地理心學統宗』を著した徐善繼は、そうした自覺を持っていた人物の一例だが、彼は饒州府德興縣（現在の江西省德興市）で縣學の生員となったことがある（『（同治）德興縣志』卷八「人物志」方伎）。進士にまで至った者が自筆の風水文獻を刊行することは、相對的に珍しいことであっただろう。

（28）これは、本稿で取り上げる風水文獻中に「水質」という語が用いられた唯一の例である。

（29）吉なる色の範圍內で、「正」という下位分類に屬する。

（30）吉なる色の範圍內で、「異」という下位分類に屬する。

（31）水が紅色を帶びる場合には、どのような鑛物の影響が想定されるのか。また地下に埋藏された銅によって、水はどのような色を呈する可能性があるのか。專門人士のご敎示を仰ぎたい。

（32）陸應穀の傳記的情報は、中央研究院歷史語言研究所「人名傳記資料查詢」（http://archive.ihp.sinica.edu.tw/ttsweb/html_name/）に據る。

（33）①『人子須知資孝地理心學統宗』などに語られる「三大幹龍」說に基づくのだろう。崑崙山から發した幹線的龍脈の內で、中國に入るものは「南條（南幹、南龍）」「中條（中幹、中龍）」「北條（北幹、北龍）」の計三本あり、それぞれが分岐を重ねて中國全土に地氣を送り込むとされる。

(34) 前註を參照。

(35) 漢代以前の諸文獻に關して筆者の知る例は、中國科學院自然科學史研究所地學史組主編『中國古代地理學史』（科學出版社〈北京〉、一九八四）二〇四～二一五頁（楊文衡執筆）、唐錫仁・楊文衡主編『中國科學技術史　地學卷』（科學出版社〈北京〉、二〇〇〇）一七〇頁（張九辰執筆）、董愷忱・范楚玉主編『中國科學技術史　農學卷』（科學出版社〈北京〉、二〇〇〇）一一二～一二三頁、周魁一『中國科學技術史　水利卷』（科學出版社〈北京〉、二〇〇二）二九～三二頁。風水文獻に關して筆者の知る例は、唐錫仁・楊文衡主編前掲『中國科學技術史　地學卷』四二九頁（唐錫仁執筆）、楊文衡前掲『中國風水十講』一五〇頁、一五八～一六三頁。

(36) 松尾友矩編『大學土木　水環境工學（改訂三版）』（オーム社、二〇一四）四五～六二頁。

(37) 楊文衡前掲『中國風水十講』一六〇頁。

参考文献

【一次資料】

〔五代〕黄妙應撰『博山篇』　㋐〔明〕李思聰輯『堪輿十一種』所收、明代天啓二年（一六二二）序刊本、㋑『古今圖書集成』中華書局（北京）影印本（清代雍正年間內府銅活字排印本影印）

〔北宋〕張洞玄撰『玉髓眞經』　『續修四庫全書』本（寧波市天一閣博物館所藏明代嘉靖二十九年〈一五五〇〉福州府刻本影印）

〔明〕徐善繼・徐善述撰『人子須知資孝地理心學統宗』　『故宮珍本叢刊』本（明代隆慶三年〈一五六九〉刻本萬曆十一年〈一五八三〉梅野石渠閣補刻本影印）

〔明〕李國木輯『地理大全』　『四庫全書存目叢書』本（山西大學圖書館所藏明代崇禎年間三多齋刻本影印）

〔明〕徐世彥撰『新著地理獨啓玄關』　明代崇禎五年（一六三二）序閩建書林刊本

〔清〕葉泰輯『山法全書』　清代康熙三十五年（一六九六）序刊本

〔清〕沈鎬撰『地學』『故宮珍本叢刊』本（清代康熙五十二年〈一七一三〉刊本影印）
〔清〕陸應穀撰『地理或問』『四庫未收書輯刊』本（清代道光二十八年〈一八四八〉刻本影印）
〔漢〕孔安國傳、〔唐〕孔穎達等正義『尚書正義』『十三經注疏』藝文印書館（臺北）影印本（清代嘉慶二十年〈一八一五〉江西南昌府學刊本影印）
〔唐〕房玄齡注『管子』『四部叢刊』本（常熟瞿氏鐵琴銅劍樓所藏宋代刊本影印）
〔秦〕呂不韋撰、〔漢〕高誘注『呂氏春秋』『四部叢刊』本（上海涵芬樓所藏明代宋邦乂等刊本影印）
〔漢〕劉安撰『淮南子』〔漢〕許慎注『淮南鴻烈解』所収、『四部叢刊』本（劉泖生影寫北宋代刊本影印）
〔晉〕郭璞撰『葬書』『景印文淵閣四庫全書』本（文淵閣四庫全書本影印）
〔梁〕陶弘景撰『眞誥』『正統道藏』本（上海涵芬樓影印）
〔唐〕陸羽撰『茶經』『叢書集成』本（據百川學海本排印）
〔唐〕張又新撰『煎茶水記』『叢書集成』本（據百川學海本排印）
〔唐〕卜則巍撰『雪心賦』〔明〕謝昌撰『雪心賦句解』所収、明代弘治十八年（一五〇五）詹氏進賢精舎刊本
〔宋〕蔡元定撰「玉髓經發揮序」曾棗荘・劉琳主編『全宋文』二五八冊（上海辭書出版社〈上海〉・安徽教育出版社〈合肥〉、二〇〇六）
〔宋〕廖瑀撰「嘗水法」『地理天機會元』重編版所収（次項）
〔明〕顧乃德彙集、徐之鏌重編『地理天機會元』㋐清代光緒六年（一八八〇）刊本、㋑瑞成書局（臺中）影印本（出版年不明の石印本を影印）
〔明〕李時珍撰『本草綱目』『景印文淵閣四庫全書』本（文淵閣四庫全書本影印）
〔清〕紀昀等撰『四庫全書總目提要』『景印文淵閣四庫全書』本（清代乾隆五十四年〈一七八九〉武英殿刻本影印）
〔清〕鄭交泰等修、〔清〕曹京等纂『（乾隆）望江縣志』『中國地方志集成』本（清代乾隆三十三〈一七六八〉刻本影印）

〔清〕孟慶雲修、〔清〕楊重雅纂『（同治）德興縣志』　『中國方志叢書』本（清代同治十一年〈一八七二〉刊本影印）

【二次資料】

上田信『風水という名の環境學─氣の流れる大地』（農山漁村文化協會、二〇〇七）
蜂屋邦夫「中國古代の水の思想（Ⅳ）─『管子』を中心として─」（『季刊河川レビュー』三十三巻二號、新公論社、二〇〇四）
松尾友矩編『大學土木　水環境工學（改訂三版）』（オーム社、二〇一四）
三浦國雄「『眞誥』と風水地理說」（吉川忠夫編『六朝道敎の研究』、春秋社、一九九八）
宮崎順子「傳郭璞『葬書』の成立と變容」（『日本中國學會報』五十八集、日本中國學會、二〇〇七）
宮崎順子「風水書解題」（三浦國雄編『術數書の基礎的文獻學的研究─主要術數文獻解題─』、平成十七・十八年度科學研究費補助金基盤研究〈C〉研究成果報告書、二〇〇七）
王玉德『神祕的風水─傳統相地術研究』（廣西人民出版社〈南寧〉、一九九一）
王玉德『中華堪輿術』（文津出版社〈臺北〉、一九九四）
王玉德編著『古代風水術注評』（北京師範大學出版社〈北京〉・廣西師範大學出版社〈南寧〉、一九九二）
何曉昕・羅雋『風水史』（上海文藝出版社〈上海〉、一九九五）
漢寶德『風水與環境』（天津古籍出版社〈天津〉、二〇〇三、原刋は聯經出版〈臺北〉、一九九八）
周魁一『中國科學技術史　水利卷』（科學出版社〈北京〉、二〇〇二）
錢文選編著『錢氏所藏堪輿書提要』（商務印書館〈上海〉、一九四二）
中國科學院自然科學史研究所地學史組主編『中國古代地理學史』（科學出版社〈北京〉、一九八四）
中國古籍善本書目編輯委員會編『中國古籍善本書目』子部（上海古籍出版社〈上海〉、一九九四）
張齊明『亦術亦俗──漢魏六朝風水信仰研究』（中國人民大學出版社〈北京〉、二〇一一）
董愷忱・范楚玉主編『中國科學技術史　農學卷』（科學出版社〈北京〉、二〇〇〇）

唐錫仁・楊文衡主編『中國科學技術史　地學卷』（科學出版社〈北京〉、二〇〇〇）
楊文衡『中國風水十講』（華夏出版社〈北京〉、二〇〇七）
劉祥光『宋代日常生活中的卜算與鬼怪』（政大出版社〈臺北〉、二〇一三）
中央研究院歷史語言研究所「人名傳記資料查詢」（http://archive.ihp.sinica.edu.tw/tsweb/html_name/）
東京大學東洋文化研究所「東京大學東洋文化研究所所藏漢籍目錄資料庫」（http://www3.ioc.u-tokyo.ac.jp/kandb.html）

周縁文化より考える占卜の技術と文化

近藤浩之

占いの技術と文化は、古代文明を讀み解くための重要な鍵の一つである。とりわけ中國においては、卜筮の技術と文化が遠古長久の中國文明の淵源であり、それらを陰陽五行理論で體系化した易學はつねに中國傳統文化の成立と展開の基軸であった。中國古代の人々が天神あるいは鬼神に吉凶禍福を問う方法には、主に二種類すなわち卜と筮とがあり、『禮記』曲禮上に「龜爲卜、筴爲筮、卜筮者、先聖王之、所以使民信時日・敬鬼神・畏法令也。所以使民決嫌疑・定猶與也」（龜を卜と爲し、筴を筮と爲す。卜筮なる者は、先聖王の、民をして時日を信じ、鬼神を敬し、法令を畏れしむる所以なり。民をして嫌疑を決し、猶與を定めしむる所以なり）とある。獸骨や龜甲を灼いて生じさせた兆象によって吉凶を判斷するのが「卜」、蓍草（めどきぐさ、筴・策も同義）を揲《かぞ》える（數えとる）ことで得られた卦象によって吉凶を判斷するのが「筮」である。兩種の占いは、いわば「動物の神靈」あるいは「植物の神靈」を媒介として、天神と人を通じさせる原始崇拜の習俗である。そして「卜筮」と連ねて言えば、ひろく占卜（占い）一般を意味することにもなる。この卜筮文化が中國の周縁の日本にどのような形で傳わり受容され發展するのか。中央では衰廢する技術や文化が、周縁にこそ保存され長く持續的に展開していく場合がある。卜筮文化もそのような視點から考察してみるならば、周縁文化（日本古代）から中央（中國古代）の技術と文化の特徴が、より明瞭により實態に卽して見えてくるのではなかろうか。本稿では、特にトの方、おもに骨卜と龜卜について考察する。

一　中國の龜卜・骨卜

中國のトは、おおよそ新石器時代には羊や猪（豚）の肩胛骨が多く使われたが、殷代後期（前十三世紀以降）になると主に龜の腹甲や牛の肩胛骨が使用され、刻辭（漢字の文字）を伴うようになる。占いに使われた甲羅のことを「卜甲」、獸骨を「卜骨」と呼ぶ。龜の甲羅による卜を「龜卜」、獸骨（主に肩胛骨）による卜を「骨卜」と呼ぶ。殷代後期には占卜の內容を卜甲や卜骨に直接刻む習慣が流行したが、龜甲や牛骨に記された文字なので、それを「甲骨文字」「甲骨文」というが、文字を刻むこと自體が高度な技術と文化である。

一－一　先に骨卜

龜卜や骨卜に關する中國の考古資料から見れば（朴載福著『先秦卜法研究』、上海古籍出版社、二〇一一年を參照）、仰韶《ぎょうしょう》文化《ぶんか》後期（六〇〇〇～五〇〇〇年前頃）（甘肅武山傅家門、內蒙古巴林左旗富河溝門、河南淅川下王崗）の卜骨は、數量はわずかながら、ほとんどが羊の肩胛骨であり、未加工で鑽《さん》（丸く淺い窪み）も鑿《さく》（縦長の深い窪み）を彫ることも無い。獸骨を灼いて占う骨卜の萌芽はこの邊りにあるらしい。龍山文化時期（五〇〇〇～四〇〇〇年前頃）も依然として卜骨はあるが、卜甲は見つかっていない。ただ骨卜の材料としては、牛・猪（豚）・羊・鹿の骨が使われるようになり、牛の肩胛骨で最も初期のものは龍山文化後期に屬するもので（全部で三十件）、以後、夏代末期にかけて牛の肩胛骨の發見件數がさらに増え、殷代になるとそれまで最多だった猪（豚）（夏代一五五件、殷代七十四件）や羊（夏代一〇三件、殷代九十件）の肩胛骨に取って代わって、（獸骨類の中で）牛の肩胛骨の件數が最も多くなる（夏代九十六件、殷代一五萬二五四〇件）。周代の發見件數は四二一件に減るが、それでも依然として獸骨卜の資料として絶大な比率を占めている（獸骨中八五・五パーセント程度が牛の肩胛骨）。なお、坂出祥伸「獸骨卜と甲骨卜の卜法」（『道家・道教の思想とその方術の研究』第二章、汲古書院、二〇〇九年）によれば、後漢の王充の著『論衡』卜筮篇には子路が孔子に「猪肩《ちょけん》・羊膊《ようはく》、以て兆を得べく、雚葦《かんい》・藁芼《こうもう》、以て數を得べし。何ぞ必ずしも蓍龜を以《もち》いん」（猪や羊の肩骨を使っても卜して兆を得、葦や細い草の類を使っても筮して數を得ることができるのだから、必ずしも蓍や龜を使わなくてもよいのではないか）と問うた傳説を引用するし、前漢の淮南王劉安の編纂『淮南子』説林訓に「牛蹏《うしのひづめ》・彘顱《ぶたのあたま》も亦た骨なり、しかれども世灼かず」（牛や豚の骨では灼いて卜することはしない）とあるように、前漢時代にはもはや中原では獸骨卜はすたれていたようだ。

一－二　後に龜卜

考古資料から見れば（朴載福『先秦卜法研究』前掲を參照）、新石器時代から夏代までは卜骨（獸骨卜）しか發見されておらず、いまだ卜甲（龜卜）は發見されていない。殷墟からの大量の出土からもわかるように、殷代は夏代に比べて占卜が大いに流行し盛んになり、卜骨のみならず、それを壓倒するほどの卜甲が出現する。殷周時代は卜甲（龜卜）と卜骨（主に牛肩胛骨卜）が兼用されている。卜甲の發見件數は、殷代初期では六十一件（腹甲五十九件、背甲二件）ほどだが、殷代中期には八四七件（腹甲七六五件、背甲八十二件）、殷代後期には一五萬一八九八件（腹甲一四萬六八三〇件、背甲五〇六八件）にもなり、そのほとんどが殷墟からの出土である。この數字からも殷代後期（殷墟文化）が、龜卜を中心とする占卜の技術と文化が最高潮に達する時期であることがわかる。

なお、次の西周初期の卜甲の發見件數は一萬七二三九件（腹甲一萬七二二九件、背甲十件）、西周中末期は一四三件（腹甲一三二件、背甲十件）、東周時代では河南洛陽東周王城遺跡から發見された五件（腹甲二件、背甲三件）のみで、西周中期以降、占卜（龜卜）習俗が急速に衰退することがわかる。そして春秋戰國時代には、殷・西周時代に比べて龜卜はあまり行なわれなくなると考えられる。ただし、戰國楚地出土の卜筮祭禱簡の類に見える占具には、獸骨や龜甲らしきものがあるので、戰國時代ではまだ骨卜・龜卜はそれほど衰退したわけではなく、ただその卜辭の記録が、甲骨という材料（骨は、貝塚のように集積されなければ、長期殘存しない）から、竹簡等の材料になされるようになったために、出土發見件數としては大きく減少したように見えるだけかもしれない。

一－三 甲骨卜の刻辭

刻辭（甲骨文字）を伴う卜骨・卜甲は、基本的に殷代後期の殷墟遺跡（殷の都、「大邑商」と呼ばれた）から出現し始める。甲骨上に卜辭を刻むことは殷人が創始したことだとも言える高度な文化的技術であろう。鄭州二里崗からもっと古い殷代の都の遺跡が發見され、現在では、殷王朝は前期（二里崗文化、前十六〜十三世紀）と後期（殷墟文化、前十三〜十一世紀）という時代區分がなされるが、甲骨文字（卜骨・卜甲の刻辭）は、今のところ殷代前期には見いだされない。殷墟の甲骨文字以前、新石器時代から殷代前期までの甲骨にはすでに刻劃符號は出現するし、鄭州商城遺跡出土の牛肋骨の刻字をはじめ殷代前期の遺跡からすでに文字が有る骨製品（卜骨ではない）はいくつか見つかっているが、それらは殷墟の甲骨文字（卜骨・卜甲の刻辭）と同様の卜辭とは見なしがたい。少なくとも殷代前期に文字が存在していたことは確かである。したがって、現在知られる殷代の漢字はほとんど全て甲骨卜の刻辭（甲骨文字）だからといって、殷代の漢字に占卜という用途しかなかったわけではない。また落合淳思『甲骨文字に歴史をよむ』（ちくま新書、二〇〇八年）によれば、殷代に一般的に使われていた字體が甲骨文字なのではない。甲骨文字は、甲骨という硬い材質に刻むため、結果的に直線が多い角張った特殊な字體になる。ごくまれに筆で書かれたと思われる曲線的な字體が残っていることがあるが、むしろこちらの方が標準的な字體であろう。大西克也・宮本徹『アジアと漢字文化』（放送大學教育振興會、二〇〇九年）によれば、『尚書』多士に「殷の先人、典有り冊有り」と言うとおり、また、綴じた竹簡の象形文字「冊」やそれを捧げる様を表す「典」が甲骨文字に存在することから、殷代後期も一般に竹簡に文字を書いていただろうことがわかる。

落合淳思『甲骨文字に歴史をよむ』（前掲）によれば、甲骨文字の文章（卜辭）には一定の書式がある。1前辭（占卜狀況を記す、「干支卜某貞」が典型）、2命辭（占卜內容）、3繇辭（占辭ともいう、吉凶判斷）、4驗辭（實際の結果、占辭の當否）、5記事（月次や占卜地など）で構成される（繇辭・驗辭・記事は省略されることが多い）。例えば、『殷墟文字丙編』・中輯（二）三六八・三六九の卜辭を、1前辭〜5記事に區分して示そう（大西克也・宮本徹『アジアと漢字文化』にも詳しい說明がある）。


1癸子（巳）卜、爭鼎、2今一月雨。（癸巳の日に卜う。爭が問う。今の一月に雨は降るか。）

1癸子（巳）卜、爭鼎、2今一月不其雨。（今の一月に雨は降らないか。）

3王占曰、丙雨。（王が占斷して言う。丙の日に雨が降る、と。）

4勹（旬）壬寅雨、甲辰亦雨。／己酉雨、辛亥亦雨。（結果として、十日以內の壬寅《じんいん》・甲辰《こうしん》の日に、その後、己酉《きゆう》・辛亥《しんがい》の日にも雨が降った。）

5雀入二百五十。（雀という部族から龜が二五〇匹貢納された。）

一－四　新資料『卜書』と『史記』龜策列傳

馬承源主編『上海博物館藏戰國楚竹書（九）』（上海古籍出版社、二〇一二年十二月）所收の『卜書』は、今まで知られ

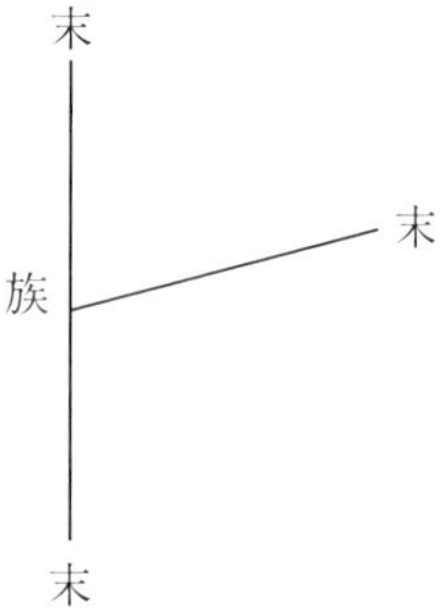

圖１　「三族」「三末」

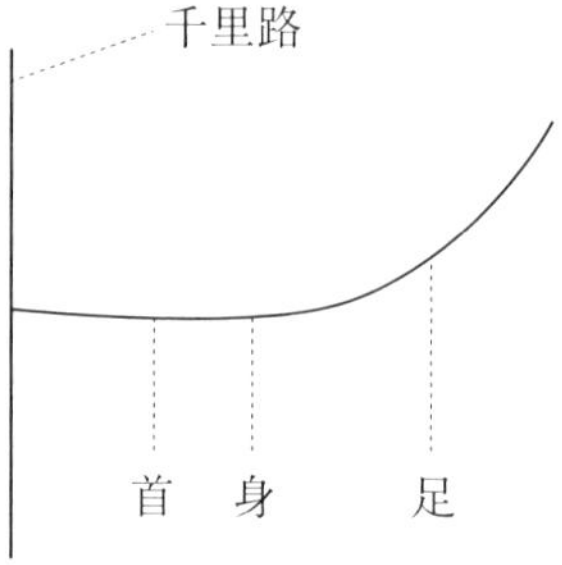

圖２　劉玉建『中國古代龜卜文化』（廣西師範大學出版社、1992年）190頁より

ていない「戰國晚期」と推定される新資料の一つだが、先秦時代の龜卜の樣相を傳える貴重なものとして注目される。日本では大野裕司氏（「上博楚簡『卜書』の構成とその卜法」、『中國研究集刊』闕號（第五十八號）、二〇一四年六月）の研究があり、それによれば、『卜書』の前半部分は卜兆（龜版の割れ目）の横畫に據って吉凶を判斷する卜法であり、後半部分は食墨・兆色・三族・三末の狀態に據って吉凶を判斷する卜法が書いてある。『周禮』春官・占人に「凡卜簭（筮）、君占體、大夫占色、史占墨、卜人占坼」とあるような龜卜における「體」「色」「墨」「坼」の四つの判斷材料による卜法が、『卜書』には揃っているようだ。『卜書』後半部分の「三族」「三末」（圖１）は卜兆の「體」によって占う卜法、「毋白毋赤、毋卒以易」「如白如黃」などというのは「色」による卜法、「食墨」（墨は龜を灼いた際に發生する煤であり、食はひび割れが墨に及ぶか及ばないかということ）は「墨」による卜法であり、前半部分に見える卜兆の横畫による卜法は「坼」に相當すると考えられる。

『卜書』前半部分には、「仰首」「出趾」「頫首」「納趾」「肣」などの語が見えるが、大野氏が考察するように、これらは『史記』龜策列傳にいう「首仰」「足開」「首俛」「足肣」などに相當し、これは卜兆の横畫（龜甲の中央を上下に貫く縱線の「千里路」から横に伸びるひび割れ線）を「首」「身」「足」の三つに分けて占う卜法である（圖２）。『史記』龜策列傳は、「錄有りて書無し」（『漢書』司馬遷傳）

とされた十篇の一つで、前漢元帝・成帝の間に褚少孫が補傳したものなので、信憑性に缺けるとして輕視されていたが、『卜書』の出現によりにわかにその（文化遺産上の）資料的重要度を増すことになった。

『史記』龜策列傳は、褚少孫の序言とされる部分に次のように云う。

> 褚先生曰、臣以通經術、受業博士、治『春秋』、以高第爲郎、幸得宿衛、出入宮殿中十有餘年。竊好『太史公傳』。太史公之『傳』曰、「三王不同龜、四夷各異卜、然各以決吉凶。略闚其要、故作龜策列傳」。臣往來長安中、求『龜策列傳』不能得、故之大卜官、問掌故・文學・長老習事者、寫取龜策卜事、編于下方。

吹野安氏（『「史記」龜策列傳小察」、『中國文學の世界』第六集、笠間選書一四六、一九八三年）の見解によれば、褚少孫は、『史記』太史公自序に「三王不同龜、四夷各異卜、然各以決吉凶。略闚其要、故作龜策列傳」（三王、龜を同じくせず、四夷、各おの卜を異にす、然るに各おの以て吉凶を決す。略《ほぼ》その要を闚《うかが》ふ。故に龜策列傳を作る）という太史公の「錄」（目錄）は有るのに、その龜策列傳の「書」（本文）が無いことに心を傷め、長安中を探索して、なお得られなかったので、太卜の官を訪ねたり、禮樂の官を訪ねたりして、その踏査の結果を編錄したと、自ら述べている。踏査の結果を忠實に記錄するとすれば、〈掌故《しようこ》・文學・長老〉の「事に習ふ者」といった、當時の雑多な文化人たちが語りかけた片々たる言葉のあったろうことは、今日の民俗採訪（歴史學や民俗學で資料を集めるため各所を訪ねること）などからしても十分推測がつく。いくつかの占筮家流の祕儀も採訪し、踏査のままの、文詞の不統一、雑說まがいの、「煩蕪陋略《はんぶろうりやく》にして取るべきもの無し」（司馬貞の評語）と批判される點があるのは、むしろ當然なことである。褚少孫補傳「龜策列傳」の文章に、先學たちが批判する難點があるのは、むしろ主觀的な解釋や整理を試みず、採訪の結果を忠實に編錄した證とみるべきであろう。

さて、その龜策列傳には少なくとも、（A）卜某事辭の類、（B）命曰辭の類、（C）此某兆辭の類という異なる三種類の卜辭例が收められていると見るべきである。

（A）「卜某事辭の類」と言うのは、例えば、

卜繫者出。不出、横吉安。若出、足開首仰有外。

（繫がるる者出づるを卜す。出でざれば、横吉なれ。もし出づれば、足開首仰にして外有れ。）

とあるように、基本的に「卜（某事）。（肯定）、（某兆形）。（否定）、（某兆形）。」という記述形式である。これは占う時にいのって言う祝語のようである。本來は先に「卜占病者、祝曰、今某病困。死、首上開、内外交駭、不死、首仰足肣」とあるのと同様に「祝曰、今某病困」に類する言葉もあるはずだが、同じ記述形式を多數列記するために要點を絞った簡略な書き方になっているだけであろう。

（B）「命曰辭の類」と言うのは、例えば、

命曰、横吉、内外自擧。以占病者、久不死。繫者、久不出。求財物、得而少。行者、不行。來者、不來。見貴人、見。吉。

（命づけて曰く、横吉にして、内外自擧なり。以て病む者を占ふに、久しく死せず。繫がるる者は、久しく出でず。財物を求むるは、得れども少なし。行く者は、行かず。來る者は、來らず。貴人に見ゆるは、見ゆ。吉なり。）

とあるように、基本的に「命曰、（某兆形）。以占（某事）、（肯定）または（否定）。…（某事）、（肯定）または（否定）。（吉凶）」という記述形式である。

（C）「此某兆辭の類」と言うのは、例えば、

此、横吉、上柱、外内自擧、足肣。以卜有求、得。病、不死。繫者、毋傷、未出。行、不行。來、不來。見人、不見。百事、盡吉。

（此れ、横吉にして、上柱、外內自擧、足肣なり。以て求むること有るを卜するに、得。病むものは、死せず。繫がるる者は、傷つくこと毋けれども、未だ出でず。行くものは、行かず。來るものは、來らず。人に見ゆるは、見えず。百事は、盡く吉なり。）

とあるように、基本的に「此、（某兆形）。以卜（某事）、（肯定）または（否定）。…（某事）、（肯定）または（否定）。（吉凶）」という記述形式である。（B）（C）の記述形式の各條の上には、張文虎（清・南匯の人。字は孟彪、または嘯山。號は天目山樵。群籍を博覽し、經學・小學・曆算・樂律に至るまで皆精研深造し、もっとも校勘に長ず。『校刊史記札記』がある）が「首當有龜兆形、傳寫失之、以下各條放此、又疑上文命曰、各條上亦有之」（瀧川龜太郎『史記會注考證』所引）と推測したように、きっと龜の腹甲の圖か何かがあって具體的な卜のひび割れ方「龜兆形」（卜兆の形）がいちいち圖示されていたのだろう。

以上のように、これら三種類の記述形式は、兆形として「横吉」「內外自擧」「足開」「足肣」などの同じ用語を使い、占う事項やそれに對する成否や吉凶の判斷の用語もほとんど同じで、兆形と占斷の對應關係もほぼ共通している。記述の仕方が異なるだけで實質的には同じ卜法に屬すると言ってよい。つまり、三種類に分れているのは、その使用目的や傳承流派の違いに由來するもので、それらは基本的には同じ卜法を傳えている。或いは、褚少孫が「大卜の官に之き、掌故・文學・長老の事に習ふ者に問ひて、龜策卜事を寫取し、下方に編し」たと言うとおり、掌故・文學・長老の三者それぞれに取材したままを記錄したから、三種類の記述形式があるのかもしれない。上博楚簡『卜書』前半部分に見える「仰首」「出趾」「頫首」「納趾」「肣」などの語は、やはり龜策列傳に編錄されたこの卜法の語によく似ている。

二　日本における甲骨卜

二―一　正歳四時を知らず

日本（倭）が文獻に初めて登場する、班固（後三二～九二）の『漢書』地理志「樂浪の海中に倭人有り、分かれて百餘國と爲る。歳時を以て來り獻見す」の記事から、前漢時代（日本の彌生中期）に倭の存在が認識されていたことがわかる。『史記』太史公自序「三王不同龜、四夷各異卜、然各以決吉凶」の「各おの卜を異にす」る「四夷」に「倭」も含まれるだろう。そして後漢以降、彌生後期の日本人は大陸からの借り物とはいえ文字を持つようになる（近年、ＡＭＳ法を用いた年代測定により、水稲耕作の開始時期が紀元前約一〇〇〇年前後であるという研究成果が發表され、彌生文化の始まりが從來よりも遡る可能性が出てきたが、後漢・三國時代は從來と同じく彌生後期と考えてよい）。しかし當初、金印や貨幣に刻まれた漢字は、古代日本人の目には、權威の象徴あるいは呪力を持つもの、裝飾的な模様としか映らず、文字としての機能など全く理解できなかっただろう。陳壽（二三三～二九七）の『三國志』魏書・東夷傳の倭人の條に「其の俗、事を擧げ行來するに、云爲する所有れば、輒ち骨を灼いて卜し、以て吉凶を占う。先ず卜する所を告ぐ。其の辭は令龜の法（中國の龜卜）の如く、火坼を視て兆を占う」、また裴松之注に「『魏略』に曰く、其の俗、正歳四時を知らず」とあるように、中國の龜卜とは似て非なる獸骨卜を行い、暦も持たない彌生人の姿が見える。この倭人の條によれば、倭國と魏との間で、景初二年（二三八）「十二月、詔書して倭の女王に報じて曰く……今汝を以て親魏倭王と爲し、金印紫綬を假し、……銅鏡百枚……を賜う」以降、正始元年（二四〇）、四年（二四三）、六年（二四五）、八年（二四七）とたびたび使者が往來する。邪馬臺國の有力候補地・奈良縣櫻井市の纏向《まきむく》遺跡で、三世紀後半～四世紀初めの占いに使われた猪の右肩胛骨「卜骨」が出土し、焼いた棒をあてた痕跡が三カ所あり、卑彌呼の後繼者・壹與《とよ》の時代にあたるという（纏向學研究センター發表、『讀賣新聞』、二〇一五年一月三十日朝刊の記事）。重要な事は、陳壽が知る當時の倭人の習俗には龜卜は無く、あくまでも「骨を灼いて卜」する獸骨卜であったという點である（卜辭は中國の龜卜の如くだという指摘から、かえって龜卜ではないことがわかる）。

二―二　彌生時代の骨卜

彌生時代の骨卜（太占《ふとまに》）文化は漢字傳來よりも早く、江戸時代の國學者・伴信友（一七七三～一八四六）は、「龜卜とは云へ、まことは上代の鹿卜法の遺傳はれるものなる事の著ければ、……かのかきまぎらはしたる漢ぶり說のさかしらを、古實もて撰りすつるときは、まことの上代の卜法のそれと知らるるを、今試に辨へ證せる此書になむある」として『正卜考』（『伴信友全集』第二、國書刊行會、一九〇七年所收）を著して、漢字文化に染まる前の日本古來の卜法を考察する。伴信友のこの試みは、まさに彌生時代の骨卜の實態を示す現在の考古學的成果と突き合わせることで再檢證されなければならない。

宮崎泰史「日本の卜骨研究の現状について――今後の日韓卜骨の比較研究を前提に――」（『東亞文化』一五號、東亞細亞文化財研究院、二〇一三年十二月）によれば、彌生時代から古墳時代前期の卜骨出土例は、現在、四三遺跡四七二點にのぼる。出土例の約八五パーセントが鹿・猪の肩胛骨であり、愛知縣を境に西日本は猪、東日本は鹿の利用割合が多くなる。肩胛骨を使った骨卜のタイプは〈時期、地域、燒灼を加える位置、整地、鑽の有無・形狀〉によってⅠ～Ⅶタイプに分けられる。日本での卜骨の登場は彌生前期で、中足骨・橈骨・肢骨である。肩胛骨を使用するようになるのは彌生中期前半（Ⅰタイプ、灼面卜面一致）で、奈良縣唐古《からこ》・鍵《かぎ》遺跡、大阪府龜井遺跡、鬼虎川《きとらがわ》遺跡、鳥取縣青谷上寺《あおやかみじ》地《ち》遺跡で出土している。同じ遺跡から出土しても中期中頃～中期後半のⅡタイプ（灼面卜面不一致）とは明確に分離できる。彌生後期初頭に整地（ケズリ）を施すⅢタイプ、その發展形で外側面をケズリによって除去、平坦化する彌生後期後半～古墳前期初頭のⅣａタイプ（主に西日本）がある。古墳前期初頭のⅤタイプ（不整圓形を呈する粗雜な鑽あり）以降、東西の差はみられなくなり、その發展形で古墳前期～中期のⅥタイプは平面が圓形、斷面が半圓形を呈する整美な鑽を設ける。古墳後期（六世紀以降）のⅦタイプ（內外面に整地、海綿質部分に長方形の鑽を連續して彫り燒灼）は、從來の骨卜法を拂拭するために中國の「龜卜の法」を復古調に再現し、全國的な規模で卜占法を統一するために採用した可能性も十分に考えられ、新たにウミガメを採用し、ウミガメの入手困難な地域で從來から使用していた鹿・猪に加えて牛・馬の家畜を使用するようになった（以上、宮崎氏見解の要約）。『三國志』魏書・東夷傳の「骨を灼いて卜し、……火坼《たく》を視て兆を占う」は彌生後期後半～古墳前期初頭のⅣａタイプあるいは古墳時代前期初頭のⅤタイプ（不整圓形を呈する粗雜な鑽あり）の狀況を傳えるものだろう。

二－三　古墳時代の卜甲

神澤勇一「古代の占い 龜卜と鹿卜」（『占いとまじない』、『別冊太陽』七三、平凡社、一九九一年）によれば、日本における卜甲（龜卜）の初例は、神奈川縣三浦市間口洞窟遺跡出土（神奈川縣立歷史博物館藏）で古墳時代後期（六世紀）のもので、アカウミガメの甲を板狀にし、內藏側の面に三十四個の方形の鑽があり、內面が十字形に灼かれている。反對側は研磨されて光澤があり、鑽の裏を中心に「＋」字形、「×」字形の龜裂が生じている（圖3）。長崎縣壹岐の串山ミルメ浦遺跡と同時期のものであり、對馬に殘る近世の例にも驚くほど似ている。これは漢字文化に染まった後の、そして中國の龜卜文化の影響を受けた後の、日本の占卜の變化を如實に現している。ただし龜はウミガメを用い、腹甲よりも主に背甲を使う所が、中國とは大いに異なる。

圖３　閘口洞窟遺跡出土　神奈川縣立歴史博物館藏（左が外側、右が內臟側）

三　龜甲加工の技術

三－一　取　龜

『周禮』春官・龜人に「凡取龜用秋時、攻龜用春時、各以其物入于龜室」とある。劉玉建『中國古代龜卜文化』（廣西師範大學出版社、一九九二年）によれば、この記載は、殷周時代、秋に龜を徵收して（そこで龜を殺して內臟・皮肉を除去し、完全な形の龜甲の殼のみにして）、龜の種類等で分類して「龜室」という専用の保管庫へ入れ、（一冬越して）次の春に（濕っていた龜甲も陰干しにされて水分が乾き、堅硬になり）、龜甲を（鋸り削り擦り磨くなどの）加工すれば損傷しにくい、（それをまた分類して「龜室」に保管する）ということだと考えられる。とくに陳夢家『殷墟卜辭綜述』中に見える「據村人說在一九二八年」の話――大小數百もの腹背完全な形の龜甲が貯藏されていた場所が發見された（『安報』一‐二二）――は、『周禮』にいう「龜室」の信憑性を高めている。

淺原達郞「殷代の甲骨による占いと卜辭」（東アジア恠異學會編『龜卜』、臨川書店、二〇〇六年）の整理と研究によれば、ベリー（James F. Berry）の分析で、殷墟の龜には、一例だけあるリクガメの一種以外は、花龜（ハナガメ）・烏龜（クサガメ）・水龜（イシガメ）の三種類で、すべて淡水に生息する龜である。イシガメはごく少數で、ほとんどがハナガメかクサガメであるが、ハナガメがクサガメよりも多い。

（ハナガメ＞クサガメ＞イシガメ＞リクガメ）

割合いの最も多いハナガメは、少なくとも長江流域まで南下しないと生息していないのが現在の狀況である、という。張光遠の研究（「從實驗中探索晚商甲骨材料整治與卜刻的方法」〔上・下〕、『漢學研究』第二卷第一期・第二期）にもとづけば、最初に龜をさっとゆでると、甲の鱗板（皮膚の硬くなった保護膜）も剝がしやすいし、身（肉）ばなれもよいが、骨片の縫合がはずれやすくなるのでゆですぎてはいけないらしい。ゆでたあとで、甲橋（腹甲と背甲をつないでいる部分で、これもいくつかの骨片から成る）のところで切り分けて腹甲と背甲とに分離し、それぞれについて鱗板を剝がし、肉を取り除く、というのが最も手っとり早い方法のようである。

三‐二　釁　龜

『周禮』春官・龜人に「上春釁龜、祭祀先卜。若有祭事、則奉龜以往。旅亦如之、喪亦如之」とある。

『史記』龜策列傳に「卜禁曰、子・亥・戌不可以卜及殺龜。日中如食、已卜。暮昏、龜之徼也、不可以卜。庚・辛可以殺、及以鑽之。常以月旦祓龜、先以清水澡之、以卵祓之。乃持龜而遂之、若常以爲祖。人若已卜不中、皆祓之以卵、東向立、灼以荊若剛木土〈十一〉、卵指之者三、持龜以卵周環之、祝曰、今日吉、謹以粱卵焍黄祓去玉靈之不祥。玉靈必信以誠、知萬事之情、辯兆皆可占」とある。

『周禮』春官・龜人の「上春釁龜」と、『史記』龜策列傳の「常以月旦祓龜、先以清水澡之、以卵祓之」とは、「釁」(動物の血を塗る)と「以卵祓之」(卵できよめる、卵を塗ることか?)の違いはあるが、どちらも龜甲の品質・材質を保つための處理の一種と考えられないだろうか。

三‐三　整治

淺原達郎「殷代の甲骨による占いと卜辭」(前掲)によれば、背甲は眞ん中で左右に二分する。腹甲・背甲ともに、内側はかなり凸凹があるので、削り取ってなるべく平らにする。内側の凸凹をていねいに削るあまり、骨の表面の硬い部分はほとんど削られて、内部のスカスカの部分が表面に出てくる。ざらざらになって、骨の強度が落ちて、ひび割れが作りやすくなり、次の鑽鑿の加工もたやすくなる。外側もきれいに磨かれるが、こちらはつるつるになり(ふつうこちらを表という)、ひび割れや文字を刻んだときの見栄えにも影響する。

三‐四　鑽鑿

淺原達郎「殷代の甲骨による占いと卜辭」(前掲)によれば、(殷代後期の)殷人は、ひたすら「卜」字形のひび割れを追い求めたようで、鑽鑿そのものの形を、「卜」字形のひび割れに合わせて變えていくことになる。キリやノミのようなもので、縦に走る一本のために縦長の杏仁形の鑽鑿を掘り、さらに横に枝別かれする一本のために、また焼灼の目標のために、圓形のやや淺めの鑽鑿を掘る。占卜に使われた龜甲の內側（內臓側）を見てみると、多ければ一面にびっしりと（圖5、中國社會科學院考古研究所『殷墟花園莊東地甲骨』第一冊、雲南人民出版社、二〇〇三年より、三八四〔H3:1218〕、四七二〔H3:1455〕）、少ない場合でも複數個は、鑽鑿が見られる。

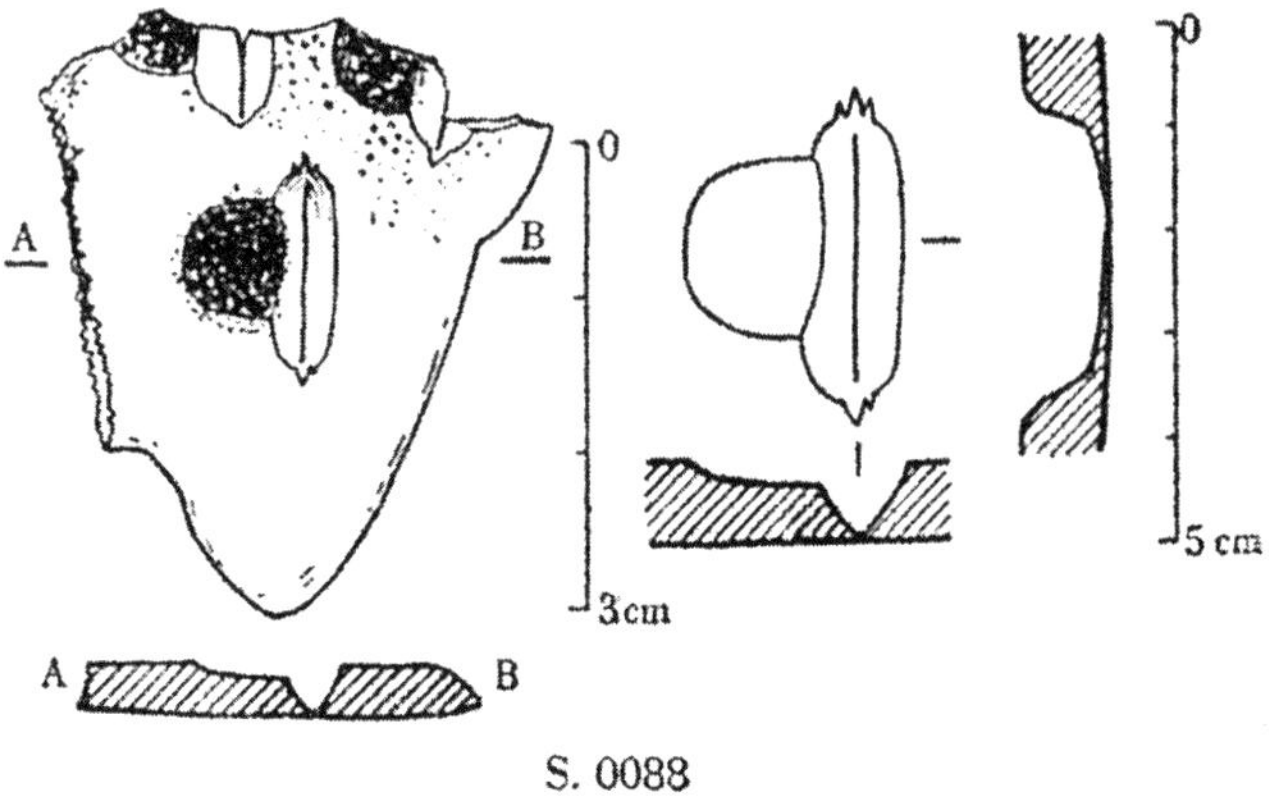

圖4　鑽鑿
左は裏面模寫と斷面圖（京都大學人文科學研究所藏、龜腹甲 S.0088）、
貝塚茂樹・伊藤道治『甲骨文字研究　本文篇』（同朋舍、1980年）117頁

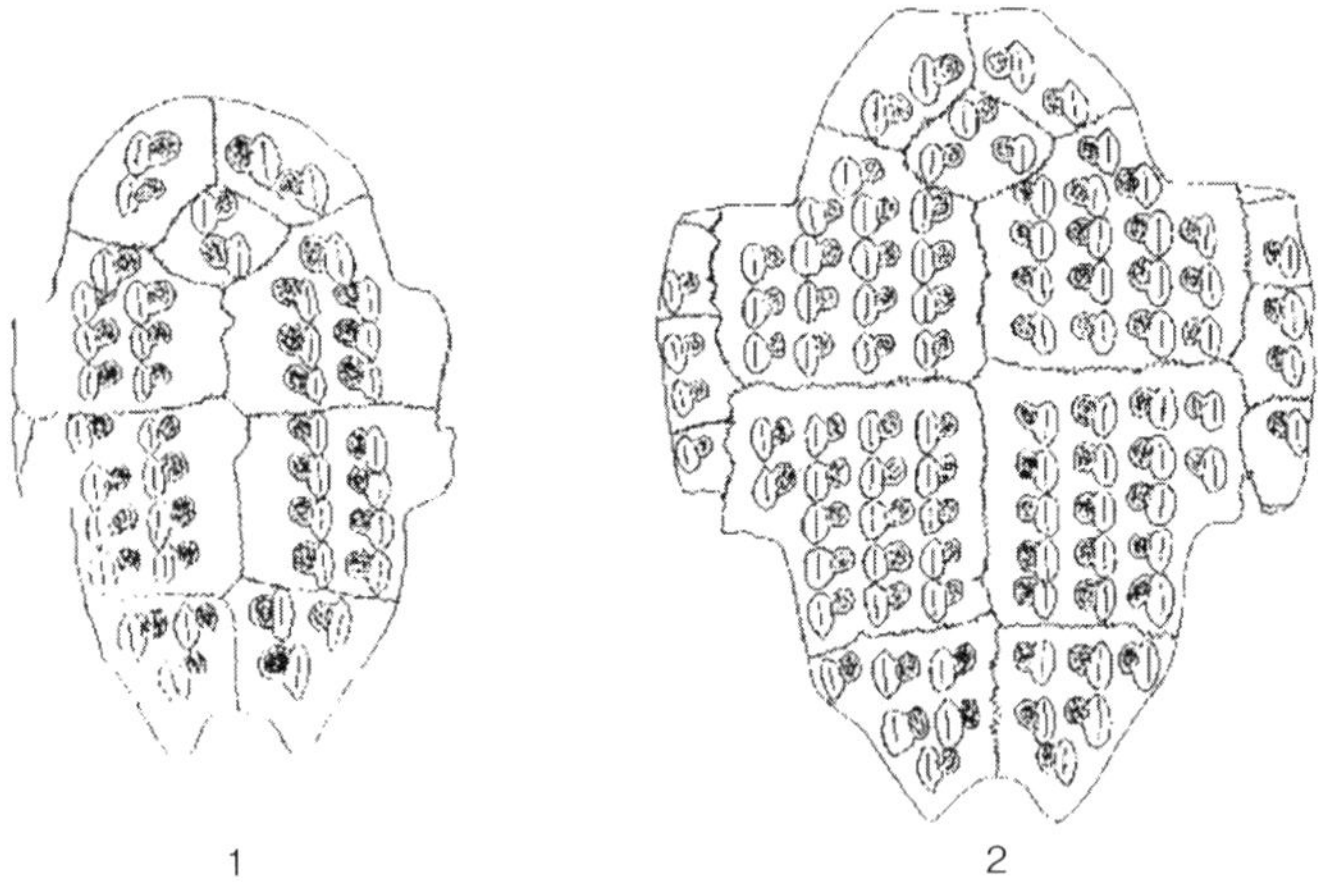

圖5　1　『殷墟花園莊東地甲骨』384（H 3：1218）
2　　同　　472（H 3：1455）

三－五　燒灼

淺原達郎「殷代の甲骨による占いと卜辭」（前掲）によれば、燒灼には細い木材を使う。古典のなかでは「荊枝」を使うことになっている。灼木の先端を燃やし、炎を消して、赤くおこった先端を、鑽鑿の圓形の凹みにあてがう。黑いすすの痕跡は、凹みの外に出ることはないので、じかに押しあてたとみてよい。燒灼を擔當する者の横には、灼木の準備係（『周禮』の華人の役目）がいて、爐と數本の灼木を用意し、次の灼木を火にかけて、いつでも迅速に交換できるように備える。

日本の龜卜に關しては、それらを確認するのに有効な文獻や資料がかなり殘っているが、それを集成・總合したのが、伴信友の『正卜考』（前掲）である。その『正卜考』が引く「對馬龜卜口授」には、「指火木、四五十本許、定ル數ナシ、波々加木ヲ用フ、長四五寸許、定ル寸法ナシ」、「こしらへやうは、皮をつけながら割て、楊枝ほどにして用ふ、五十本許作るべし」（四四八・四五〇頁）などとある。『正卜考』はまた、「元文傳」の後附に載せる龜甲圖を傳える（同書四七六〜四七七頁、圖6・7）。

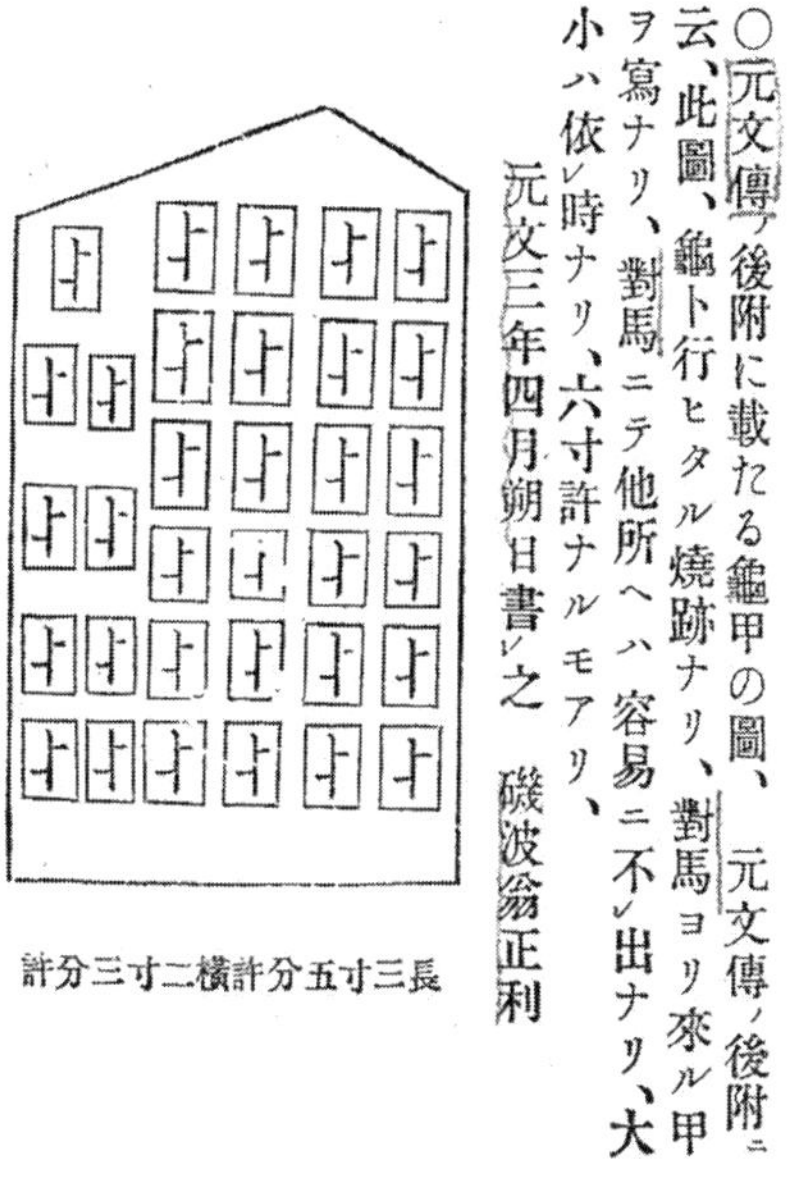
○元文傳ノ後附に載たる龜甲の圖、　元文傳ノ後附ニ云、此圖、龜卜行ヒタル燒跡ナリ、對馬ヨリ來ル甲ヲ寫ナリ、對馬ニテ他所ヘハ容易ニ不レ出ナリ、大小ハ依レ時ナリ、六寸許ナルモアリ、
元文三年四月朔日書レ之　磯波翁正利
長三寸五分許横二寸三分許

圖6

また、笹生衛「考古資料から見た古代の龜卜・卜甲と卜部」（東アジア恠異學會編『龜卜』、臨川書店、二〇〇六年）は、古代日本における龜卜・卜甲の實態を整理・研

○信友云、此敗甲は、對馬人脇藤某が藏ルヲ借得テ、搨打シ火坼ヲ書寫セルナリ、

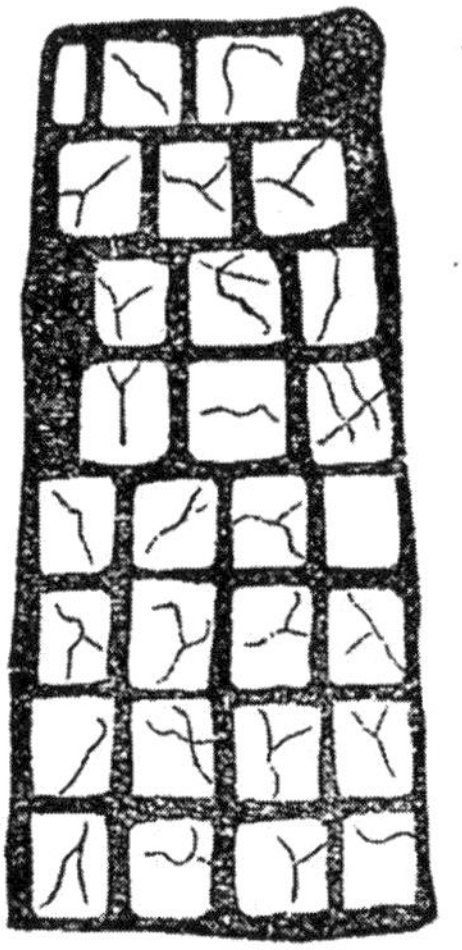

圖7

究している。その要點を次のようにまとめている。

◎出土卜甲の材質は、種類が判別できる範圍では、全てウミガメの甲羅製で、使用される部位には、背甲（肋骨板）の他、腹甲とされるものも含まれる。

◎卜甲の形狀は、龜甲を板狀に削り、表面は平滑に研磨され、裏面には方形鑽が刻まれる。その特徴は、九世紀の撰述とされる『新撰龜相記』の內容と一致する。

……

◎出土卜甲の年代的な傾向では、六世紀に出現し、六世紀末期から八世紀初期までの時期が、出土點數のピークとなっている。

◎卜甲が六世紀代に出現する背景には、繼體朝や欽明朝における、朝鮮半島からの新たな卜占に關する知識や技術の導入が想定できる。……

◎第Ⅴ形式卜骨（宮崎泰史の分類ではⅦタイプ）が、東國を中心に九世紀代まで存續するのとは對照的に、九世紀代

には、地方における卜甲の明確な出土例は殆ど確認できなくなる。これは、宮中・天皇祭祀と結びつくことにより、卜部（宮主）の地位と龜卜の位置づけが上昇し、地方の骨卜とは分離されたことを反映すると考えられる。

三―六　桃源『史記抄』の龜策列傳から見えてくる龜卜の方法と技術

室町時代の桃源瑞仙（一四三〇～八九）（近江の人。號は蕉雨、春雨、亦庵、卍庵、竹處、梅岑など）は、應仁の亂（一四六七～七七）をさけて近江山上永源寺に避難し、そこで『周易』と『史記』を講義した。その抄物（講義ノート）が『百衲襖』と『史記抄』として傳わっている。以下、その『史記抄』の龜策列傳に對する桃源の講述を手がかりに、中國古代の龜卜の方法と技術を探る。『史記』龜策列傳の本文（一部分）は次の通り。傍點線部分について桃源が講述している。

卜禁曰、子・亥・戌不可以卜及殺龜。日中如食已卜。暮昏、龜之徼也、不可以卜。庚・辛可以殺、及以鑽之。常以月旦祓龜、先以清水澡之、以卵祓之。乃持龜而遂之、若常以爲祖。人若已卜不中、皆祓之以卵。東向立、灼以荊若剛木土〈十一〉、卵指之者三、持龜以卵周環之、祝曰、「今日吉、謹以粱卵焍黄祓去玉靈之不祥。玉靈必信以誠、知萬事之情、辯兆皆可占。不信不誠、則燒玉靈、揚其灰、以徵後龜。」其卜必北向、龜甲必尺二寸。

卜先以造灼鑽、鑽中已、又灼龜首、各三。又復灼所鑽中曰「正身」、灼首曰「正足」、各三。卽以造三周龜、祝曰、「……。」

【近藤案】以下に引く桃源『史記抄』は、國立公文書館内閣文庫藏本（紅葉山文庫本）、番號「和36289」函號「史201-2」册數「14（12）」に本づく。なお、舟橋家舊藏本（現在、京都大學圖書館藏）を底本とする龜井孝・水澤利忠著『史記桃源抄の研究（本文篇）』（日本學術振興會、一九六四年）をも參考にした。

卜禁日―トヲセマシキ日ヲ先出ソ。

不可以《テ》卜《シ》—トスルニワルキ日ニテコソアルラメソ。

日中如《モシクハ》食已《ヲテ》卜《テ》—一日ノ内ニテハ日中午時ヤ、食已ハ朝ノ食時ニ、物クウテ、已ニトスヘシナリ。サテハ、空心ニハ、トスマシキト見ヘタソ。晩食已テモ、不可トトキコヘタソ。次ニ

暮昏—徼繞不明ナル程ニソ。龜ノ不明ナル時分ナリ。

以鑽—トハ、トスル時ニ鑽ルコトソ。

祓龜—注而呪トハ鶏卵ニテナデサスリテ、吉凶ヲ能告ヨナトト云カ、祝スルナリ。祓ハハライスルソ。

先以清水—上ニハ、祓《レ》龜ヲト云テ、注ニ祓スル様ヲシタソ。月旦ノ祓ノ事ソ。此句ハ將卜之時ニ祓スルナリヲ云ソ。

持龜而遂《ヤク》—遂ハ與燧同ソ。

若常以爲—言ハイツモトセン時ハ常ニ如此爲《レ》法トヘキソ。

【近藤案】※「祖」常法（一般原則）として、①庚・辛の日（日中もしくは朝食後）に、龜を殺し、鑽する（豫め鑽まで加工しておく）。②常に（毎月）月旦に（鶏卵でなでさすって）祓いをする（脂氣が抜けすぎるのを防ぐためか）。③まさにトを行なおうとする（龜を持ってく）時には、常の通りに、先ず清水で洗い、鶏卵で祓う。

人若《モシクハ》已卜不《ストモ》中—言ハ縱（たとひ）トハアワスレトモ、法チヤ程ニ、祓ノ祭ヲハ、如法シテ、モトノ様ニ、東ムキニ立テヲケソ。此文ヲワルクセハ、誤テ讀ハ、大ニチガウヘキソ。已ニト〆不《レハ》中、皆祓之ト云ヲ、又重テ祓テ、

灼以荆—トヲシナヲセト云様ニ、見タラハ、ワルカルヘキソ。只此ハ已ニト〆不《ストモアタラ》中、皆祓之以卵—如《ニセヨ》常ノ法ノト云ガヨキソ。凡トガ、知來者ナリ。ト〆ヤカテ、不中ト云ハ、不審ソ。サレトモ、ウラカタノ様カ、スリチカウテ、前後始末カ、捴〆所問ノ事ニテモナキ事カ、摸著ニモアルソ。其始カラ、不中ト知ルソ。又ハ【必シモ、即時テハ、ナクトモ、凡ト〆中ルトキハ、後ニ其報謝ニ、卵ヲ以テ、祓祭ヲスル、禮カ、定テアルヘキソ。不中トモ、後ノ祓

祭ヲハ、セヨト云タカヨケナソ。】東向立ト云三字ハ、卽時ノ事ナラハ、祓之《ハラフニ〆》以レ卵《ヲ》、東ニ向テ立ヨト、上句ニ屬シタカ、故ノ樣ニ立テヲケト云心ニテヨキソ。祓祭ノ後ノ事ナラハ、不《トモ》レ中皆祓ニ之以レ卵《セヨヲ》、マデニテヨキソ。

東向立《ニテ》灼《テヤクニ〆》以二荊《オトロモシクハ》若　剛木一《ヲ》土―東向立ノ三字ハ、下句へ、屬シタルカヨキソ。其時ハ、トスル時ニ、卜者カ、東向テ立テ、龜ヲ灼ソ。灼ニハ、以レ荊スルソ。若クハト云ハ、荊テナケレハ、剛木トハ、堅木ニテ灼ソ。生荊枝及生堅木ニテ、燒ト云ソ。斬斷トハ、生荊枝生堅木ヲ斬斷テ、龜ヲ灼ソ。注徐廣云々心得ラレヌソ。荊枝ニテモアレ、堅木ニテモアレ、十一ノ數ニテ燒ト云事ハ、ヤワヤアルソ。【劉氏說ニ依テ、土字ニテヲキテ、下句へ、連タルカヨキソ。……。】

卵《ヲモツテ》　指之者三―【周　環《メクラシメクラシテ》　トハ、左手ニ持龜、右手ニ以レ卵ヲ、クルクルト、三遍、龜ノマワリヲ、メクラスソ。……。】

以梁卵―梁ハ、粱ノ字ナルヘシ。注焍龜木《ヲナリ》　―トバシ讀ヘキ歟。

晉次第之第ソ―故有焍名トハ、荊枝ヲトリカエトリカエ次第ニ灼ソ。此時ハ上ノ徐廣カ土ヲ十一ト作タモ、ヨキ歟。

十一度マテモ、トリカヘトリカヘ燒歟ソ。

以《スルコトヲ》　漸如有階梯―トテ、梯ノ子〈字〉ノ次第アル樣ナソ。心ハ上ノ次第之第ト同ソ。

黃者―《トハ》　焍黃ヲ注スルソ。

以レ黃絹裹《ヲテ》二梁卵一―ナセニ黃ヲ以テ、スルソト云ヘハ、黃ハ中ノ色ニテ、主レ土ソ。「而信」ナリトハ、東仁、西義、南禮、北智ト配スルトキハ、中央ハ信ナリ。卜筮ハ、以信爲レ主程ニ、サテ黃ヲ以テスルソ。「故用鷄也」ト云ハ、「中之色、主土而信」ト、云ヘハトテ、「故ニ、用鷄」ト云、イワレハ何事ソ。……サル時ハ、卵モ黃鷄ノ卵ヲ用ルソ。

「黃鷄催曉」トテ、……必ノ字ニテ、粱モ黃ニ、鷄モ黃ナリ、ト云事ヲ、互見シタソ。書ヲハ、如此ニ着レ眼《テヲ》看ヨソ。

知萬事之情―サフアラハ、辨兆皆可占。

以徵《コロサン》後龜――……。

其卜必北向――……。

龜甲必尺二寸――……。靈ノナイヲハ、如此スルト云事ヲ示テコラスヘキソ。

【近藤案】※龜を祓うのに、鶏卵を用いるのは、不中の時も、常法のようにする。

※①卜者が東に向って立ち、龜を灼く。②龜を灼くには、生荊もしくは生堅木を斬斷して用いる（司馬貞）。十一度も、取り替え取り替え焼く。③（龜の祓い方は）卵で指すこと三度、左手に龜を持ち、右手で卵を持ち、くるくると、龜の周りをめぐらせることも三度。④黄絹で黄粱と黄鶏卵を裹んで、それで龜を祓う（司馬貞）。黄粱と黄鶏卵と、取り替え取り替え次第に焼くこと「焍」の黄色でもって不祥を祓い去る、とも解釋できる。⑤祝のことば、「今日吉、謹以粱卵焍黄祓去玉靈之不祥。玉靈必信以誠、知萬事之情、辯兆皆可占。不信不誠、則焼玉靈、揚其灰、以徵後龜」という。⑥その兆を見て卜する時は、北に向く。

卜先以造灼鑽――此一節ハ鑽リ灼ク様ヲ云ソ。以造注「徐廣曰、音竈」――音ヲツケテ義ヲアラハスソ。造ハ竈ソ。竈ノ前ニテ鑽ツ灼ツスルソ。先ツ鑽テ後ニ灼クモノチヤソ。ナセニ灼鑽トハ置タソナレハ、龜ハ灼カ本ナリ。灼カウズタメニ鑽ル程ニ、其爲ㇾ本トコロヲ先ツ云タソ。注「索隱曰、造謂焼荊」――即竈ノ事ソ。注「物者木也」――卜ハ、物字ハ本ニハナキニ云タハ、焼モノハ木ニテ焼ソト云心ソ。

鑽中已、又灼龜――各三――此ハ、卜ヲセントテハ一度ニ龜甲ノウラヲ、銭ノ大サ程ニ鑽テ、穴ヲシテ、甲ヲ薄クナシテ、其穴ノ中ヲ、荊枝ニ火ヲツケテ吹テ灼ソ。龜首ト云ヘハトテ、本ノ龜ノ首ヲ灼ニテハナキソ。龜甲ニテアル程ニ、首ハアルマジケレトモ、アシク心得タラハ、モトノ首ノアリタル邊ヲ灼歟ト思ヘキソ。只鑽タル穴ノ中ニテ、首ト云處ヲ灼ソ。各三ト云字カ、此ハ義テハ心得ラレヌ程ニ、鑽中已《ヲハッテ》又灼《ク》ニ龜首一《ヲ》――言ハ鑽タル中ヲ先灼已テ、サテ龜首ノアフタル處ヲ灼ソ。サテコソ、又ト云字モ面白ケレソ。各三トハ、鑽中モ灼コト三ヒソ、又灼《ク》二龜首《ヲ》一モ三ヒチヤ程ニ、各三ナリ。サテコソチヤウト合タレソ、前義ハ非之。

又復灼所—正身、灼首正足各三　最初ニ鑽中ヲ灼ク一度ソ。此ニハ、又字ハ不入ソ。次ニ又灼龜首ホトニ、一ノ又ヲ置タソ。今重テ鑽中ト首トヲ、灼ホトニ、又復ト使タカ面白ソ。又灼所鑽中—又灼首—ト如此ニ書ヘケレトモ、カシマシサニ、上ニ一處ニ、字ヲ書キカヘテ又復ト置タル文勢面白ソ。卽以レ造《ヲ》三周《ヒメクラシテ》レ龜《ヲ》—造ト云カ、竈ナラハ、何ガ輒ク（すぐ、たやすく）、竈ヲ手ニモタレテ、龜ヲメクラシハスヘキソ。以龜三周造テコソ、アラウスケソ。倒語ノ體トテ、春星帶草堂ト作ル法カアルソ。草堂帶春星トコソ、作ルヘケレトモ、ワサト倒ニ作ル事アリ。文式ニ、顚倒錯綜句法トテ、紅豆啄餘鸚鵡粒、碧梧棲老鳳凰枝ヲ出タソ。紅稻ト本ハアルヲ字カチカイタルモ面白ソ。玉靈夫子—龜ヲ尊テ云ソ。夫子玉靈ト呼出シテ荆ヲ以テ灼《テ》二而《ナンチノ》心《ヲ》一令二而《ナンチヲ》先《サキヲ》知《ラ》一—ナセニト云ヘハ、而《ナンチ》上《カミ》行《ノホテ》二—《ニ》一—不至ト云處モナキ程ニ最靈ナソ。數《シハシハ》刺サクスレトモ莫レ如《ハ》二—信《アルニ》一—ト筮ニハ其類多テ神靈ナル事ドモモ、アレトモ、龜トノ信アル様ナルハ、ナキソト、ホメアリクソ。揲蓍トキニ、五十策ヲ、兩手ニ執テ、爐上ニ薫〆、命之曰、假爾泰筮有常、假爾泰筮有常ト云様ニソ。

【近藤案】※①トをしようとする時には、龜甲の裏を銭ほどの大きさに鑽って穴を作って、甲を薄くし、その穴の中を、荆枝（オドロ、火つけの枝）に火を點けて吹いて灼く。②灼「龜首」というのは、その鑽った穴の中において首と云う箇所を灼くのである。③鑽中も三度灼き、龜首も三度灼き、そして更に重ねて（ひたたび）、鑽中と龜首とを三度ずつ灼く。（これは、荆枝を十一度も取り替え取り替え灼くことと關わるか。）

四　肩胛骨加工の技術

江戸時代の國學者、伴信友の『正卜考』（前掲）は、日本の「卜」に關する總合的な考證成果である。太占（鹿の肩胛骨を燒いてその面に生じた割れ目の形で吉凶を占う）について、『正卜考』（同書四七七頁）が引く「太占料鹿骨圖注」には、「牡鹿の左肩の骨を取て、百日ばかり土に埋め、臭氣を去り、又雨をそそぎて後これを用いる。脂氣（脂肪分）あれば、卜文現れずという」、また「信友云わく、淸流に漬け置けば、はやく臭氣去るなり」とある。

また「牡鹿左肩全骨模圖」（伴信友自作）を載せる（同書四七七〜四七八頁、圖8）。

太占の卜文（割れ目の形）の發生のさせ方から、中國の龜卜・骨卜の技術と文化を考えることにも意義があろう。從來は、中國古代に龜の腹甲や牛の肩胛骨を使う龜卜・骨卜に關してその脂氣を拔くことの重要性はほとんど檢證されていない。ただし、次に紹介する落合淳思氏の再現研究によると、牛の肩胛骨では「過度の脂拔きは占卜による卜兆の發現を困難にする」、「煮沸も卜兆の發現を妨げる」、「完全に脂拔きをした骨では卜兆が發現しない」（埋土の約五年後に掘り出した骨は完全に脂が拔ける）とのことである。

落合淳思「第十三章　占卜行程の復元」（『殷代史研究』、朋友書店、二〇一二年）は、殷代の卜骨の形狀や『正卜考』などの文獻資料を手がかりに整治作業や燒灼方法などを、牛の肩胛骨を使って再現し考察した研究で、非常に參考になる。以下、それに依據して要點を記述する。

解體された肩胛骨には、皮膜・脂肪・筋肉が附着しており、加工作業はこれらをヘラとナイフで除去することから始める。ヘラは皮膜を削ぎ落とす場合に、ナイフは肉や皮膜を切り落とす場合に適している。最も除去作業が困難な

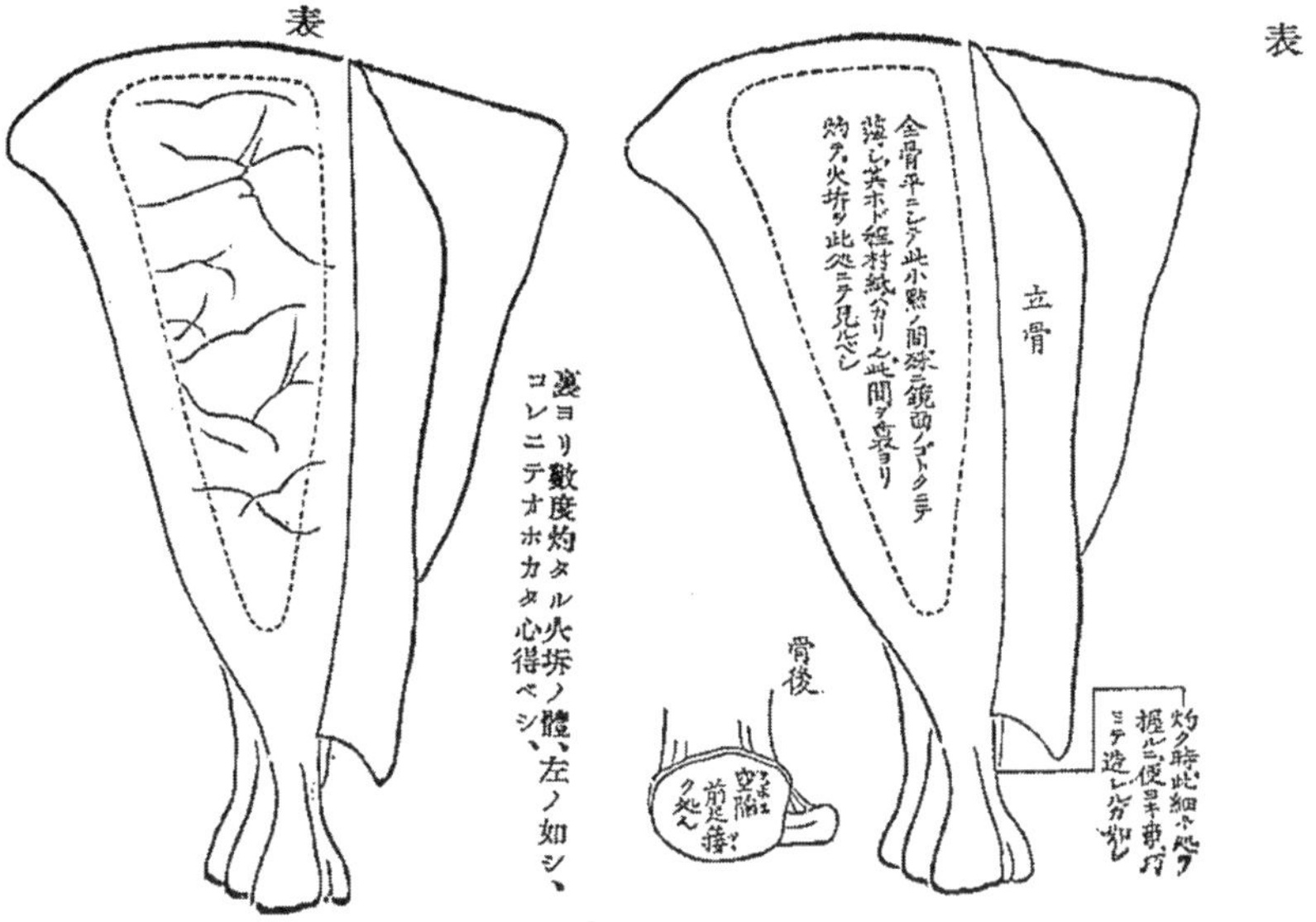

圖８

のが骨臼の脇にある腱である。殷代の卜骨の中には腱のみの除去をせず、腱の附近の骨ごと切除したものが多い。

骨脊（「肩胛崗」ともいう）は例外なく除去されているが、この作業にはノコギリが適している。青銅製のノコギリは二里頭文化から使用されており、殷墟遺跡からも出土している（陳振中『青銅生産工具與中國奴隷制社會經濟』、中國社會科學出版社、一九九二年、七四頁）。

骨の反面（骨脊がある面）を削り、骨全體を薄くする。鑽鑿を伴う殷代様式の占卜には正面（骨脊がない面）の骨組織が四ミリメートル程度あるのがよく、オノなどで削ったようである。伴信友『正卜考』が引く『對馬龜卜口授』には、龜甲を削る工具としてチョウナ（手斧）の圖を載せている。

骨を薄くした後に反面側に窪みを掘る。浅いものが鑽、深いものが鑿である。實驗の結果、鑽は熱を加える部分のみに窪みを作って厚さを調整する（四ミリメートル程度に）ためであり、厳密に言えば横方向のひび割れを作るためのものではない。殷代卜骨の長鑿にはほとんどに縦方向のひび割れが形成されているように、鑿はひび割れの方向を調整するための加工である。鑿を掘るにはノミを、鑽を掘るにはおそらく刃先の廣いキリ（鉆）を使用したのであり、殷墟遺跡や二里崗遺跡からはそれが出土している（陳振中一九九二、一〇三頁）。

焼灼に用いる棒は、中國の周代以降の文献では「荊」が用いられたと言う。日本では「ははか（波々加）」の木を用いていたと言い、櫻の一種とする説が有力であるが、いずれも堅い木材のようである。殷代には、熱した金屬（青銅）の棒も併用されており、二里崗文化においてすでに金屬棒の使用が開始されている（安志敏「一九五二年秋季鄭州二里崗發掘記」、『考古學報』八、一九五四年）。

五　龜卜と易筮（蓍筮）の關係について

龜卜《きぼく》と蓍筮《しぜい》、その起源はどちらも殷代までさかのぼるが、『史記』龜策列傳に太史公曰（實はこれも褚少孫の補傳にかかるか）として「王者決定諸疑、參以卜筮、斷以蓍龜、不易之道也」（王者は諸々の疑義を決するのに、卜筮を參考にし、蓍《めどき》や龜によって判斷するが、これは萬世不易の道である）、「夫揲策定數、灼龜觀兆、變化無窮、是以擇賢而用占焉、可謂聖人重事者乎」（そもそも策を數えて卦《か》を定め、龜甲を灼いて吉凶の兆を觀るのは、その變化に窮まりがない。それ故、賢者を擇《えら》んで占いにあたらせるのであって、占いは聖人にとっての重要事というべきだ）、「『書』建稽疑、五謀而卜筮居其二、五占從其多、明有而不專之道也」（『書經』洪範篇には、疑わしい事を考え定める道として、五謀〔五つの相談相手〕すなわち自分の心、卿士、庶人、卜、筮を立ててある。卜と筮はこのうちの二つであり、事にあたってはこの五つに謀って贊成の多い方に從うのである。これは要するに、神明が存するとして卜筮を重んじるけれども、それのみにかたよって事を決しないやり方である）などと云う。『周禮』春官・簭人《ぜいじん》には、「凡そ國の大事は、簭を先にし、而して後、卜す」と云い、『左傳』僖公四年には、卜人の言葉として「筮は短、龜は長なれば、長に從ふに如かず」と云う。これらは龜卜の形式が蓍筮に比べて神祕的であり、蓍筮は比較的遅れて現れたものだということを反映している。あるいは蓍筮は一種新しい形式であり、龜卜に對する補助と見なされたのかもしれない。

　龜卜と易筮の併用を物語る實例として、望山楚墓《ぼうざんそぼ》、包山楚墓《ほうざんそぼ》、天星觀楚墓《てんせいかんそぼ》などから戰國時代の卜筮と祭禱に關する記録（卜筮祭禱簡《ぼくぜいさいとうかん》）が出土している。そこには『易』の卦畫が記されている（『春秋左氏傳』に見える本卦と之卦のように、卦畫は二つ並べて記されているが、卦爻辭は無い。**圖9**、湖北省荆沙鐵路考古隊『包山楚簡』、文物出版社、一九九一より）が、同じ卜問（貞問《ていもん》）で甲骨卜も同時併行で行われており、卜筮併用の實態が明らかになった。

圖9

たとえば、包山楚墓卜筮祭禱簡（一九七～二〇四）に次のように見える（陳偉等著『楚地出土戰國簡册［十四種］』經濟科學出版社、二〇〇九年、九二頁【釋文】を參照）。

（A）宋客盛公𨚵聘於楚之歲、荆𡰥之月乙未之日、盬吉以保家爲左尹舵貞、「自荆𡰥之月以就荆𡰥之月、出入事王、盡卒歲、躬身尚毋有咎」。占之、「恆貞吉、少有慼於躬身、且志事少遲得」。……

（B）宋客盛公𨚵聘於楚之歲、荆𡰥之月乙未之日、石被裳以訓蘢爲左尹舵貞、「自荆𡰥之月以就荆𡰥之月、盡卒歲、躬身尙毋有咎」。占之、「恆貞吉、少外有慼、志事少遲得」。……

（C）宋客盛公⿰鼎鳥聘於楚之歲、荆𡰥之月乙未之日、應會以央蓍爲子左尹⿸㫃它貞、「自荆𡰥之月以就荆𡰥之月、出入事王、盡卒歲、躬身尙毋有咎」。䷏䷹。占之、「恆貞吉、少有慼於躬身、且爵位遲踐」。……

同じ人物「左尹⿸㫃它《さいんた》」の爲に「貞《と》ふ」として、ほぼ同様の貞問《ていもん》「自荆𡰥之月以就荆𡰥之月、出入事王、盡卒歲、躬身尙毋有咎」と占斷（占之）「恆貞吉、少有慼於躬身、且志事少遲得」の同類の文章が三段連續するが、その貞人—占具が（A）「盬吉」—「保家」と（B）「石被裳」—「訓釐」と（C）「應會」—「央蓍」と三者三様に異なる。（C）のみ「䷏䷹」（豫の兌に之く）卦畫が記されているから、（C）のみ蓍（筮竹）を用いた易筮の占いであり、（A）「保家」と（B）「訓釐」は獸骨か龜甲を用いた甲骨卜であろうと推測される。そして、三者（あるいは五者、奇數の複數者）に同じ事を占わせるのは、『尙書』洪範篇の「五占從其多」（五つに謀って多い方に從う）と似た儀禮の表現だろう。

六　小　結

伴信友は『正卜考』（前掲書、四六七頁）で次のように述べる。

> かくて世を經るほどに、ますます漢樣なる事を擬《マネ》ぶ慣《ナラヒ》となれるにあはせて、其卜術にも、陰陽五行、あるひは易の八卦などに依れるさかしら說《ゴト》を、とりどりにもてつけてものするほど、漸に古傳の趣はかくれゆきけむ。……いと遙かなる海中にはなれたる對馬の嶋國に、かつがつも古傳の遺れるは、いともめでたく、尊きことにこそはありける。

中國から傳わった技術と文化は、中央で衰廢する頃に、周緣地域において着實にゆっくりと發展し定着することがある。骨卜・龜卜の技術と文化も、そして蓍筮・易學の文化もそういう所がある。伴信友はそれを「漢様なる事」として、日本古來の事とは區別しようとするが、それはおそらく漢字傳來より前の彌生時代からすでに區別しがたいものである。日本古來のものだと思うものが、中國でとっくに衰退したものの餘流であることが多い。中國の殷墟文化は、甲骨文字を伴う高度な龜卜文化であり、周縁地域の一つ日本では、その一部分の技術を彌生時代中期頃には取り入れているようだ。しかし當初は文字を解せず、また龜ではなく鹿や猪の肩胛骨を灼く卜を行なっていたが、これはあるいは中國の仰韶文化～龍山文化～夏代～殷代前期にかけての獸骨卜（牛・猪・羊・鹿の骨卜）を反映していると見るべきだろう。彌生後期初頭に整地（ケズリ）を施し始め、その發展形で外側面をケズリによって除去、平坦化する彌生後期後半～古墳前期初頭の狀況は、すでに殷墟文化（牛肩胛骨卜も含む）の影響を帶び、古墳前期初頭の不整圓形を呈する粗雜な鑽を施し、その發展形で古墳前期～中期の平面が圓形、斷面が半圓形を呈する整美な鑽を設ける狀況は、殷墟文化における鑽鑿加工の技術の漸次流入が疑われる。そして、古墳後期（六世紀以降）の內外面に整地、海綿質部分に長方形の鑽を連續して彫り燒灼する卜骨の狀況、及び同じく古墳後期の間口洞窟遺跡出土のアカウミガメ背甲を使った卜甲をはじめとする長方形の鑽を施す狀況は、從來の骨卜法（太占の法）を拂拭し、中國の「龜卜の法」を復古調に再現するかのようである。これは漢字文化に染まった後の、そして中國の龜卜文化の本格的な影響を受けた後の、日本の占卜の變化を如實に現している。ただし日本では淡水の龜ではなく新たにウミガメを採用し、腹甲よりも主に背甲を使う所が、中國とは大いに異なる。また、ウミガメの入手困難な地域では從來から使用していた鹿・猪なども使用して、それら骨卜龜卜の占術法が近世まで祕傳として傳えられていたものを、江戶時代に集成して整理したのが伴信友の『正卜考』だったのである。

さて、殷代の龜卜文化をも取り込んでさらに高度に廣く長く、その影響が擴散・持續する占い文化が周代の易筮文化である。『易』はその數の體系が暦の科學と融合し、殷代以來の干支を軸にした歴史的經驗的知恵をも包含して、そこから派生する様々な占術の母胎となった、と考えられるが、易筮文化の展開については、別の機會に論じたいと思う。

【附記】本稿は、平成二十七年度日本學術振興會科學研究費助成事業（學術研究助成基金助成金）基盤研究（C）「漢字文化圏における骨卜と龜卜に關する總合的研究」（課題番號：15K02970）による研究成果の一部である。

【主要參考文獻】

『占いとまじない』（『別冊太陽』七三、平凡社、一九九一年）
劉玉建『中國古代龜卜文化』（廣西師範大學出版社、一九九二年）
郭店楚簡研究會編『楚地出土資料と中國古代文化』（汲古書院、二〇〇二年）
東アジア恠異學會編『龜卜』（臨川書店、二〇〇六年）
渡邉義浩編『兩漢における易と三禮』（汲古書院、二〇〇六年）
落合淳思『甲骨文字に歴史をよむ』（ちくま新書、二〇〇八年）
大西克也・宮本徹『アジアと漢字文化』（放送大學教育振興會、二〇〇九年）
朴載福『先秦卜法研究』（上海古籍出版社、二〇一一年）
落合淳思『殷代史研究』（朋友書店、二〇一二年）
足利衍述『鎌倉室町時代の儒敎』（日本古典全集刊行會、一九三二年）
龜井孝・水澤利忠著『史記桃源抄の研究（本文篇）』（日本學術振興會、一九六四年）
伴信友『正卜考』（『伴信友全集』第二、國書刊行會、一九〇七年）

終わりに

水口拓壽

本書は、獨立行政法人日本學術振興會平成二十八年度科學研究費助成事業（科學研究費補助金）（研究成果公開促進費、代表者 水口拓壽、課題番號 一六HP五〇一〇）の交付を受けて刊行された。この論文集を制作する契機となった東方學會第六十回國際東方學者會議におけるシンポジウム「中國古代における術數と思想」共々、我々は池田知久氏の周到なご企畫と精力的なご采配の下、中國術數研究の現段階における最前線かつ最高水準の成果を示すことができたと自負している。また、シンポジウムの開催や本書の刊行に當たり、この道において國際的に著名な李零氏のご參加を得られたことを、大きな喜びとしたい。

しかし、中國術數研究が本書の登場をもって完成の域に至ったというわけでは、決してない。本書の「始めに」で池田氏が、術數という文化現象を總合的全體的に把握するための研究方法を列擧なさったが、それぞれの方法が今後更に深められるべきことは言うに及ばず、複數の方法を効果的に組み合わせる試みや、從來取られることのなかった新しい方法の開拓も、これから世界各地の研究者によって、息長く擔われてゆくべき任務である。また、研究方法という問題とも關連することだが、中國術數研究の主題として關心の共有が一層廣げられるべきものや、見解を異にする研究者の間に一層活發な議論が期待される論點も、まだまだ残されていると言える。

既に本書中に取り上げられた主題や論點を含め、わたくし個人の關心に卽して、思い附くままに擧げてみるならば、その第一は「術數をどのように定義するか」である。管見の限り、今日の研究者が術數を定義した言葉は、「世界觀」という要素により重きを置くもの、「數理」という要素により重きを置くもの、「占い」という要素により重きを置くものなどに分かれがちのようだ。研究者のスタンスに卽して術數の理解が一様でないことには、固より何の不自然もあるまい。また、我々も自らそうあろうと務めているように、右の諸要素を過不足なく視野に收めた研究者や、術數というものの（近代的な目から見た場合の）多面性、或いは多層性に囚われることを潔しとしない研究者も確かに存在する。ただ上記のような分化傾向が、現狀として中國術數研究という場にネットワークの破れ目を作りつつあるように見受けられ、わたくしはそのことに對して懸念を禁じ得ない。

第二には、「術數という概念の發生時期や形成過程」である。劉歆の『七略』に基づくという『漢書』藝文志が、地上に傳存した文獻に「數術（術數）」という語の現れる初例であるわけだが、他方では出土資料として得られた『七略』成立以前の文獻の內に、廣く天文や暦などに關わるものも、占いという要素を帶びるものも既に夥しいという事實がある。淸代に執筆された『四庫全書總目提要』子部術數類敍は「術數之興、多在秦漢以後（術數が興ったのは、多く秦漢以後のことである）」という一文で始まるのだが、目の前に並んだ何らかの書物を「數術（術數）」の名において一括的に把握することは、もしや劉歆より前には行われなかったのだろうか。或いは劉歆よりも早い段階で、中國的な知の體系の內部に、數術（術數）という認識の枠組が形成されていたのだろうか。

第三には「術數と方技の關係」である。『漢書』藝文志は「數術略」のすぐ後に、「醫經・經方・房中・神僊（神仙）」の四分野から成る「方技略」を置いたが、數術（術數）と方技は、近代的な意味でいう自然科學に含まれる要素と、そ

こからは排除される要素が一つの枠內に收められた點において共通性を持つ。しかしそれだけでなく、例えば李零氏が、

數術（術數）　大宇宙（マクロコスモス）、卽ち「天道」或いは「天地の道」を認識するもの
方技　　　　　小宇宙（ミクロコスモス）、卽ち「生命」「性命」或いは「人道」を認識するもの

という圖式を示されたように（『中國方術考』）、兩者の閒には相互補完的な對照性も見出されるのである。また、後世には術數を指して方技と呼ぶ場合もあるなど、少なくとも呼稱という次元において、術數と方技の境界線は通時的に固定されていたわけではなかった。そうであるからには、中國術數を硏究する者の關心は、おのずから方技という概念やその歷史的變遷にも及ばなくてはならないと言うことができる。

第四には「術數が中國の思想界や社會において有したプレゼンス」である。儒敎思想史や道敎思想史などの上に生じた、術數的思考や術數各分野の理論との交涉關係、また歷代の知識人（士大夫や道士など）が術數に向けた眼差しや、彼らによる術數の學習・實踐狀況を明らかにすることで、術數史硏究の幅と中國思想史・社會史硏究の幅を相互に、かつ有意義に擴張することができるだろう。

第五には「近現代の華人世界における術數のありかた」である。術數的思考の展開や各種術數の實踐は、帝政の瓦解と共に終わってしまったわけではない。一九八〇年代から中國大陸・香港・臺灣などに起こった「風水熱（風水ブーム）」は記憶に新しいが、これも池田氏が本書の「始めに」で言及されたように、術數というものは今日の社會においても、依然として影響力を發揮しているのである。近現代における術數のありかたを根本の所で規定するものが、中國傳統社會で成立した術數の理論や文獻である以上、それらに通曉することなしに、いきなり近現代の狀況について論じることは避けねばなるまい。しかし硏究者はその一方で、前近代と近現代を貫通する「術數の生命力」というも

のに、もっと積極的に注目してよいのではないか。

第六には「中國術數研究史の回顧」である。劉師培は清末光緒三十一年（一九〇五）に『周末學術史序』を著し、書中の「術數學史序」では、『漢書』藝文志に沿って術數の分類を述べた他に、諸子百家と術數的思考の關係や、術數と方技の區別、術數と宗教の異同について簡潔に論じた。假にこれを、中國の術數に對する近代的研究の嚆矢と認めるならば、現在までに既に一一一年の歲月が流れたことになる。このもはや短いとは言えない期間に中國術數研究が、どのような制約や弱點を克服しながら進展してきたのか、批判的な姿勢で回顧と評價を行うことは、それ自體が一個の學術史研究として意義を持ち得るにとどまらず、中國術數研究が現時點で抱える課題を浮き彫りにし、また今後の可能性を展望することに繫がる營みとなろう。

わたくし自身の淺學菲才を省みず、勝手な言葉を連ねてしまったことをお許しいただきたい。ともかくも、我々は本書が中國術數研究の世界と、世界の中國術數研究に一石を投じることを願っている。最後になって恐縮ながら、本書の刋行をご快諾下さった汲古書院社長の三井久人氏に、謹んでお禮を申し上げると共に、科學研究費補助金の申請及び執行をサポートしてくれた、勤務先の武藏大學に謝意を表する。

編者紹介

池田　知久（いけだ　ともひさ）

1942年生。東京大學名譽教授、山東大學名譽教授、東方學會理事長。中國思想史。東京大學文學博士。

『馬王堆漢墓帛書五行篇研究』（東京：汲古書院、1993）、『池田知久簡帛研究論集』（北京：中華書局、中國語・曹峰譯、2006）、『道家思想の新研究――『莊子』を中心として』（東京：汲古書院、2009）、『莊子　全譯注』上・下（東京：講談社、2014）ほか。

水口　拓壽（みなくち　たくじゅ）

1973年生。武藏大學人文學部教授。風水文化論・儒敎儀禮論。東京大學博士（文學）。

『風水思想を儒學する』（東京：風響社、2007）、『儒學から見た風水――宋から淸に至る言說史』（東京：風響社、2016）、「試論宋明理學家對風水的改造」（四川大學古籍整理研究所等編『宋代文化研究』19期、成都：四川文藝出版社、中國語、2011）、「日治時期手抄本《臺南孔子廟祭典禮樂器部全圖》等初探」（鍾彩鈞編『儒學的理論與應用』、臺北：中央研究院中國文哲研究所、中國語、2015）ほか。

中國傳統社會における術數と思想

平成二十八年十二月九日　発行

編　者　池田知久
　　　　水口拓壽
発行者　三井久人
整版印刷　中台整版
　　　　日本フィニッシュ
　　　　モリモト印刷

発行所　汲古書院
〒102-0072　東京都千代田区飯田橋二―五―四
電　話〇三（三二六五）九七六四
FAX〇三（三二二二）一八四五

ISBN978－4－7629－6578－4　C3010

Computational Arts (術數 Shu-shu) and Intellectual Thought

in

Chinese Traditional Society

Edited by

Tomohisa IKEDA & Takuju MINAKUCHI

2016

KYUKO-SHOIN

TOKYO

【中國語要旨】

中國傳統社會中的術數與思想

說數術革命——從龜卜筮占到式法選擇——

李　　零

我的論文主題是“數術革命”。我是從考古發現討論這一革命。我認爲，這一革命發生於商代西周和戰國秦漢之間。商代西周的數術傳統以龜卜、筮占爲核心，戰國秦漢的數術傳統以式法、選擇爲核心，前後既有連續，也有斷裂，變化非常大。

這一討論分四個方面：

1．卜的傳統：殷墟甲骨—西周甲骨—秦漢甲骨—上博楚簡《卜書》。
2．數的傳統：商周數字卦—清華楚簡《筮法》—上博楚簡《周易》—王家臺秦簡《歸藏》—馬王堆帛書《周易》—北大漢簡《荊決》。
3．圖的傳統：式盤—式圖—日書中的各種插圖。
4．書的傳統：流沙墜簡中的日書—子彈庫帛書—睡虎地秦簡以來的發現。

郡縣少吏與術數——由《日書》可見的一些考察結果——

工藤　元男

自睡虎地秦簡出土，其中的《日書》被發現以來，已經渡過了近四十年的歲月。其間，出現了不少研究成果。睡虎地秦簡《日書》牽引著中國古代術數研究，至今爲止發現了二十多種《日書》以及屬於《日書》的各種占書。因此，研究的主流是思想史方面的術數研究，而從歷史學的視角所進行的研究依然不多。針對這一狀況，筆者將《日書》作爲社會史的史料，一直不斷摸索著是否有可能將其活用於中國古代史研究之中。

從歷史學的角度來看時可以看出，睡虎地秦簡《日書》出土於戰國晚期秦國的南郡屬下的縣吏的墓葬之中這一點至爲重要。因此，筆者以此爲視角，將秦對占領地的支配與《日書》的關係設定爲“法與習俗”的問題。這在以睡虎地秦簡爲主要分析對象這一階段時是極爲有效的視點。然而此後，各地不斷有《日書》出土，其年代也推移至東漢，且其所有者多爲郡縣少吏，因此必須相應移動視點。爲此，將考察秦漢帝國的郡縣少吏與《日書》的關係時的視點進一步延伸，並將《視日》、《質日》等與曆日相關的出土資料加入考察對象，這樣就可確認他們因公出差時，作爲術數書的《日書》是必需品這一事實。《日書》的編纂者本爲民間占卜家，到一定階段時認識到了郡縣少吏的關注與認可，將其所關心的與吏治相關的內容積極編入了《日書》。

論王莽《奏群神爲五部兆》之格局
——關於與劉歆三統理論的類似點——

平澤　　步

本文剖析《奏群神爲五部兆》之內容，並將其與劉歆《三統曆》、《三統曆譜》裡所見“元——三、五”之結構進行比較，由此闡明劉歆運用這一數理模型來系統地整理律曆理論、學術分類、以及祭祀制度的過程。

《奏群神爲五部兆》爲西漢平帝元始五年（公元五年）王莽上奏的祭祀改革方案，文中提出了變更群神祭域的必要性。其具體方案爲：先將群神分爲天地、六宗和其他神祇，繼而將天地配於南北之時，六宗配於三方之兆，其他神祇則配於五方兆。

此一神靈分類與祭域的分配方式儘管不同於舊說，卻和劉歆的三統理論結構非常一致：在三統理論裡有“元”、“三”、“五”三個範疇，其中佔有特殊地位的“元”是根源性的存在；“三”是天上的三辰、地上的三統、人間的三德，分別配於東、北、及未位；“五”則可配於五行諸事。

在《奏群神爲五部兆》裡，“天地”配於“畤”，顯然較其他諸“兆”具特殊地位，且六宗爲“乾坤六子”；換言之，天地（乾坤）卽“三”（六宗）之根源。而六宗配於東郊兆、北郊兆、未地兆，與三統理論中“三”的分配也完全一致。據此，《奏群神爲五部兆》雖是王莽的奏文，然其結構與劉歆三統理論並不相扞格，當可視爲劉歆說法之延伸。

“六不治”和“四難”

——關於中醫思維模式的術數學方面的研究——

武田　時昌

扁鵲的“六不治”和郭玉的“四難”爲後世醫家揭示了一個重大命題，那就是治療的基本姿態和施治的至精至妙之處，這一命題對中醫思維模式的形成起了極其重要的作用。扁鵲和郭玉的中醫思想在從中世到近世期間到底產生了多大影響，本稿就此進行了多角度分析，對傳統中醫的思維框架和本質特色做了探討。主要研究對象和結論如下。

首先，扁鵲提倡的“不信醫而信巫”使醫術從巫術咒術中脫離出來，開闢了中醫科學化的道路。但巫術並未因此而衰退，在近世社會，仍然泛濫著信巫不信醫的民俗。鑑於此，政府曾多次頒布禁絕淫祀的政策條文，但都無濟於事，百姓並未因此而遠離迷信。但也正是在這場圍繞“不信醫而信巫”的論爭中，醫學教育得以振興，以儒家爲中心的知識分子對醫藥知識產生了濃厚的興趣，儒與醫之間建構起了一套共有的知識橋梁和體系。

其次，郭玉的“四難”以“醫之爲言，意也”爲前提，他用“醫意”二字表達了用語言無法形容的針術的至精至妙之處。郭玉之後，對“醫意”的解釋流爲多樣化，由此也衍生出了很多不同的醫學理論。在這些醫學理論裡，可以明確看到在針術、灸法和用藥方面，都有意識地吸收了方伎和術數方面的理論。在“醫意說”裡，表現出了追根溯源和創新發展兩個不同的方向。元代的朱丹溪和朱氏之後的醫家提倡完全依據古醫書的復古運動，曾試圖實踐醫療的技術革新。

本稿在以上考察的基礎上，進一步對中世的《抱朴子》和《千金方》等文獻裡關於醫術和仙術之間的相輔相承關係、以及醫卜兼修說等進行了挖掘和剖析，得出了這樣的結論，那就是：醫藥學的研究場地就在民間民俗這樣一個特殊的“俗”的空間裡，在這裡自然學、技術、藝術以及占術混然雜陳而溶爲一體，也形成了科學和占術複合而存在的這樣一門學問。我們總稱它爲術數學，它對於富含多樣性、自如性、自在性的醫療文化的孕育和釀成起了極其重大的作用。

術數三論——朱子學是不是術數學？——

川原　秀城

術數學，又名數術，或者數學，是一門研究廣義的數之抽象性構造及其理論的學問。然而術數的意涵，卻是古今非一。

從秦漢至清朝中葉（《四庫全書》編纂以前），術數學不僅具有易學支流的龜卜、占筮、天文占、地理占、五行占、觀相、夢占等內容，也包含了精密科學的曆學、算學、地學等領域。然而從清朝中葉以後，術數學被當成僅是雜說混雜的數神祕術而已（此見術數一論所論）。在另一方面，自邵雍（1011～77）沒後，術數學研究的基本方向和性格發生了轉變。亦卽，在邵雍以前的術數學是援用理數來重構易數，將以理數作爲根據（數→易）的神祕數予以合理化的傾向較強；但是自邵雍歿後的術數學受到朱子學的影響，則是喜歡以易數爲根據（易→數），來做統一性的數解釋（此見術數二論所論）。

據此，在本文我想藉由分析朱子學的內容，來探討朱子學的本質或者理論的基層到底是不是術數學這一問題。如衆所周知，朱子學乃是具有豐富的哲學體系，並以理氣心性論爲邏輯基礎的修己治人之學；其理氣心性論，則是朱子哲學體系的基礎理論。而從根本上支持朱子理氣心性論的理論——《太極圖說》和《周易本義》繫辭上傳第十一章等內容——其實就是以易學學說爲主之特殊的宇宙論。朱子學是理（理自身則是可置換到數的概念）的哲學，其哲學的根本則是易學學說，而易學本質上則是術數學。那麼這也就意味著，朱子學將其基本論理植基於易學的基底之上，進而以易學的術數命題作爲自身哲學的首要命題。亦卽，朱子學旣是哲學體系，而其術數理論又是其首要命題，那麼從邏輯上的必然而言，就不能排除朱子學本身是術數學的可能性。本文所揭示的問題涵義，卽在於此。

試探明清時期風水文獻中之“水質”論

水口　拓壽

依據各地的土壤、用水，評判適合在當地發展之農業、當地居民之特質的篇章散見於中國古代典籍之中，例如：《管子・水地》、《呂氏春秋・盡數》等。在如此的背景上，關注居住地、埋葬地之吉凶的風水說中也出現了從術數學角度估量“土質”與“水質”的議論。風水說中之“水質”論的特徵爲：將河川、井泉等視爲地氣自龍脈（地氣流通之脈）分出的路徑；然後斟酌其顏色、滋味、氣味、水面升起的水氣等，以推察龍脈本身的優劣，以及面水之處是否適於居住或埋葬。傳五代黃妙應撰《博山篇》，以及傳宋代張洞玄撰《玉髓眞經》算是現存風水文獻中最早提到“水質”的事例，後來徐善繼、徐善述兄弟撰《人子須知資孝地理心學統宗》（明代嘉靖四十三年）成立之後，含有“水質”論的風水文獻增多。伴隨如此的趨勢，風水說中之“水質”論得到質量上的提升。拙文以《人子須知資孝地理心學統宗》、李國木撰《地理大全》（明代崇禎年間）、徐世彥撰《新著地理獨啓玄關》（明代崇禎五年）、葉泰撰《山法全書》（清代康熙三十五年）、沈鎬撰《地學》（清代康熙五十一年）、陸應穀撰《地理或問》（清代道光二十八年）共六種明清時期風水文獻爲資料，同時也注意這些文獻與《博山篇》、《玉髓眞經》的關係，以探討“水質”論約二百八十年的開展過程。

周緣文化視野下的占卜技術與文化

近藤　浩之

占卜的技術與文化，是解讀古代文明的重要關鍵之一。尤其在中國，卜筮之技術與文化作爲中國文明的淵源，與陰陽五行、干支、節氣理論等體系化的易學是既往建立與發展中國傳統文化的基礎。但另一方面，也有在華夏中心已沒落的技術文化於周邊地區仍獲長期保存、持續發展的例子。若從這個角度出發探討卜筮文化，藉由周緣（日本古代）來對照中央（中國古代）技術與文化之特徵，將能更加貼近瞭解眞相。本稿，尤其以骨卜龜卜爲中心，探討和考察其技術與文化之眞相。

執筆者紹介

（掲載順。生年・所屬・專攻分野・主要業績）

李　零（り　れい）

1948 年生。北京大學中國語言文學系教授。中國古代文明史。碩士（歷史學）。

『簡帛古書與學術源流』（北京：三聯書店、2004）、『入山與出塞』（北京：文物出版社、2004）、『中國方術正考』・『中國方術續考』（北京：中華書局、2006）ほか。

工藤　元男（くどう　もとお）

1950 年生。早稻田大學文學學術院教授。中國古代史。博士（文學）。

『睡虎地秦簡よりみた秦代の國家と社會』（東京：創文社、1998）、『二年律令與奏讞書――張家山二四七號漢墓出土法律文獻釋讀』（共編、上海：上海古籍出版社、2007）、『占いと中國古代の社會　發掘された古文獻が語る』（東京：東方書店、2011）ほか。

平澤　歩（ひらさわ　あゆむ）

1984 年生。日本大學文理學部非常勤講師。經學史・五行說。博士（文學）。

『全譯後漢書　第 7 册（五行志）』（共編、東京：汲古書院、2012）、「『醫方類聚』諸抄本小考」（『杏雨』第 17 號、武田科學振興財團、2014）、「修母致子說の成立とその變容」（『中國―社會と文化』第 26 號、中國社會文化學會、2011）ほか。

武田　時昌（たけだ　ときまさ）

1954 年生。京都大學人文科學研究所教授。中國科學思想史研究。文學修士。

『漢籍はおもしろい』（共著、東京：研文出版、2008）、『陰陽五行のサイエンス　思想編』（編著、京都：京都大學人文科學研究所、2011）、『術數學の射程―東アジア世界の「知」の傳統―』（編著、京都：京都大學人文科學研究所、2014）ほか。

川原　秀城（かわはら　ひでき）

1950 年生。東京大學名譽教授。中國朝鮮思想・東アジア科學史。理學士・文學修士。

『中國の科學思想――兩漢天學考』（東京：創文社、1996）、『朝鮮朝後期の社會と思想』（編書、東京：勉誠出版、2015）、『西學東漸と東アジア』（編書、東京：岩波書店、2015）ほか。

近藤　浩之（こんどう　ひろゆき）

1966年生。北海道大學大學院文學研究科教授。易學思想史・諸子百家論。修士（文學）。

『易學哲學史』（全4卷）（朱伯崑原著、伊東倫厚監譯、近藤浩之主編、京都：朋友書店、2009）、「擲錢法に對する桃源瑞仙の講抄」（『中國思想史研究』第36號、京都大學中國哲學史研究會、2015）、「卜筮」（湯淺邦弘編著『テーマで讀み解く　中國の文化』第11章、東京：ミネルヴァ書房、2016）ほか。

〔翻譯者〕

久保田　知敏（くぼた　ともとし）

1959年生。聖心女子大學文學部准教授。先秦思想史。文學修士。

『占いの創造力　現代中國周易論文集』（共編著、東京：勉誠出版、2003）、「古代中國における基礎學」（『科學基礎論研究』第103號、科學基礎論學會、2005）、「『公孫龍子』指物論篇における存在と認識」（『東方學』第83輯、東方學會、1992）ほか。